明源掘金存量地产研究系列

掘金存量地产②

与14位新锐总裁深度对话

明源地产研究院◎编著

中信出版集团 · 北京

图书在版编目（CIP）数据

掘金存量地产 . 2，与 14 位新锐总裁深度对话 / 明源地产研究院编著 . -- 北京：中信出版社，2018.4 (2020.4 重印)
（明源掘金存量地产研究系列）
ISBN 978-7-5086-8792-6

Ⅰ . ①掘… Ⅱ . ①明… Ⅲ . ①房地产业 – 经济管理 – 研究 – 中国 Ⅳ . ① F299.233

中国版本图书馆 CIP 数据核字 (2018) 第 050860 号

掘金存量地产②——与 14 位新锐总裁深度对话

编　　著：明源地产研究院
出版发行：中信出版集团股份有限公司
（北京市朝阳区惠新东街甲 4 号富盛大厦 2 座　邮编　100029）
承 印 者：北京通州皇家印刷厂

开　　本：787mm×1092mm　1/16　　印　　张：18.25　　字　　数：233 千字
版　　次：2018 年 5 月第 1 版　　印　　次：2020 年 4 月第 4 次印刷
广告经营许可证：京朝工商广字第 8087 号
书　　号：ISBN 978-7-5086-8792-6
定　　价：55.00 元

服务热线：400-600-8099
投稿邮箱：author@citicpub.com

明源掘金存量地产研究系列
编审委员会名单

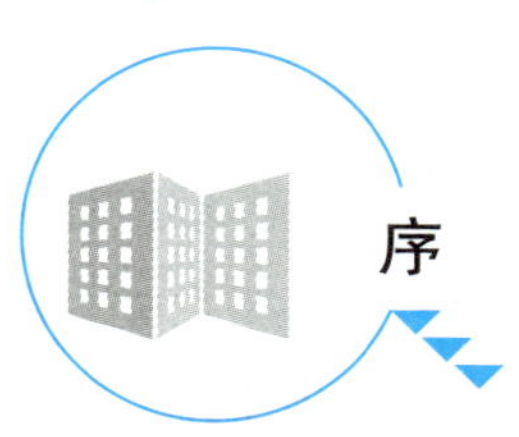

序

2017年，中国房地产市场进入存量时代的脚步明显加快，政策支持力度空前。7月，上海在全国范围内首次推出用途为“租赁住房”的地块，这些地块在挂牌开始就明确将全部用于建设租赁住房。随后，广州提出“租售同权”。2017年7月18日，住建部等九部门联合印发《关于在人口净流入的大中城市加快发展住房租赁市场的通知》，要求积极盘活存量房屋用于租赁，鼓励住房租赁国有企业将闲置和低效利用的国有厂房、商业办公用房等，按规定改建为租赁住房，探索采取购买服务模式，将公租房、人才公寓等政府或国有企业的房源，委托给住房租赁企业运营管理。数百万亿元的存量市场将是未来房地产行业的主战场，这一点在业内已成共识。

在国家政策的刺激下，在“房子是用来住的，不是用来炒的”定位下，开发商、运营商、地产基金等多股力量大举进入存量市场，各类利用存量房改建的长短租公寓、联合办公、商业园区纷纷出现，一些资产运营企业初具规模，各种商业模式也基本成型。从观望、思考到落地、深耕，2017年成为中国房地产发展史上新的里程碑。

经过几年的观望、研判、准备，开发商现阶段关注的重点是激活存量资源，找到切实可行的模式与方法，通过运营实现长期盈利。开发商想要真正从存量市场中赚到真金白银，有两个关键：第一，要敏锐地感知大势的变化，预判即将发生的事情，提前做出准备；第二，要有勇气和决心，一定要在新兴市场形成初期果断进入，并主动推动行业的进步，然后努力成为行业的领军人物，因为行业形势一旦明朗，成熟的模式会纷纷出现，龙头企业的地位也逐步稳固，这时候再进入为时已晚。此外，做存量与做增量有很大的差异，因此开发商要先“换脑”，用运营而非卖房的逻辑去构建模式；再“开刀”，以特有的定位和角度切入存量市场，逐步练就“独门绝技”，在行业中建立竞争优势。

他山之石，可以攻玉。《掘金存量地产：房地产存量经营新生态》自出版以来，作为国内领先的存量地产主题著作之一，在业内引起了高度的关注与极大的反响，也收到了来自行业专家、企业家等的宝贵意见和点评。在《掘金存量地产：房地产存量经营新生态》的基础上，本书通过与存量地产领域领军企业总裁的深度对话交流，深入解读14家存量地产运营领域的典型企业，从操作层面剖析它们的独特模式和执行方法，希望用真实的案例为同行提供些许启发。存量市场仍处于初期阶段，这些模式还需要不断地完善和打磨，但在精心“选种、播种、培育”这一系列的过程中，只有从实践中获取经验，时刻磨砺自己，才可能提前尝到甜美的果实。

本书从存量地产领域领军企业总裁的视角出发，系统地总结和阐述存量运营最佳实践案例。在本书中，通过各位总裁的睿智分享，我们希望相关企业在掘金存量地产的过程中要把握好以下四个“度”。

定位是“眼”，要提高精准度　存量地产的类型和改造方向很多，包括办公、商业、公寓等；市场竞争主体的出身和背景也多种多样，主要包括开发商、专业运营商、互联网创业者等。存量市场的规模很大，足以容纳各种主体采用不同的打法在里面施展拳脚。每家企业的背景、优势各不相同，任何一家都做不到灵活百变，所以必须依据自身的“DNA”来进行判断，确定自己的位置、可扮演的角色，以及能否创造独特的模式等。

内容是“肉”，要增加饱和度 客户理念的变化催生消费需求的升级，消费需求的升级又引发空间内容的变迁，最后再推动城市空间的再造，这是一个基本的逻辑。建筑是躯壳，内容是灵魂，资产运营的核心能力是内容运营。盘活存量地产的解决方案是为空间注入更有价值的内容，赋予冰冷的砖石以鲜活的生命，这样才能吸引并留住用户，获取更高的溢价。企业要通过对生活方式的理解和产品体系的构建，聚焦用户需求，打造个性化产品，构筑品牌文化，然后形成一个立体的多维生态圈，最后实现持续、高品质的运营。

资金是“血”，要降低黏稠度 不论是获取房源还是扩张规模，都需要持续、充足的资金支持，特别是想走轻资产路线的资产运营商，更需要进行金融创新。企业要根据自身的特点来打造有效的资金链，比如可以借助母公司的资金优势，也可以通过证券化产品实现退出，或采用加盟、合作模式降低资金占有率等。不管怎么做，目的只有一个，就是让资金来源更多、更稳定，让投资回报率更高，让整个资金链运转得更为顺畅，因为企业首先要保证自己能生存，然后才会有未来。

运营是“骨”，要打磨颗粒度 除了资金和房源之外，租赁行业还有一个核心能力——精细化运营。精细化运营能力是企业生存和发展的基础，其核心是把选址模型、客户体验做好，将营建成本控制在合理的范围之内，给客户提供高性价比的产品，建立最佳收益模型（比如通过信息化系统实现整个门店在运营层面的无人化、无纸化，实现运营数据分析的精准化和每天的迭代等）。精细化运营可以提升客户体验，保证持续的收益。

时势造英雄，做任何事情都不能脱离时代的背景，成功需要自身的努力，但更重要的是顺应时代的潮流。时代的发展轨迹不是线性的而是波浪式的，每隔5~10年就可能出现一个大的跳跃，如果能够抓住这个机会，就有可能获得意想不到的成功。势变而道更，只有顺应时势，找到合适的方法，勇敢并坚定地执行，才能在新存量时代抢占先机。

时代造就了一个大舞台，这个舞台的幕布已经徐徐拉开，你是坐在台下看戏，还是亲自在台上表演一出好戏？

他山石，引美玉，壮自我，是为序，共创未来。

刘　策

2018年2月21日

目录

第一篇

公寓篇

第一章　旭辉领寓：开发商如何后来居上，掘金公寓万亿元大市场

目前，公寓运营商普遍陷入投入重、利润薄、回报期长的泥潭，无论是规模增长还是盈利，都遇到了很大的困难。而旭辉领寓（以下简称领寓）作为公寓行业的后起之秀，却在短短的半年时间内实现了超常规发展，其规模已超过7 000间，且单店全部赢利。这是一般公寓运营商2~3年才能实现的目标。除此以外，领寓更是提出五年租赁20万间集中式公寓，进入行业前三名，并且首次公开募股（IPO）的宏伟目标。雄心勃勃的背后，底气到底从何而来？领寓创始人兼首席执行官（CEO）张爱华女士（如图1–1所示）从领寓切入长租公寓市场的动因、规模增长、产品打磨、运营、团队管理等几个方面，进行了详细的阐述。

图1–1　领寓创始人兼CEO张爱华女士

一、谋定后动，领寓进入公寓租赁行业

领寓为什么要进入公寓租赁市场？除了公寓拥有万亿元大市场这个众所周知的原因之外，领寓既有自身发展的思考，也有对租赁市场的战略判断。

1. 支撑“二五”战略，需要找到足够宽的新跑道

首先，领寓“二五”战略目标需要新业务来支撑，长租公寓是最佳落脚点。领寓“一五”战略中的500亿元销售目标早已实现，其“二五”战略目标是：进入地产行业第一梯队，实现3 000亿元销售额，从地产行业的前20强进入前8强。这无疑会对规模增长提出更高的要求，除了地产开发业务外，还有什么样的新战略能够跟主业相辅相成，提供新的跑道呢？随着目前房地产市场由增量市场转向存量市场，答案显然在存量市场之中。

存量有办公、商业、长租公寓几种业态。办公是一个很成熟的市场，它对区位的要求比较高，主要是在核心地区、核心地段进行战略性持有；而商业对位置的要求更高，挑战也更大，领寓对商业介入得不太多。这两种业态已经非常成熟，在现有的地产管控模式下运营就可以了。长租公寓则介于办公和商业两者之间，且对消化存量资产有很大的帮助，同时长租公寓市场现在处于发展初期，正在进入上升周期，因此，旭辉集团（以下简称集团）专门成立独立公司来大力发展长租公寓业务。

其次，长租公寓会是足够宽、足够长的新赛道。过去的20年是中国房地产蓬勃发展的20年，长租公寓可能也会有这样长的周期，这也是领寓选择进入这个行业的原因。如果一个行业只有3~5年的生命周期，或者类似互联网行业变化得太快，那么我们就无法准确地判断这个

行业的发展走势。但是，存量市场与增量市场有很多相似的地方，它同样会经历发展初期、成熟期、高峰期三个阶段，那么在后续这十几年当中，存量市场应该是一个稳定上升的趋势。这是领寓从自身战略出发切入长租公寓的根本原因。

2. 租赁市场具备很好的发展条件，未来租金收入的涨幅能够达到5%~6%

领寓对未来租赁市场和租金收入的增长也有理性的预判。

首先，消费习惯在改变，持有型土地不断增加。每年上千万名大学生走向租赁市场，很多人的消费习惯也在发生改变。随着消费习惯的改变和消费升级，以及房价的不断攀升，住房拥有率可能不会上升得太快，而且现在限购、限贷、限价的政策不断出台，市场上推出的更多是持有型土地，这几个因素叠加在一起，租赁市场自然就有了发展的条件。

其次，租金收入从长期来看会持续温和上涨。领寓曾经测算，过去十年我国样本城市房租的平均年增长率约为2.9%，一线城市和核心二线城市的需求更加旺盛，增长率也高一些，租金涨幅接近4%，随着租赁市场规模的增长和越来越多的人选择租房，这个增长还会更快一些。所以，领寓对未来租金收入涨幅的预期是5%~6%。

尽管2017年年初以来，部分城市的租金出现下调，但张爱华认为，租金的涨幅不适合根据一个季度或半年这类短周期的数据来预测，应该尽可能地拉长周期。通过分析过去五六年的数据可以发现，有些年的租金增长率达到5%，有些年还下降了一点，但整体是上升的。领寓的签约租期一般是15年左右，所以判断租金走势应该看更长时间段里的平均涨幅。

二、怎样实现五年租赁20万间的战略目标

在看好前景的基础上，领寓也提出了宏伟的发展目标——未来五

年达到20万间集中式管理规模。这需要近1 000个项目，一两百亿元的投资。这里存在两个问题：一是如何拿到这么多房源？二是所需的大量资金从哪里来？

1.房源："自持物业+市场化运作"支撑"双20万间"

对于领寓而言，除了有集团这个母公司提供强大的房源支持外，自己也独辟蹊径地开拓了多种灵活的物业获取模式，具体方式如下。

（1）承接集团地产项目20%的自持物业，就能达到20万间的目标

领寓在房源的获取方面有着天然的优势。现在土地招拍挂要求有15%的自持部分，有的自持比例甚至为40%~50%，一个项目至少有几百间房，房源自然就留下来了。这些房源只要适合做长租公寓，集团都可以交给领寓来做。集团2018年的销售目标是1 400亿元，按照平均房价18 000元/平方米来计算，对应的面积约为800万平方米，自持部分按20%来计算，一年就有160万平方米，而且集团未来五年的战略目标是要达到3 000亿元销售额，相应的自持部分面积每年也会水涨船高。另外，领寓都是选择一二线城市做开发，所以整个集团20%的自持比例还是保守的判断。

随着国家政策的陆续出台，从一线城市到核心二线城市肯定会有更多的持有要求，比如杭州、南京、佛山都有自持要求，办公、商业类的持有比例更高，但是，地产销售型的物业一般不会在核心地段，所以办公、商业的机会少。但公寓不一样，只要是地铁沿线、交通便利或者新区中心都可以做，"货源"会更丰富，这就是地产系出来的运营商在资源方面的优势。

仅仅集团交给的这一部分房源，就差不多可以提供20万间的保障。但领寓并不是全靠集团的支持，它也在积极地拓展市场化房源，领寓称之为"双20万间"。

（2）独辟蹊径，为华东师范大学建设人才公寓

为了规避市场激烈的竞争，领寓也在开辟新的拿房渠道。领寓尝试与教育部、华东师范大学（以下简称华东师大）开展合作，以此为契机进入教育领域，打造一个独特而又可复制的商业模式。领寓与华东师大的战略合作不仅限于教育层面，更多的是发挥地产商的优势，满足学校的实际需求。华东师大对于留学生公寓和教师人才公寓有需求，由于受到短期资金的压力，其无法改变现状，但又希望能够尽快做好，这个需求正好领寓可以满足。领寓与华东师大的战略合作，不仅仅是建几栋楼这么简单，还有更深层次的战略考量。

第一，教育是壁垒非常高的领域，大学与地产商、运营商合作进行公寓楼的开发和运营更是特例，不是想做就能做到的，普通运营商很难完成这项工作。领寓希望把华东师大这个案例做成样板，一方面可以在开发和运营过程中完善操作模式与流程；另一方面，领寓可以借此对接更多的高校，比如“985、211”的100多所高校，如果每年能与10所高校合作，每所高校的公寓为1 000~2 000间，那么合作10年，数量也可以得到保证。

第二，这不仅仅帮学校解决了宿舍问题，更重要的是，领寓通过这个项目，提前培育了潜在客户。这些高校的学生在学校里看到留学生住的领寓开发的公寓楼，就会对领寓的品牌有所了解。当然，领寓在运营过程中也会多做一些社群活动，这有利于在校园里产生高价值的传播。未来，这些学生走出校门的时候，可能就会首选领寓。领寓也一直在思考一系列的计划，希望能给学生提供一些实实在在的优惠，提高领寓的品牌知名度。

（3）优势互补，通过各种方式与第三方开展合作

一般运营商如果能够获得实力雄厚的股东的支持，还有独特的拿

房模式，就已经很成功了。但领寓不仅仅满足于此，它还继承了集团善于合作的基因，充分发挥自身的优势，与市场各参与方通过各种方式开展积极的合作。

第一种是公共私营合作制（PPP）模式。除了与华东师大合作之外，领寓还跟开发商合作。中小型开发商没有专业的运营团队，自己建设又要投入大量的资金，领寓与其合作则可以帮助它们解决资金问题。开发商持有用地，领寓进行投资，然后双方共同分享收益，这种方式对开发商很有吸引力。

第二种是收益权合作。比如领寓把租赁20年收益权给开发商，或者进行一次性付租的金融工具创新。领寓近期获得的一个项目就属于收益权合作模式。该项目原本就满足投资要求，后来领寓通过与银行合作将七年的租金一次性付清，内部收益率（IRR）立刻上升了2%，与银行合作并没有增加成本。

第三种是与资产方合作。比如说与资产方成立项目公司进行包租，资产方也可以投资做装修，双方合作，未来利益一起分享。

另外，领寓还有一些资产管理方面的合作方式，其在投资模式上进行了很多创新和思考，不同的模式不断落地，落地之后再总结、提升。其实，目前领寓有30多个项目，大概7 000间房，直接从集团拿的项目，大概占到30%，大部分项目是外部获取的。难能可贵的是，在目前竞争如此激烈的情况下，每个项目的收益指标均能符合投资要求。

（4）收并购被低估的商业物业，瞄准未来REITs市场

为迎接房地产信托投资基金（REITs）的到来，地产企业必须提早准备。领寓目前已经收购完成了三个项目，它选择的都是价值被低估的商业物业或商办物业，而且要求能够将其改造成酒店式公寓产品。因为在一般情况下商业物业比住宅便宜，有时它的价值甚至还会被低估，比

如对于一个运营不善的酒店，花较少的代价就可以将其收购。领寓对这种物业进行了内部估算，其租金回报率能达到6%。只要租金回报能覆盖80%的外部资金成本，五年以后项目的IRR就会很高，有REITs的时候收益也会很高。

领寓在收购资产的时候已经有明确的退出机制了，REITs是最理想的状态，没有REITs也可以通过基金退出，比如持有3~5年之后再卖给基金公司。基金公司看重的是租金回报率，那么领寓在项目成熟、租金回报率达到7%~8%的时候再卖出，就可以享受资产升值溢价，这是一些公寓运营商所没有的优势。另外，一些看重短期利益的开发商也不会考虑这样的操作。而领寓有自己的酒店管理团队，还有基金团队，二者结合对资产价值的判断和后期的运营就更有把握了。同时，领寓本身是运营商，还可以获取国家开发银行的低成本资金（国家开发银行不给开发商提供贷款，只有运营商才能从它那里贷款）。

像收并购物业这类的重资产部分在2017年的贡献率为10%~15%，领寓希望未来这部分的贡献率能再大一些，2018年达到20%，短期内若有资金则先做轻资产。

（5）绝不盲目扩张，拿房标准是租赁年限的一半以内回本，IRR要在15%以上

在规模快速扩张的同时，领寓也相当尊重商业逻辑，绝不会为了规模而盲目地获取房源，而是有严格的财务指标考量。

领寓在拿房时有两个重要指标：一是IRR要达到15%；二是在签约年限的一半以内要回本。这是两本账，一个是利润账，另一个是现金流账。利润账是看每一年的运营毛利润（GOP）是多少，即运营收入与运营成本的差额是多少。第一年的GOP可能为0或负数，因为出租率没那么高，但是接下来的每一年肯定都要有利润。现金流账是回本的时

间，即到这个时间节点现金流就盈亏平衡了，之前投资的钱就都收回来了。

领寓的签约年限一般是15年，这就要求在7年以内回本，10年租约的话就要在5年以内回本，包括集团运营成本在内的所有投资都要回本。比如租赁期是15年，投资了一次硬装，所有投入资金就按15年摊销。后面再投入就在后面摊销，但是要确保整体的IRR在15%以上。

此外，领寓设定的租金收入增长率为每年5%~6%。出租率第一年会低一点，成熟期一般在95%左右，做得好的项目一般为97%~98%。

2.资金：借助地产优势打通融资渠道

解决了房源问题之后，接下来要解决的就是资金问题。领寓解决资金的方式主要有以下两种。

（1）大股东提供30亿~50亿元的启动资金

领寓在资金方面可以借助大股东的优势，首期的启动资金为30亿~50亿元。哪怕是200亿元左右的规模，由于有集团品牌的背书，后续是可以配资的，而目前拓展的项目使用的仍是自有资金，这部分资金还没有用完。

（2）打通融资渠道，对接银行和金融机构

领寓每年的拓展规划出炉后，就有大量的资金需求，如果等集团提供的30亿~50亿元的资金用完再考虑后面的事情，就来不及了，所以必须提前打通融资渠道。

第一，领寓借助集团地产背书，对接国家开发银行和其他商业银行，获取低成本资金。国家开发银行响应国务院的号召，加大对租赁行业的支持力度，但是它支持的是规模化的运营商。国家开发银行短期内会侧重于一些重点企业，目前看来是以开发商为主。它提供的资金利率也比较低，甚至低于基准利率，约为4%。这些对于领寓来说是天然的

优势。目前，领寓与国家开发银行的对接比较深入，未来，国家开发银行还会给领寓提供授信，即在一定期限内按照几种合作模式，给予源源不断的资金支持，这样领寓规模化的运营会更加容易。除政策性银行以外，四大商业银行如中国工商银行、中国建设银行等，以及当地的商业银行比如上海银行等，也都对领寓提供大力的支持。

第二，在项目层面，特别是在做重资产的时候，引进一些夹层资金，即用基金的模式来操作。领寓目前的签约机构包括长城资产、紫金信托、招商财富等投资机构。现在的投资机构也在寻找好的投资项目，而领寓的项目与地产相比，收益是比较清楚的，还带有长期租约，所以这些投资机构比较放心。这些大的投资机构是领寓融资的重点对象，领寓把融资成本控制在10%以内，可以将它们作为夹层资本。

第三，自有资金用完后，领寓会尝试进行租金收益权融资。领寓一般不需要集团背书，因为其自身就是一个独立的公司，具备独立融资的条件，未来还准备上市。所以，领寓作为创新业务板块，与银行谈模式，探讨这个模式在哪些地方可以接入，需要什么条件。重资产的融资相对比较容易，因为有资产抵押。对于轻资产的融资，领寓正在尝试进行租金收益权融资，拿出十几个项目做一个资产包，与国家开发银行合作开展租金收益权融资。未来领寓有60%~70%的资金是通过银行融资的，渠道基本已经打通了。

三、产品打磨，提供体面的租住生活

目前，领寓打造了三条产品线，即“品质房型+多功能社交空间+管家式服务”的博乐诗服务公寓、“精致房型+多功能社交空间+社群服务”的柚米国际社区和“精小房型+多功能使用区域+共享空间”的菁社青年公寓。其中，柚米国际社区是领寓的主要产品，占比为80%。博乐诗服务公寓约占10%，菁社青年公寓约占10%。

1.为客户画像

领寓专门设立了客户研究部门，并与集团衔接。集团有一个服务项目是请服务于世界500强企业的客研公司为地产产品的客户画像。这类客户画像中正好有一类客群就是年轻夫妻或者是单身人士，跟领寓的客群一模一样，于是领寓可以直接采用这类客群的画像。

最终，领寓将目标群体分为三类：第一类是对居住和服务有更高品质要求的外企高管与商务金领；第二类是有一定经济能力但尚无购房能力，且已经不再满足于简单的居住，看重环境、社交等附加功能的企业白领；第三类是支付能力一般，对租房有安全、便捷、性价比要求的社会新人。

例如，领寓的高端服务式公寓定位为世界500强公司的出差人员。领寓发现他们出差不止一两天，有时候要一两个月，如果都住四星级、五星级酒店，一个月可能要花两万元，他们享受不到那么高的补贴，而服务式公寓让他们既可以享受到酒店的服务，又能够有居家的感觉，价格却只有8 000元/月。所以服务式公寓找准市场的空白，切中客户的需求痛点，从而在这个领域建立起竞争优势。

2.三条产品线对应不同的区域和价位

博乐诗服务公寓主要在一线城市布局，二线城市也有一些（比如杭州、苏州），定价在8 000~15 000元/月，上海金桥博乐诗服务公寓比较贵，价格过万元，苏州博乐诗服务公寓则在8 000元/月左右。博乐诗服务公寓的布局，如果是在二线城市一定要在很核心的位置，比如说苏州的服务公寓就在火车站正对面，它对交通、周边的环境要求高，在二线城市比较偏的地方或者不是主要的核心区，就不考虑设计博乐诗服务公寓。市场上服务式公寓并不多，这个品类其实比较新，博乐诗服务公寓走的就是高端路线，选择了一个相对空白但不完全空白的市场。

面向白领的柚米国际社区是从轨道交通和园区这两个维度去考虑的，领寓希望项目位于地铁站周边一公里的区域，这个区域生活还算便利，方便导入到社区，定价区间在3 000~6 000元/月。柚米国际社区占到领寓产品的80%，产品定位的客群是工作几年还买不起房的人，他们对生活品质有一定的追求，收入在1万元/月以上。

菁社青年公寓的产品目前更偏向在高校打造，大学生走出校门以后也完全能匹配。这一块的产品相对来说性价比要更高一些，产品配置也不会比柚米国际社区低很多，因为市场上还是有基本的需求的，只是地段选择稍微弱一些。

3. 增加步入式更衣间和小阳台，租房也能很体面

通过大量的调研和客户画像，领寓从理念上就提出要做到租房和买房是一样的生活，让租户住得很舒适，一个20平方米的小产品要能做到40~50平方米的场景空间效果。为此，领寓会特别关注产品设计的细节。

一个是步入式更衣间，很多130~140平方米的房子都没有设计步入式更衣间。步入式更衣间要有化妆台、穿衣镜，这个小空间就是一个温馨的场景，特别能让女性在化妆、换衣的时候感觉舒适。对女性来说，步入式更衣间更能体现生活品质。

另一个是小阳台。一般公寓的痛点就是没有阳台，晾衣服很困难，也不利于通风。很多人觉得房子有阳台就提高了品质，可以倒一杯茶或者拿本书往躺椅上一躺，客人来的时候也可以请他们在阳台上坐一会儿，或者男性有时候要吸烟，也会去到阳台。

领寓认为，居住空间物理层面要占到客户关注度的70%~80%，这块要做到极致。对于另外20%~30%比如社区文化、社区活动等，领寓不是不追求，而是要经过充分的调研，如果完全把重心放在20%~30%

的层面上，就是舍本逐末。

四、重点突破，缩短装修周期和出房周期，逐步形成差异化运营优势

运营对于习惯赚快钱的开发商来说一般是个短板，围绕着运营有两个重点问题：第一个是装修周期，领寓虽然只运营了半年左右的时间，但装修周期已经控制到了四个月以内，而其他做了很多年的运营商是难以做到的；第二个是出房周期，因为租赁业务对于空置率看得很重，如果房间空置一两个月将对IRR的影响非常大。那么领寓要如何做到尽快出房，缩短出房周期呢？

1.成立PMO小组，缩短装修周期

首先，从机制上解决问题。领寓采用项目管理办公室（PMO）的模式，专门成立一个PMO小组，权责明晰，这个小组能做出快速决策。公寓项目不像地产公司那样成立一个配置齐全的项目公司。大多数地产公司的项目都有一个项目经理，如果他没有权力去协调其他部门人员来做事，职能式的管理就会降低他的效率，或者是很难推进下去。因此，领寓采用了地产的思维，就采用PMO的模式，做一个项目的时候，项目经理就是这个项目的最高负责人，成本部、招采部、设计部、运营部都是项目组的成员，相关的部门都必须指派一个人进入PMO小组，这个小组的奖金分配也由项目经理来决定。

其次，做好前期勘察。要想缩短装修周期，在产品标准化之前要将每个模块都切分得非常清楚，把设计、招采、工程等各个环节的前置条件研究透彻，明确每个模块的时间点，按照这个节奏事先筹划好，PMO小组按照这个节奏实施。要想一个项目实施得更快一些，前期的勘察更重要，所以领寓在拿房上是有选择的。特别复杂的项目可能问题

较多，或者没有研究透彻，工期就容易耽误，如果发现无法继续做下去，还要重新调整方案。在前期勘察阶段，领寓的PMO小组成员特别是工程部、设计部都会介入到投资阶段，前期就把所有的问题都暴露出来，那么在实施的过程中虽然不能完全排除问题，但一定不会有方向性或者原则性的问题出现，这样也能保证自己制定的每个环节的工期能够顺利地按照这个节点去推动完成。

在地产行业里，管理一个项目比较复杂，领寓采用项目管理的思路，借鉴了地产行业的逻辑（前期筹划得特别清晰），将装修周期缩短在四个月以内。领寓靠充分的前期勘察，将问题点暴露出来，然后将各项步骤的标准时间段切得非常清楚，前置条件也设定好，再用PMO小组这种管控模式来缩短装修周期。领寓一开始就是这样做的，而且在标准化做完以后，还会把招采的工期和设计的工期去掉，这样就会提前一个月完成装修，相当于一栋楼200间房三个月能完成。

2.实施人海战术，加快出房速度

传统租房的出房模式中，如果三个人一组，要花三个月时间把房子都租出去，那么换个方式，如果安排九个人，用一个月的时间把房子租出去，就节省了两个月的时间，对运营商来说成本没有任何增加，奖金还是不变的，九个人花一个月时间和三个人花三个月时间的奖金是一样的。这个逻辑成立的关键问题是，派九个人能不能一个月把房子租出去？领寓当初也纠结过这个问题，不确定是不是能实现三倍的提效，后来通过实践证明，虽然达不到三倍，但提效能达到两倍多。成本没有增加，奖金不会增加，增加的是人员方面的一点成本，但是节省下来的一个多月的租金远远覆盖了人员增加的成本。基于这种模式，领寓对销售没有设限。不管行业的惯例如何，只要去研究怎么做到缩短出房周期，在不设限的情况下就会有很多的可能性，当然团队也会非常辛苦。在这样的模式下，领寓出房速度大大加快，有的项目现在能做到5.5间/天的出房速度。

这里还有一个后勤保障问题，现在几千间房的时候采取这种人海战术还可以，但是当规模达到几万间，同时有很多新项目启动的时候，一个项目安排九个人就有困难，去哪里找这么多人？

领寓的每个板块，不管是融资还是投资，都不是基于眼前的事情来做的，而是基于要做20万间这个体量来制定模式，做的时候就要想清楚当规模达到20万间的时候要怎么做，一年有100~200个项目时怎么做，那就要看人才梯队和人才的厚度怎么积累。领寓现在所有设立的机制，都是为了让这个团队可以快速成长。成长的通道都非常清楚：销售人员如果能够做到一两个项目的销冠，就可以变成销售主管，销售主管负责几个项目就可以提升为片区负责人，片区负责人做得好就可以成为城市公司负责人。销售主管要具备吸引人才的能力，一个人带来两三个人还是很容易的，因为领寓的薪酬在行业领先。如果销售主管能够带领团队实现快速出房，销售部门的奖金就更多，更能够吸引人才。领寓的人才引进不是人力资源一个部门的事情，而是人力资源部门与业务部门协同作业，除了通过平台招聘或者校园招聘之外，每个负责人还要能自己招到合适的人才，做到自我循环。每个人都有这个任务，通过这样的方式快速建立队伍，满足项目要求。

五、注重团队合理搭配及内部共享，三重激励覆盖全员

领寓在组建管理团队的时候，特别注重“去地产化”，强调不能用地产思维来做运营的事情，因此地产方面的人都比较少，比如投资团队以基金和酒店系为主，负责运营的团队有酒店背景，对服务、管理有深刻理解；另外，租赁行业的运营跟信息化相关，所以还增加了来自人工智能、信息化这一块的人员，以及对客户研究比较透彻的市场和客服方

面的人员。各个团队的构成都安排得非常清楚。

另外，领寓有一个内部的共享机制，包含三个层面的激励：当前的每个月的激励，专项的各个项目的激励，中长期的股权激励。这三个层面是完全按照创业型公司的逻辑来做的，应该说把团队的积极性完全地发挥了出来，这跟地产公司完全不一样。

第一层是短期激励。基于传统的关键绩效指标（KPI），每个人的工资之外还有一部分激励工资，即工资跟绩效挂钩。

第二层是面向各个项目和专项的激励。领寓未来在公司层面，每年会拿出10%~20%的利润直接分享给整个团队，然后在这个基础上又设了一些专项激励。专项激励涵盖了各个业务部门，比如投资部门就有投资激励，按项目的房间量再乘以系数进行综合评价；出房也会有综合评价的方法；还有一个PMO小组的激励，把业务负责人的积极性也充分地调动起来。这些都是即时激励，投资拿回来了就兑现，销售如果出房，第二个月奖励就兑现。

第三层是中长期激励机制，领寓在公司成立之前就会明确团队的利润分享比例，在股权层面会给管理团队较大的比例，即“出资+期权”。在这个基础上，管理团队的各级人员都清晰地知道，高管级是第一级合伙人，未来做到20万间房时相对应的股份有多少。股份是中长期激励，基本上激励到五级员工（副总监级或者介于高级经理和副总监之间），使核心层全部覆盖到。

展望：有双重推动力，加速前进冲击20万间的目标

目前长租公寓市场的参与主体已形成多元竞争格局，包括开发商、房产中介、租赁二房东和互联网平台四大主流运营商，大家都想在这个万亿元的大市场里分到一块蛋糕。而拥有地产背景的领寓比较特别，既

可以借助集团的房源和资金优势，让公寓与地产业务形成良性的协同效应，同时作为一家独立的公寓运营商，又积极培育资本运作和产品打造的能力，在产品、运营等方面进行大量的创新。领寓相当于获得了双重的推动力，逐步形成了核心的竞争优势，在公寓这条行业新赛道上可以快速前进，未来将努力实现五年租赁20万间的战略目标。

| 第二章　恺信亚洲：找准细分市场，成为改善型租赁龙头 |

在现今的中国租赁市场，规模和效益成为众多运营商追求的目标，它们在一线、准一线、强二线城市中争夺房源，在缩短出房和装修周期上各出奇招。在从增量市场向存量市场转变的趋势下，开发商变被动为主动，进入租赁领域，凭借房源和资本优势抢占市场份额。在这种竞争格局下，恺信亚洲（以下简称恺亚）选择了一条不一样的发展道路，即找准细分市场，在新租赁时代做改善型租赁，围绕中高端人群打造高品质产品，致力于成为中国改善型租赁龙头。

随着中国经济的发展，高净值人群数量迅速增长，在选择租赁产品方面也变得越来越“不将就”。同时租赁行业在已经达到一定规模之后，也对项目的专业运营、品牌的塑造和产品的打磨提出了更高的要求。从这两个方面来看，恺亚选择走改善型租赁之路是明智之举，但也同样面临新的挑战，比如当开发商进场之后，双方从之前的绑定、合作变成了竞争对手，恺亚应如何处理与开发商的新竞合关系？怎样实现每个项目的高租金溢价，又怎样吸引并留住高净值人群？千禧一代崛起之后，如何在产品上满足他们和原有的世界500强企业客户的差异化需求？对这些实际的问题，中国房地产存量资产暨城市更新理事会理事长、恺亚董事长黎芸桦先生（如图2-1所示）进行了深度解读，为我们剖析恺亚破局之道，详解恺亚如何成为国内改善型租赁市场的领头羊。

图2-1　中国房地产存量资产暨城市更新理事会理事长、恺亚董事长黎芸桦先生

一、定位：在新租赁时代做改善型租赁

从宏观层面来看，中国房地产的走势是从增量市场转向存量市场，这一点业内都看得比较清楚，已经形成共识。在存量市场又出现了细分，除了之前一直存在的商办类型物业，还有一些自持住宅。现在住宅用地的招拍挂也要求自持，这是市场的一个新态势，也是从2017年上半年以来出现的最大变化。租赁行业在新的格局下也相应地会出现很多不同的做法。

恺亚作为一个专业的长租公寓品牌，针对行业的大趋势来思考企业的发展战略，认为这是一个时代的变迁，对包括自己在内的租赁企业来说肯定是一个很好的机遇。当然，挑战同样伴随机遇而来，毕竟每家企业的“DNA”不一样，谁也做不到灵活百变，相关政策出台后都有应对的方针。因此，企业要从自身的“DNA”进行判断，认清自己到底处于什么位置，能扮演什么样的角色，到底能不能顺应这个时代的变化，能不能做出企业独特的模式，这些都是需要考虑的事情。

结合外部行业分析企业的“DNA”，恺亚对于自身发展提出了两个关键要求：一个是在从增量市场转到存量市场的过程中迎来新租赁时代；另一个是切入中高端市场，做改善型租赁。

1. 租赁是真正的刚需，租赁行业更多的是服务业

租赁是一个很现实的行业，它提供的是真正的刚需产品。因为客户租下之后马上就要住——旁边的学校怎么样，周围的邻居好不好，小区环境好不好，交通方不方便，门口有没有公交站、地铁站，小孩出行是否安全，这些都是要考虑的现实问题。租房与买房不同，很多买房人并不一定是自己住，他们认为只要房子未来会升值就是利好，而租客就不会太关注预期，他们看的是现在。

租赁和地产开发一样，是一个大的行业，只是过去它更像是制造业，属于第二产业。其实租赁更多的是服务业，也就是说现在变成了第三产业。很多人说通过租赁赚了很多钱，其实他们并没有把成本算进去，因为楼房都是制造出来的，去除成本，超出的部分才是租赁服务业创造的价值。租赁服务业的核心是以客户的需求来打造产品，而不再是单纯地建造房屋。如果公寓的位置偏远，租金又高，客户不会去租。租赁与房屋销售也不同，房屋销售人员一般是三个月换一个案场，租赁运营人员可能要在一个地方工作几年，而且客户也容易产生黏性，租客的来源会很稳固。

租赁可以产生牵引作用，能够带动多个领域的资源流动和扩展。现在国内很多城市都出台了鼓励租赁的政策，可以预见，未来会有大量的租赁项目出现，对规划、设计、资产管理方面的人才培养也会起到

刺激的作用。有一种说法是，现在中国合格的资产管理专家不超过200人，但是将来可能需要两万人甚至20万人，物业管理、工程管理也需要一大批人才。此外，这个行业会出现很多分支，百货公司、配套公司、软装公司、家具公司、融资公司等都会往这里倾斜，所以租赁行业的发展像一股洪流，前景非常惊人，在任何一个角落都可以看到跟它息息相关的产业。

2.存量多种多样，不同的打法形成混搭的矩阵

现在地产已经进入到白银时代，市场正处于从增量往存量转变的阶段。开发商在增量上遇到一定的瓶颈，都要从长期运营的角度去考虑。长期运营从初期来看可能有几种产品，再往后就是做一些存量。地方政府也有一些政策要求这些商办的用地改换性质，变为完全自持的租赁住宅用地，还有一些不能散售，要求开发商自持运营。从研究机构的宏观数据来看，北京、上海这些一线城市仅商办公寓类的存量就有6~8年的消化量，这个量已经很大了。这些物业该怎么去做？是改成居住用还是办公用？政府也在慢慢梳理，可能会像上海一样开始尝试转成租赁用地，但是在其他城市可能几种做法都有，比如有的二三线城市还可以继续出售。

从宏观角度来看，市场上会出现多种多样的存量，这部分存量都需要得到好的运营，所以恺亚认为未来是一个新租赁时代。相对于马云在零售业提出的新零售概念，公寓板块的新租赁时代就像新零售一样具有颠覆性。马云的新零售出现了无人售货店、无人工厂，新租赁时代同样千变万化，有商品房的租赁，有租赁住房，也有安居房、廉租房；运营机构的性质有纯国营、混合所有制、纯民营等；运营商的出身有开发商、中介、酒店，也有品牌运营商，有各种各样的打法。在新租赁时代，这些混合的打法会形成一个混搭的矩阵，产生无数的可能性。

3. 做改善型租赁，每个项目都实现高租金、高溢价

租赁用地根据所处的地理位置不同，比较偏远的可能适合做人才公寓或白领公寓，黄金核心地段适合做改善型的租赁，这也是恺亚一直在提的新概念。改善型租赁比较符合恺亚这类企业的“DNA”和“血统”。恺亚一直在做中高端产品，在新租赁时代切分出改善型租赁这个市场，是“希望”在这个板块里做出品牌，力争成为这个领域的领头羊。

（1）不单纯追求坪效，要用运营塑造高租金和高溢价

现在很多做公寓的企业仍然沿用开发商的思路，比如某项目的房间面积是120平方米，如果把房间分割成二三十平方米一套出租，从数据上看坪效很高，但这些房子的小业主都是中产阶级，某一天下楼时突然发现小区人群很复杂，感受就会很不好。租赁行业有它的特点，不能简单地看坪效，而是要塑造高租金、高溢价的社区人群，包括整个社群的发展，这才是运营的价值所在。还以上面的例子来说，如果房间不进行分割，就做120平方米的租赁房，把它打造成面向中高端人群的产品，可以多赚租金，即使少赚也没关系，因为房子本身的价值会有大幅的提升，品牌效应也会显现。同样的社区，如果一个旁边是居民区，另一个旁边是丽思卡尔顿酒店，效果肯定不一样，前者会带来很多矛盾，房子也可能贬值，而后者只要酒店客人的出入不影响住户的生活，房子肯定会升值，还增加了国际化社区的标签，那么租客选择的机会就更大。

政府已经出台了很多租售同权的政策，其中大部分公寓由政府主导，一般不会给民营企业和一般的发展商。租售同权的公寓主要解决基本居住的问题，起到市场稳定器的作用。但是，市场中的中高端物业总是需要资产增值，这部分就需要运营商来做。租赁服务业需要更细化，要把相关的人才引进来，把所有创意的工作归纳进来，逐步解决各种矛

盾，这个市场就会繁荣起来。租赁并不是做二房东这么简单，整个租赁行业的高度其实在不断提升。现在的各种房地产调控政策就像拦截洪水的大坝，而租赁则是引流渠道，可以帮助解决整个房地产市场的有关问题，其关键在于如何以客户需求为核心进行产业建设。

（2）不仅仅做高端，而是各类项目都做出高租金溢价

恺亚选择走改善型租赁的道路，业内不乏这样的疑问：虽然高租金能带来更多收益，但同时高端人群相对比较少，可能给拿房、获客带来压力，最终能否实现整体的发展目标？其实恺亚所指的高端并不是只针对金字塔尖的那部分人群，事实上恺亚有中端、高端等不同的产品线。恺亚的核心目标是高租金溢价，它希望每个项目都能做出高租金溢价，也就是5 000元/月的地方可以租到6 000元/月，这才是和别人不一样的地方。比如恺亚上海海珀旭辉项目，其一居室平均租金为19 800元/月，而同小区平均租金为11 436元/月，溢价率达到73.14%。客户不是不愿付出高价，关键是没有他们想要的产品，如果产品能够满足他们的需求，客户还是愿意租住的。恺亚要做的是满足客户不同需求的产品，没有固定是高端还是中端。

租赁服务行业和卖房子一样，要让人愿意买你的房子，就要知道怎么挖掘买方的心态，通过一些包装和其他方法把价值体现出来，才能卖出未来的溢价部分。所有的核心就是运营商定制，高租金溢价不只是把3 000万元做到5 000万元，而是要知道用什么样的手段和方法去做成这个产品。恺亚现在更多的是做定制产品，定制产品从土地阶段到最终交房差不多要三年的时间。定制项目在这两年做得很少，但是在2018、2019、2020年将是爆发期。在这三年里，恺亚从拿地之后的规划、产品定位，再到项目的装修定位、设计风格，将彻底地以客户需求为核心，慢慢地沉淀下去，靠很多细致的功夫把定制项目做好，不管是硬

装、软装、广告还是营销手段，都可以做得比别人好，提升每个环节的附加值，这样就能保证在最后得到很高的租金溢价。

二、模式：与开发商合作共赢，深耕高净值人群

过去，开发商在增量市场起主导作用，租赁只相当于辅助产业，帮开发商解决一部分销售和存量资产的问题。恺亚也由此推出特有的“三赢模式”（开发商、小业主、租客三方共赢），这是一种绑定开发商的模式。在新租赁时代，一味追求销售额、高周转、高回报的方式行不通了，特别是核心地段的土地已经被限制，不允许出售，只能自持或长期经营。开发商或主动或被动地进入租赁市场，很多企业已经有了自营的租赁业务，排名前20位的开发商大部分都有自己的公寓部门或者公寓品牌。对开发商来说，这是一个新的领域，从以前的开发销售转到了持有长期租赁，怎么赢利、退出都是新的课题，而对原来一直在租赁行业的运营商来说，这同样是新的竞争和挑战。

开发商本身就有得天独厚的优势，比如资金优势和项目房源的优势，一旦具备了一定的运营能力以后，它的输出也会更有吸引力。这些开发商更讲规模，每一家最起码是5万间以上的量，而恺亚更追求质量。从这个角度来说肯定存在竞争，毕竟房源的数量有限，开发商切走一部分，恺亚的房源自然也就少了。那么，恺亚在面对这种新的竞争格局时，应该怎么样处理好与开发商的关系，以什么样的模式开展运营，就成为关键所在。

1.与开发商在中高端项目上合作

恺亚采取了新的合作模式，来实现和开发商的共赢，支撑这种合作关系的因素主要有两个。

第一，因为各自的目的不同，开发商也面临从增量到存量转型的

问题。恺亚发现做租赁行业的开发商有两种：一种是小开发商，主要依靠直觉和个人情怀来做，但是这些企业的抗风险能力很差，很容易就放弃，或者比较注重短期利益；第二种是大开发商，在战略上要去占领这个领域，但不知道怎么落地执行。恺亚一直从事租赁行业，更懂得这个市场，也有情怀和一定的资源支持，所以能够做好这件事。

其次，很多开发商还是有着制造业的逻辑，项目做到后面又变成了配套的低端产品，这个“基因”不是短时间能转变过来的。而在新租赁时代需要更多的定制产品、高品质产品，第三方更能做出灵活的定制产品。市场总是有它的规律，总是需要找到第三方的运营商，而不是完全依靠自己来做。

基于上述两个因素，恺亚通过与开发商在中高端项目上合作的方式，实现了共赢。开发商有得天独厚的条件，已经有这个能力去做，只是需要有一个培养期。同时开发商为了符合政策的要求，也要大量地开发二三线城市甚至更偏远的项目，然后做大量的自持，解决一些中低端收入群体的租赁需求。双方的目的不一样，出发点也不一样，所以，恺亚不会跟它们有正面、直接的冲突，反而还有合作的机会。

开发商自身的房源其实被分为两种：一种是开发商自己在核心地段做自己的地标品牌，比如万科有泊寓这个自己的公寓品牌；另一种是像万科的深圳深南道68号这样的房源，万科愿意和恺亚这样的专业品牌公司合作，因为这个项目是要给投资者一定的回报，而且这个品牌本身就是针对中高端的群体，会直接影响以后租客的来源和渠道。恺亚服务的客户都是世界500强企业，这些客源跟开发商的客户不一样，不是普通的消费者。正所谓术业有专攻、渠道有专攻，所以万科想得比较清楚，把中高端改善型租赁这部分切给恺亚来做，而中低端的租赁留给自己经营。不仅仅是万科，融创、旭辉也有相似的想法。

2.绑定高净值客户，深耕千禧一代群体

相对于同行来说，恺亚独特的经营模式就是做改善型租赁。这个市面上能做改善型租赁的并不多，所以恺亚在这个领域能够一直保持独特性。恺亚在增量时代做这件事，到了存量时代依然还在深耕，在这个领域精耕细作，只是为了把它做得更大，要像万科一样在租赁垂直领域里做到第一。恺亚的扩张更讲质而不讲量，更在意的是要绑定在这个平台上的高净值客户。恺亚的目标就是盯住这20%的改善型人群，做他们想要的产品。

恺亚原来服务的都是世界500强企业的客户，这些高端的客户在上海就大概有30万人，其中差不多有10万人是外派公司的高管，恺亚针对高端客户的租赁市场已经很大。除此之外，国内消费者的市场份额也在上升，很多人以前出差住快捷酒店，现在可能会去住喜来登、希尔顿、恺亚服务式公寓这种中高端酒店，消费人群已经被拉动起来。此外，恺亚重点关注的还有C端（客户端）的客户群，也就是所谓的90后，因为90后更喜欢自由的生活，而现在这个市场上有那么多租赁的项目，他们也需要被引导。恺亚要深耕这一群体，给他们更好的产品，这是恺亚独特的经营模式。

3.不限制商办用房出售的城市沿用三赢模式

在增量时代，租赁承担的是一个辅助功能，任何一家开发商都是以销售为纲，销售指标最重要，就像融创提出的口号，不管是住宅用房还是商业、办公用房，每平方米都要卖掉，作为其合作伙伴，恺亚做了大量的工作替它消化商办用房。商办用房大部分都是投资类产品，而且在大部分城市不限购，如果没有一个租赁的运营做保障，很多客户买了都不知道怎么办。那时恺亚就推出了独特的“三赢模式”。那时候的三赢模式在市场上是很独特的，也没有很多的竞争对手，包括像雅诗阁这

样的企业，它只能作为单纯的运营商，所以这两家的经营模式完全不一样，很容易就可以区分开来。现在在没有限制商办用房出售的城市，包括深圳、成都、南京等，因为这些城市的存量还是很多，还是要把它去化，开发商还会想着用三赢模式销售，所以在这些城市中三赢模式依然存在，与现在的模式并不冲突。

很多租赁运营商都在不断地做减法，通过降低成本来赢利，而三赢模式是不断地做加法，最终把租金提高。因为租赁是一个服务行业，把服务的内容都减掉就变成了制造业，那就完全不一样了。恺亚曾经给龙湖地产做过一个项目，龙湖地产同时也找了其他运营商来做，这家运营商给出的方案是按照600元/平方米的标准进行装修，配一些低档的家具，将来这栋楼的管理成本也非常低，可能最后以2 000元/月租出去。恺亚的方案是采用比较高的管理成本、比较好的管理方式，虽然不像酒店那样细致，但有自己的酒廊，也提供更多的服务，装修标准大概是2 000元/平方米，租客入住前还配好各种软装部分，最后租金是5 000元/月。租赁是服务业，相关的服务、配套都到位了，租金自然可以提高。两种方案对比后就可以发现，一个是600元/平方米的装修标准，租2 000元/月，另一个是2 000元/平方米的装修标准，租5 000元/月，开发商会选择哪个？当然会是后者。租金提升，业主能受益，同样租客租到了满意的房子，也是受益者。

总之，从经营模式的多样化来讲，恺亚更适应现在的租赁市场，不仅在二三线城市帮助开发商销售，还可以提供租赁保证。竞争一定会有，特别是在自持或一些国营混改、民营的项目上。有挑战并不可怕，市场这么大，多一些同行去竞争，这个行业才会做得更精。同时，恺亚也要深耕，也要扩大自己的业务量，提高服务客户的质量，提高自己的竞争力，把蛋糕做大，再在这一块蛋糕上去提升自己的份额。

三、拿房：以集中式房源为主，以公共设施附近房源为辅

在城市布局方面，恺亚最主要考虑两个因素：一个是进入哪些城市，在哪里圈出主战场；另一个是拿房的具体策略，即怎么拿到合适的房源，以及建立拿房的独特优势，让资产所有者倾向于选择恺亚。

1.以一线和强二线的CBD、城市副中心为主线

在城市选择方面，恺亚关注一线和强二线城市，这是布局的大前提。既然是定位于改善型租赁，立足点一定是在一线城市和强二线城市，因为只有这里才有足够的人口净流入，改善型租赁才能产生和发展，或者说这里是可以产生高租金溢价的土壤。所以北上广深以及一些强二线城市一直是恺亚重点布局的城市，这个战略目标不会变。具体到每个城市，恺亚一定选择中央商务区（CBD）的城市核心或城市副中心：在城市CBD核心位置可以布局现在恺亚最高端的品牌——恺亚国际公寓，或者是恺亚国际公馆；在城市的副中心或者是靠近一些高新科技产业园区的位置，可以布局恺亚的中端产品——恺瑞居，比如说上海的张江、杭州的滨江或西溪湿地。

以前在可以散售的前提下，有些开发商也不想运营租赁业务，有些核心的黄金地段只有一些国企才有能力经营租赁业务。现在顺应新租赁时代的变化，租赁业务的蛋糕更大了，恺亚可以经营的范围更大了，这是恺亚对整个城市布局的看法。今后，恺亚会在所布局的城市更加深耕。

2.与十大开发商合作，主要拿集中式房源

从房源来讲，恺亚主要是跟十大开发商进行一些合作。当然，现在进入新租赁时代，基金也逐渐进场，越来越多的地产基金包括城市更

新基金开始和恺亚进行合作，在合作的过程中，恺亚会并购一些项目，这些项目也可以成为恺亚主要的房源。在一些城市更新中，原来的一部分酒店或者是写字楼会被改造成为公寓，这些公寓也是恺亚的主要房源之一。所以从房源端来讲，恺亚主要通过上述三种渠道来获取目标房源。

另外，恺亚倾向于选择整栋、集中式的房源，这是恺亚一贯的打法，因为集中式房源便于管理和销控，更容易提高它的服务质量，企业品牌的认知度、导视性也更好。在集中性项目的配套设施方面，恺亚不追求奢华，不像五星级酒店大堂那样设计两层挑空或无边际泳池，或者是非常大的宴会厅、会议空间，恺亚会考虑到它的经济效益比，只要求满足基本的租客使用功能，或者是考虑到千禧一代的使用习惯，增加一些公共的空间。从这个角度来看，选择合适的房源也为接下来打造适合新租赁时代的产品提供便利。

3.以医院、月子中心等公共设施附近的房源为补充

除了上述主要的拿房渠道之外，出于提高出租率的考量，恺亚还有一个补充房源，就是考虑在一些公共设施旁边拿房，比如医疗中心、大型三甲医院、会务中心、月子会所等都是恺亚针对的目标。因为那里都会集中了一批中短租的客源，租期是几周到几个月，他们往往是其他企业忽视的客群，而对恺亚来讲，这正好是提高出租率的一个很好的补充。

这样一来，恺亚又打开了一个新的渠道，跟会务公司、医院、月子中心、学校都会有一个战略合作，能够提供很多的房源。恺亚从这个角度来思考中短租的运营，利用好这部分的中短租量，加上原来一直作为核心的长租量，两者进行一个有机结合，就能够保证恺亚的满租率。

4. 口碑和后期维修、保养是拿房的独特优势

在租赁行业中，很多企业在城市布局方面存在共性，即大家都首选一线城市、核心城市、核心地段的物业，那么恺亚凭什么能拿到这个房源？恺亚在拿房方面的独特优势或者独特技能是什么？

以开发商销售房屋为例，卖得好不好最主要是看业绩，要想卖得好先要找得到买家，渠道要畅通。不管是万科还是恒大，其产品卖得好，要么是因为品牌过硬，赢得了消费者的信任，企业的粉丝愿意买；要么是销售渠道多且通畅，比如全民销售，让每个人都愿意替它们卖楼，因为给的佣金高。所以，不管是卖房还是租房，都需要强大的客户源，而要让客户选择你的产品，就必须有一个好的品牌。恺亚能在改善型租赁这一领域做出好口碑，一个重要的原因就是它在这里已经深耕了20年。恺亚的租客源一直非常强大，因为恺亚本身就具备房地产五大行的背景，在国外，20年前，很多世界500强的管理者就已经是恺亚的客户，如今这些人的子女来到中国做CEO，他们自然会来找恺亚，这是一种传承，不是其他企业能做到的。

另外，运营比销售往往要更加复杂，更讲究时间的打磨，就像海尔集团的逻辑：维修、保养是最重要的，销售就是把一个空调卖出去，可以通过打折或者增加、完善功能来实现，这个并不难做到，但是后面的维修、保养是一个长期的课题，要让客户相信买了海尔空调以后不用担心，比如别人的质保期为两年，海尔可以做到质保期为五年。恺亚的另一个优势就是后面的维修、保养，它为两代人的客户连续服务超过了20年，赢得了不错的口碑和众多的回头客。恺亚一直强调打造强大的会员体系，保证充足的高品质租客。目前，恺亚已经打造了几个比较成功的项目，包括上海华侨城的苏河湾、旭辉海上国际项目等，它们在行业内的客户满意度相对比较高，口碑都比较好，服务质量也不错，基本上都是90%以上的出租率，所以在争取客源时恺亚可以拿成绩说话。

在这样的一个前提下，资产所有者当然更愿意把房源交给有口碑、有客户、有业绩保证的恺亚。

还要说明的是，恺亚的项目租金不是业内最高的，因为像四季酒店、半岛酒店都有更高端的租赁项目，恺亚做的是中高端、改善型的租赁，在这个垂直领域里面占比最高，而且这代表了90后的生活习惯，这是恺亚最强项的地方。

四、产品：定制+高端，围绕两类客户的差异化需求做设计

在产品设计上，恺亚一直比较欣赏复星集团董事长郭广昌的说法：复星的产品是以销定产，直接以C端的需求倒过来要求产品的生产。恺亚打造的任何产品也一定要从C端考虑。海尔集团董事长张瑞敏也说得很清楚，他说海尔的老板不是他，真正的老板是客户，客户满意才是员工将来拿到报酬的基础。这些成功企业、龙头企业有很多方面值得恺亚学习和借鉴。恺亚在成长过程中一直遵循这个原则：产品要跟着客户走，而客户的满意才是最终的目的。

当然，现在市场多变，客户也在不断地变化，要不断适应市场和客户的变化难度不小。因此，恺亚围绕两大客户群采取了不同的产品策略：一个是针对“新客户”的中端产品，这也是恺亚要发力和深耕的产品；另一个是针对“老客户”的高端产品。

1.为千禧一代提供定制化产品

近两三年来，伴随着中国整体经济的壮大，国内企业的实力也越来越强大，越来越多的信息技术（IT）企业成为恺亚的客户。很多千禧一代群体涌现出来，他们的特殊需求不可忽视。那么要怎么适应这些客户的需求呢？千禧一代对产品提出了不一样的要求，恺亚针对他们所设计的改善型产品就体现出了更多的定制化，让他们的生活更方便、更舒适。

（1）户型设计不用奢华，但强调舒适、明快

千禧一代的需求里面有一点非常重要，就是要尊重他们的居住权，他们对居住环境有一定的要求。所以，恺亚在户型设计上重点考虑两个方面：第一是考虑到房屋的层高、开间和采光度，恺亚希望提供给千禧一代真正的住宅或类住宅，尽量让它有采光、有阳台、有一个活动空间，满足其对舒适性的需要；第二就是在户型布局、装修风格上不追求奢华，而是突出简洁、明快的特性。

（2）用科技手段提供简单、便捷的延伸服务

好产品要在两个方面进行打造：一方面是有形的打造，就是物理结构的改善，包括房屋的建造和设施的配置；另一方面是无形的打造，就是提供软性的服务，比如一些软件、网络，把它们作为一个会员平台，让客户能够凝聚在这个平台上，然后为客户提供社群或者延伸的第三方服务。千禧一代的需求跟刚需产品的客户群不一样，选择刚需产品的客户可能已经把积蓄用完了，很难再去支付延伸的服务，而千禧一代更注重房屋的舒适性以及需要更多的延伸服务，他们有额外的资金可以支配。所以恺亚在产品上营造出一个让他们生活很方便、舒适的空间，他们只要登录恺亚的平台，使用恺亚的软件、网络，或是通过一个很简单的电话、一个平台上的搜索，就可以享有第三方的服务，满足生活的各项所需。

舒适性是恺亚一直很看重的。过去的随叫随到，或者围绕身边的服务人员越多越好，未必是很好的服务方法。现在是高科技时代，运营者要用高科技方法解决这些事情，让客户觉得有私密感且被尊重，然后是感觉简单和舒适。以前一直说要以英式管家为标准，或者说人到人的服务才最好，然而在这个科技化的信息社会，特别是对于千禧一代来说，他们其实并不希望有很多服务人员围在身边，更希望与服务人员保持一定的距离，但是需要服务的时候你要能快速地提供。这里举一个例

子：客户住酒店要开发票，需要提供税号等相关信息，但是很多酒店依然采取过去的方式，需要每个人报公司的名字，然后填写单据，再去开发票，虽然是很多人一起为客户服务，但是效率非常低。很多年轻人在办理入住酒店时就对此感到不满，要在前台排很长的队，手续烦琐，很耽误时间，特别对于那些赶时间的客户来说体验更不好。通过这个例子可以说明：服务需要与时俱进，不断变革，而不是沿用以前的意识和方式，因为你所面对的客户已经不一样了。恺亚一直很注重与时俱进，从技术开发角度来讲，完全可以借助第三方的软件来更便捷地完成操作，一旦引入第三方的软件，只要客户一报公司，所有的纳税号、开户银行号等相关的企业信息都能出来，这在时间效率上就提高了很多，客户也会满意。

（3）与互联网企业合作，增强场景的体验感

千禧一代喜欢一些新鲜的设计。恺亚也在尝试与一些互联网和供应链企业合作，以满足千禧一代的需求。举例来说，恺亚和成都的过家家有过一次合作。过家家是一个类似土巴兔的互联网装修公司，它以明快、简洁的风格以及适合年轻人居住为特色。成都恺瑞居就是恺亚与其合作的中端产品。过家家参与软装或硬装的装修设计，因为它更懂年轻消费者的喜好。

恺亚也会跟海尔这些以后要进入智能家居的企业合作，培养和强化年轻人使用智能化家居的生活习惯。恺亚和这类供应链的企业绑定，做一些战略的合作。恺亚最主要针对中高端的客户，海尔合并了通用电气、斐雪派克这些高端的电器品牌，也希望这些品牌的客户是中高端的，因此恺亚的客户正好是海尔的目标客群。恺亚可以提供自己的公寓作为海尔的场景平台，引进海尔产品，让客户的体验度更高，黏性更强。

2. 为世界500强企业提供尊贵、舒适的高端产品

在过去的十年里，恺亚服务的客户主要都是世界500强和中国500强企业，面对这部分客户，恺亚依然沿用固有的模式，提供高端的产品，比如讲究尊贵感、私密性的，比较豪华的楼堂馆所，采用英式管家这种服务方式，满足客户对舒适、尊贵、私密、品位的需求。这种固有的服务模式是恺亚做改善型租赁的基础，但是恺亚会根据现在新的一些需求进行改变，从产品上去满足客户的新的需求。

五、运营：巧干而不蛮干，追求有质量的效率

在持续获得房源，打造出符合客户要求的产品之后，接下来的日常运营则是模式落地、企业盈利的实现过程。作为租赁运营商，企业最关心的问题无外乎这样几个：怎么提升效率；要不要切入中短租，如果切入又如何协调长租和中短租的比例；怎么进行有效管理；怎样获取稳定的客源；如何完善内部系统，以支撑企业的快速发展。

面对这些问题，业内企业都有各自的发力点，有的是尽量缩短从拿房到出房的周期，有的是开发长短租的管理系统，提升房源管理效率。作为面向中高端客群的恺亚来说，做改善型租赁，它对于效率有着不同的看法：要巧干而不是蛮干，在立足长租的基础上切入被业内忽视的中短租市场，确保整体的满租率。

1. 品质为先、兼顾效率，不刻意追求快速出房

出房速度是衡量运营效率的重要指标，很多租赁运营商都在想办法缩短装修周期，有的企业能够做到两个月、三个月完成装修，同时加快出房速度，减少房间空置期。恺亚对于出房和效率有自己的观点和做法，主要体现在以下两个方面。

第一要保证品质。这个是由恺亚本身的“DNA”和产品定位决定

的。作为改善型租赁的运营者，恺亚的产品定位为中高端，而中高端产品本来就需要精心打造和不断打磨，不能粗制滥造。现在，有一些装修公司声称可以10天、20天就出房，恺亚也参观了不少这样的项目，它们只是把墙刷一下，很简单地把家具放进去就声称可以入住了。这还是以前增量市场的思维，讲求周转率，快速拿房、出房，然后尽快赚钱。这种做法没有尊重客户最基本的居住权，不符合恺亚的价值观。另外，这里还涉及环保和安全的问题：很多公司说15天就可以让客户入住，这就相当于让客户去吸甲醛，危害客户的健康，这是不可取的；客户的安全是第一位的，之后才是拿房、出房的效率，不能为了提高效率、尽快赚钱，而置客户健康于不顾。

第二是兼顾效率。效率是各个企业维系生命的根本。恺亚是以包租为主要的经营模式，效率当然也很重要，任何不合理的空置对恺亚来说同样致命，所以在安全和效率之间要找到一个平衡点，在有限的范围内一定要用最快的效率去完成拿房和装修。恺亚保证用好的环保产品，通过环保的测评后，在合理的时间内出房，出房以后利用最强大的销售渠道，尽快让客户入住。这是恺亚追求的效率，它并不是单纯地从物理条件去追求快速拿房、装修和出房。

2. 长租是根本，中短租为补充

作为新租赁时代的运营者，不管规模和定位如何，企业都希望能做到满租，但基于目前的条件，它们都会采用长短租结合的方式，没有哪一家可以只做长租而不做短租。恺亚以往做的都是一些类住宅或者是纯粹住宅的租赁，完全适合家庭去长租，所以有70%以上的客户的租期都是一年以上。但是现在租赁的户型多样，有些是一居室，有些是小两居室，还有一些是商办改造的房屋，这些房屋已经不适合长租或者不满足长租的需求，因为它们连晾晒衣服的地方也没有，所以从这个角度来讲，长短租是没办法而为之。租赁企业要重点考虑的问题是怎么样利用长短租去提高满租率。

恺亚本身是做改善型产品的，其企业本身的“DNA”决定了其必须以长租为主。长租是恺亚的主打内容，这个核心永远不变，服务好这些长租客户一直是恺亚的主要目标。千禧一代这个客户群是恺亚新的补充点和增长点。所以，对于恺亚来说，长租是根本，但是同时它也会考虑一些中短租，这个中短租不像酒店，也不是日租，而是几周到几个月时间的租住模式。这种中短租确实是很多产品的短板，恺亚相当于切入了一个新的市场，填补了这个市场的两个空白。

第一个是项目外派产生的需求空白。这在IT企业中更为常见。举个例子来说，假如公司派一个员工去青岛做项目，任务要在三个月内完成，在这个过程中员工会不定期地来往青岛，会在青岛停留几周甚至一两个月，这段时间如果住在酒店会非常不舒适，但如果要选择普通的民宅，又没有人愿意出租一两个月，即使要租半年，房东也会要求半年的租金一次性付清，还要交相应的押金。所以，这就产生了市场需求的空缺，恺亚却可以很好地补充这一块的短板：它提供的中短租产品很灵活，可以满足这段时间的居住需求，而且能让客户有家的感觉，从自己家里到这个地方来出差并没有改变生活的状态。这一块的需求很大，所以恺亚决定深耕。

第二个是一些日常生活上的短租需求空白。比如家里装修，或者是陪伴孩子读书、考试，或者是家人生病住院需要租房以便及时看护，等等，这一类的需求也非常多。其他企业往往没有针对这类需求来做规划，而是更多地考虑创客、青年创业者、白领，于是恺亚就可以从这个角度切入，填补此类市场的空白。

目前，在租赁行业内，不同的企业在长短租结合方面都进行了探索。有的公寓运营商开发了长短租结合系统，通过这个系统可以更好地监控客房的状态，据此建立起行业的竞争优势。对此，恺亚有着自己的看法：从长短租的角度来说，企业有一个先进的系统管理进房、出房，可以节省人力成本，而且对房源的控制更清楚，能够减少人为的误差，但是运营要解决的是怎么找到长短租的切入点，怎么获取长短租的客源，怎么更好地出房，怎么运用好长短租的比例，而不是如何把房态控制好。如果在一个地区连房子都租不出去，只是管理好房态是没有用的，因为管理房态是下一步的问题。

3. 口碑养"恺粉"，全渠道获客

因为高端客户往往规模有限，针对此类客户，市场竞争激烈。那么在获取客源的渠道上，恺亚又该怎么做才能吸引并留住这些高端客户呢？

运营是一个长久的工作，任何一个企业不可能转型之后马上能够做好，因为没有形成客户的信任，客户为什么会选择你？恺亚做过一个客户地图，打开地图就可以看到客户的来源。恺亚的核心客源就是企业客户，这部分核心客户的获取源自常年的打磨。前面提到，很多世界500强企业的管理者曾接受过恺亚的服务，那么多年后他们的子女成为管理者之后，同样可能还会找恺亚。这个道理很简单，就如同人们到外地去，往往会寻找老乡，找熟悉的人征求意见。所以口碑很重要，口碑相传是恺亚获客最主要的渠道。按现在比较流行的说法，这叫作粉丝经营，所以恺亚把这部分人叫作"恺粉"。恺亚在20年的服务历程中积累了大量的"恺粉"，这些"恺粉"会一直跟着恺亚。此外，"恺粉"也是投资客，他们买了恺亚的楼之后由恺亚来经营，赚到钱之后还会再买恺亚的楼，如此不断循环。凭自己以往的口碑和"恺粉"系统来吸客，这是恺亚获客渠道的核心。

在新租赁时代，还需要拓展更多的获客渠道，恺亚瞄准的千禧一

代多数是在C端，获客的难度较大。于是恺亚采取了全渠道的理念，参加任何一个渠道的聚会，包括媒体的线上线下活动，或者是通过自己的公众号去宣传品牌。品牌一直是获客的“王道”，比如你可能不了解通用电气、海尔的具体产品，但是你一定知道这些品牌。所以恺亚在品牌宣传方面不遗余力，具体的做法就是进行事件营销，组织一些意见领袖、自媒体来引领关注。这是新租赁时代下新的拓客渠道，用这种新媒体的方法去吸引千禧一代。因为要实现弯道超车，想要在新租赁时代脱颖而出，一定需要一个事件、一个意见领袖，或者有一个事件营销的方法，从而迅速地提升企业品牌，得到同行业、客户的认可。这是恺亚一直遵循的方向。接下来，恺亚还会开展一些计划之中的合作，包括与阿里、腾讯等超大型企业的合作，当客户量、产品量积累到一定程度的时候，恺亚希望在自己的垂直领域与阿里合作，比如进入阿里的天猫平台。所以恺亚在渠道层面没有任何的屏障和障碍（这就是全渠道的内涵）。

4.双重机制培育人才，急需大一统的管理系统

任何一家企业都希望能弯道超车，都想要快速扩张，也都会面临内部系统的支撑问题——主要包括人才系统和管理系统两个方面。在从增量市场向存量市场的转变过程中，找一个金牌销售员并不难，但是找一个金牌的运营人员就很困难，因为满足存量市场运营的人员并不容易培养。人才短缺是各企业面临的普遍问题，当然也包括恺亚。同时，租赁行业在过去是地产开发的附属品，还没有开发出完善的管理系统，而且其管理节点没有地产开发那样明确，又涉及房态维持、租客变更、长短租结合、租金收支等相对烦琐的流程，所以管理上的难度更大。在人才和管理系统的建设方面，恺亚采取了一些做法，提出了一些思考。

（1）管理者有金钥匙认证，普通员工有院校培训

恺亚的人才建设分为两个层面：一个是针对中高层管理者的金钥匙认证；另一个是针对普通一线员工的外包和院校培训。

恺亚的管理层由两类人组成：一类是做过房地产的人（租赁也是房地产的相关行业，而不是单纯运营，所以恺亚的管理层中有很大一部分人来自房地产行业），他们的思路、想法更宏观一点；另一类是从事过酒店行业的人，因为他们在运营和服务意识方面更有经验，所以这部分的质量是有保证的。为了提升和固化管理层的人才优势，恺亚与知名认证机构金钥匙合作，建立强大的战略合作关系。金钥匙是国际公认的服务类认证机构，恺亚所有经理层以上的员工都会定期被派往金钥匙总部进行认证和培训。现在大多数项目的项目经理已经得到金钥匙的经理级培训和认证，这是一个品质的保证。另外，恺亚也会要求金钥匙在一些顶尖的项目上提供技术和人员支持，比如上海外滩恺亚国际公馆，恺亚就考虑让有20年以上资历的金钥匙人员担任这个项目的负责人。

针对普通的一线员工，恺亚一方面采用外包的方式，通过比较来选择市面上最好的供应商负责一线员工的培训；另一方面，恺亚也和一些旅游学校合作，包括山东青岛及贵州、上海的院校。恺亚在全国各地都有项目，它会在几个大省的旅游院校进行校园招聘，然后进行定期的实习生培训。现在恺亚与这几个大省的旅游院校已经建立了很强的战略合作关系，这些院校定期都会提供很好的生源，恺亚来提供实习的基地，如果学生通过了认证许可就会被录用。恺亚现在提供这样一个实践基地来培训这些基层的管理人员，就是让他们先从学校到实习基地，通过实习之后进入恺亚，以后达到经理层就可以送到金钥匙去培训、认证。这是恺亚给普通员工规划的职业发展路径，也是留住人才的人才计划。

（2）引入外部软件供应商，急需大一统的管理系统

作为一个从传统企业转型过来的租赁运营商，恺亚在管理系统设计方面还比较薄弱，这也是其痛点和短板。随着租赁项目的逐渐增加，随着无纸化办公需求越来越突出，房源、人力、物力、财力等方方面面，都需要更好的、比依靠人员管理更有效率的系统化管理。在房态和租客的管理中，如果涉及小业主，那么还牵涉资产管理的端口，因为小业主关注回报，怎么把财务账算清楚，怎么列清水电煤气的用途和费用，净收入、税收怎么合理合法到账，这些都是资产管理中非常重要的内容。所以恺亚在市面上筛选最好的供应商，引进一些软件系统的供应商做基础战略合作，希望能够用到一套在新租赁时代具有划时代意义的管理系统。

租赁以前被认为是小市场，但现在是新租赁时代，是一个万亿元的大市场，绝对需要能够把“度量衡”统一的企业开发出一套系统，这套系统甚至能将金融、供应链、信息、管理等各大底层系统结合起来。

展望：紧扣差异化需求，“小众”市场一样能产生大收益

根据不同的需求，住宅可以划分为刚需房、改善房等类型，而在租赁领域同样存在不同的需求。恺亚选择了“改善型租赁”的道路，瞄准中高端消费群体这个细分市场进行深耕，是符合企业自身特质和市场需求的。租赁行业的核心已经不再是制造，而是为核心客户群提供满意的产品和服务，这就要求恺亚不断地完善基础设施，研究原有高端企业客户和新型年轻新贵的差异化需求，进而提升品牌和产品溢价，让改善型租赁的道路越走越宽

第三章　城家公寓：公寓行业的精细化运营楷模

公寓行业一直面临运营成本高、快速扩张下空置率高的问题，这让本就利润微薄的公寓行业雪上加霜，而城家公寓（以下简称城家）通过打造在行业内首创的长短租结合系统，让长租公寓的碎片房间得以有效利用，通过智能排房真正解决了公寓行业运营成本高、空置率高的风险。长短租结合不是什么了不起的难事，难的是运营系统和IT系统的建立。长租公寓是按“天”来计算，而短租公寓同酒店一样，是按“间、夜”计算，要将这两种算法无缝地整合在一起，无论对于公寓行业还是酒店行业，都是一个巨大的挑战。城家CEO金辉（如图3－1所示）说：技术驱动是城家的未来核心，目前在技术上，城家已经实现了不用合同、不用开锁、没有前台，即运营层面的无人化、无纸化。

图3－1　城家CEO金辉先生

城家在公寓行业提出要做“精细化运营大师”，这又是一个独特的路径。研究城家的精细化运营模式，对未来公寓行业的发展和公寓企业的管理具有很大的启发意义。除此之外，城家的逻辑是：之前的公寓形态都是传统的业务，单店的管理成本很高，而且公寓利润低，所以要求整个运营管控很精准，不仅单个店要做得好，10个店也同样要做得好。公寓从选址、营建、装修等各个角度都要控制成本，如果管控偏差超过40%，基本上就是没管控。城家要求管控偏差不能超过5%，所以城家的出租率长期保持在95%以上，不是每个企业都具备这个能力。城家2018年的目标就是全面的单店赢利。

对此，城家CEO金辉先生从三个方面深度解读了城家精细化运营模式：第一，城家为什么要选择精细化运营这样一个定位；第二，精细化运营模式的核心和内涵是什么；第三，城家怎么将精细化运营模式落地。

一、定位：打破行业不赢利现状，走精细化运营之路

公寓行业有三大痛点：重资产、运营成本高、空置风险高。一般的投资机构不愿意在这个领域内深扎，因为要在这个领域进行规模化布局，的确需要足够多的资金支持，而且工作流程复杂，涉及造价、装修、运营、安置家具家电等，同时为了规避风险，很多环节的工作还需要人工来处理，这就消耗了大量的人力并且效率极低。

城家选择精准运营这个方向，是根据自身特点和目标客户需求两个方面做出的判断。

1.内部：开源节流，以长短租结合为核心

开源节流，长短租结合是一种传承。第一，经济型酒店就是一间房一间房做出来的，毛利润非常薄，酒店的成本控制要精确到几块钱甚至几毛钱，比如毛巾的用料不同、克数不同，使用感受也会有差异，要计算出不同用料增减几克的成本。第二，长租型的白领公寓实际上是

用高坪效的物业做低坪效的事情，这里有两个方面值得关注：一是中国过去的住宅坪效都要低于商业坪效，基本上商用物业的租金要高于住宅；二是拼差价，批发进来，然后出租出去。酒店业是在两个层面拼差价，一个是时间上，另一个是空间上，而公寓租赁只做了空间上的拼差价，又是高坪效做成低坪效，所以同样是拼差价的生意，公寓租赁利润空间就更小。第三，因为城家的这些客户属地性非常强，选择公寓时大多体现区域性的特点，通过互联网改造的手段来吸引更多的客户不太现实，所以主要还是借助线下渠道来扩展客户资源。

基于以上几点，城家模式第一层的核心就是要通过精细化运营，通过管理的溢价来产生利润，也就是做到开源与节流。在开源方面，比如在某些关键领域或者同样的地段，城家在干净、安全、便捷等方面比别人做得更好，比别人的产品溢价更高，这是一种管理的溢价。在节流方面，城家希望在每一个点上都实施精准化，这样才能产生合理的回报。

开源节流，长短租结合是商业模式所致，这是城家的商业逻辑。金辉坚信，核心城市住房的坪效会逐步提升，将会达到一个合理的空间和水平，届时行业整体的情况会有所好转，但是城家的精细化运营能力还是要提前培养，因为这是今后生存和发展的基础，也是核心竞争力的根本所在。城家认为通过这样的精细化运营，一定会带来客户体验的提升以及持续收益的保证。

开源节流，长短租结合是运营模式差异化的体现。目前城家公寓的运营模式可能跟传统的长租公寓不一样，其大量的会员具有中短租业务的需要，所以城家将致力于打造行业中第一个精准的长短租运营模式。长短租运营的精准化运营要求非常高，一方面要控制好合理的成本，另一方面还要满足客户的需求。中国的公寓行业还没有成熟的后台运营系统，目前城家正在打造这样一个完整的IT系统。

城家如果要率先在行业中打造出领先的、长短租结合的公寓模式，就一定要在经营上下很大的功夫。金辉说：“我们经常谈到的一个词叫‘死磕’，工作上要求在每个点上都‘死磕’，这是我们在经营方面最重要的逻辑。”

2.外部：精准定位客户，打磨精准的产品模型和运营思路

以上是从城家自身来讲精细化运营的必要性，那么从外部来看，客户是谁，他们的需求是什么，这也是非常重要的考量因素。精细化运营模式从一开始就围绕着客户展开，根据客户的需求和消费特点进行产品设计，包括后续的运营。

（1）现状：聚集在一线城市的民宅里

城家认为一线城市有很大的刚需市场，做公寓租赁的机会比较大。首先，很多人都聚集在一线城市，这些城市的房价上涨得特别快，买房对于刚刚毕业的大学生可以说是遥不可及，而租房就会成为他们的必然选择，所以城家紧紧围绕着一线城市来布局。其次，选址和通勤距离有密切的关联，租赁的公寓一定要和这些人群的出行线路紧密匹配。再次，城家的客户大多住在民宅里面。金辉说：“我们现在租赁的公寓，所有的布点或模式不是跟同品类的公寓竞争，而是和城市中的民宅竞争。因为我们的客户大量居住在民宅里面，他们或是过着合租的生活，或是要经过一条脏乱的过道才能回到住所之中，他们还没有享受到在城市中具有品质的个人生活空间，而这种生活空间在我们的酒店行业已经有所体现。”新一代的消费者愿意过有品质的生活，而居住是品质生活的第一要素，如果住都没有品质，就谈不到品质生活。所以，新一代的消费者愿意为了获得有品质的住宿环境，支付很大一部分的收入，他们愿意付出这个溢价。

城家围绕着客户的现实需求，在一线城市为他们创造高性价比的、有品质的住宿环境，让他们生活得更美好一点，生活得更有品质一点。金辉认为这不光是一个商业模式，城家更是抱有一些情怀去做这些事：不希望他们走在昏暗的走道里，跟别人共用一个空间，洗澡还要排半天队，每天挤一个小时的地铁回家。城家希望通过在一线城市密集布点，达到上述目的，这个过程本身就很有意思。

（2）特征：追求独立、隐私，又喜欢分享

城家通过客户研究发现，这些新一代消费者虽然生活、工作很忙，压力很大，但还是希望得到一些关爱，包括家的关爱、同类人群对他们生活或工作上的关爱。其实他们是很矛盾的一群人，他们既独立自主，又渴望得到认同。例如他们很注重隐私，不太愿意跟别人合租，但又很乐意分享，不管是通过微信还是微博，他们都喜欢在上面发布自己的心情。金辉表示，城家的整个商业模式不光是精细化运营，它还从人性上观察这些客户，所做的一切都是从他们内心的真实需求出发，为他们打造美好的生活空间。城家在酒店行业已经洞察到新一代消费客户的特征，发现他们和以往的消费者有很多不同，并做了很多的数据采样。

金辉举了一个例子：城家原来的床有些偏硬，现在都改为偏软了，因为20世纪60~70年代出生的消费者都是睡硬板床过来的，而现在消费者的居家生活条件改善了，对床的需求有所不同。城家从人性的角度上做了很多的设计，所以对公寓的今天和明天同样拥有充分的信心，因为它确实能给这群消费者带来独特的体验，这是美好生活的一个很重要的基础。城家投入这个市场并不是跟风，而是经过深思熟虑，通过内外部分析得出的结论，坚定地为新一代消费者创造好的生活。

二、核心：打通线上线下，找准收益和体验的平衡点

把营建成本、选址模型、运营成本、客户体验做好，把成本控制得合适，找到最佳的收益模型，给客户提供最高性价比的产品，这就是精细化运营的核心逻辑。从选址模型、产品模型的打磨到运营的轻重结合，每个点都能非常精准地体现出这样一个恰到好处的平衡结果——给到客户合适的产品，给到股东合适的回报，这是精细化运营的关键点。在这个过程中体现出的一个是客户的利益，另一个是股东的利益，要想保证这个模式长久发展，城家一定要找到这个平衡点。具体来说，精细化运营模式的一个重点就是做好线上和线下的结合。

1.线下：从拿房到开业，打造最佳收益模型

线下核心的问题还是从客户出发，围绕着客户的需求，从产品设计、选址、模型等所有方面去做匹配，而且要非常精准。

围绕客户的核心体验，城家设计了几大系列产品，有面向白领的刚需产品，也有面向高收入群体的中档产品。在设计产品时，城家从客户的需要出发，对每个客户群体进行明确的画像，知道哪些客户需要在什么地方方便地出行或办公。举例来说，白领对于公寓的交通便利性要求很高，而现在大城市，通勤时间长是普遍存在的问题，城家在产品选址上就要重点考虑这个问题，怎么样尽快地触及他们的办公点或生活的中心点，这非常重要。此外，在选址上城家还关注怎样控制合理的租金成本，考虑怎样精细化设计物业形态、房间，考虑怎样既满足他们的生活情景需求，又提供在他们预算范围内具有高性价比的产品。每个项目都不一样，在具体操作中，会有很多切入点。

（1）把产品分解成碎片，不断打磨，不断地接近平衡点

每个城市都有不同的特点，每个区域也都有差异性，产品要经过不断的迭代、打磨、锤炼，这是一个动态的过程。金辉说：我们现在的酒店行业里那些成熟的酒店品牌，每隔几年都会针对客户的需求重新提炼出适合他们的产品，因为消费者每隔几年就会迭代，现在的消费者和10年前的完全不一样。城家始终保持点点滴滴、不断打磨的动态管理方法，去满足消费者的需求。当然城家一开始会有一个设定，然后不断地迭代，随时跟上消费者的变化趋势。

城家在早期做酒店的时候，对于一个卫生间的设计尺寸都要精确到厘米，务必做到精准性以及达到平衡点。城家做公寓产品有两个特点：第一是整个团队有统一的价值观和做事的方式；第二是始终秉持以客户为导向的精细化运营大方向，每天点点滴滴不断地改进，向着平衡点不断地推进。这个平衡点本身也是动态的，每过几年它也会发生移动。城家在追赶这个平衡点的过程中不断地接近它。其实公寓产品有无数的碎片，每个碎片都有不同的指标，城家把一个产品切成很多碎片，比如分解一把椅子，对其钢骨架、骨架里面的润滑剂、打开的形式等各部分进行研究与改进。

总之，设计阶段就要把产品切得很细，要不断地打磨、提炼，最后甚至关注到几块钱、几毛钱的成本。房地产公司一般不具备这种思想，因为它们经手的都是几亿元、几十亿元的生意，肯定没有考虑过几毛钱这么小的事情，而城家真的会考虑。线下是一个完整的链条，有成百上千的点，城家的做法犹如庖丁解牛，把它一点点拆开，一个个去看，思考怎样优化，怎样不断地迭代。

（2）找到成本、收益和客户体验的平衡点

城家的家具既要符合客户的需要，又要具有很高的性价比，这里

面就涉及研发、设计、工厂化制作等各个方面。只有从源头设计、成本管控、工厂化生产、选供应商等各个环节做到平衡，才能做到既符合客户群的要求，又能利用工厂化的生产优势降低成本。所有的这些点都需要紧紧地围绕着“平衡”反复推敲，所以怎么找到这个平衡点非常重要。

金辉举了一个例子：假如客户要住汉庭酒店，你要考虑这个客户需要什么样的产品，什么样的价位，你要设计多大面积的房间，装修成本是5万元、6万元还是6.5万元，每天的客用品成本是5元、10元还是15元，保洁员的工资是多少，能耗成本是多少，空调是选用中央空调还是分体空调。从硬件到选址、服务，整个链条上所有的环节，都要一点一点地去匹配，达到收益和客户体验的最大化，找到平衡点。这就是精细化运营的核心。

公寓里面最大的财富不是你的品牌、规模有多大，而是你的运营效率，因为生产率提升的根本点就是效率。城家在效率方面已经下了足够多的功夫。

2.线上：业内首个长短租结合系统

在存量物业（公寓）经营层面，长短租结合是一个趋势和方向，但由于产品的差异、面向人群的不同，竞品也不同，运营商在前端销售和营销上也会采取不同的策略。要实现长短租结合，需要管理系统端的支持，看似简单的系统融合，实则并非易事。

目前，城家在技术上已将长租和短租两种不同的算法无缝地整合在一起，使长租可以做短，短租可以做长，供消费者任意选择，真正实现“灵活住”，这是竞争对手目前尚不具备的能力。

对运营商来说，长短租结合的核心价值在于降本增效。城家长短租结合系统（CAS系统）围绕这一核心价值，进行了一系列探索和尝试。

城家自诞生起就是一家技术驱动型的创业公司，以技术驱动给B端（商务端）和C端赋能，给它们提供更多的服务，让它们产生更多的连接。未来，城家CAS系统还将不断迭代，叠加智能化功能，包括通过大数据监控实现动态定价，根据供需预测智能匹配长短租占比，实现公寓管理上的全面移动化，等等。

（1）打造长短租结合的后台运营体系，提升坪效

城家有超过60人的技术团队，投入了大量的研发力量开发整个后台的运营系统，其规划系统在全行业处于领先水平。在长租公寓方面，城家的运营系统可以实现整个门店运营层面的无人化、无纸化，包括运营数据分析的精准化。另外，城家要开发一个长短租结合的后台运营体系，其运营逻辑就要城家自己去思考、沉淀、打磨。这个体系类似于运营系统的打造，非常有价值。

长短租结合的意义在于提高经营的坪效，但是需要一个非常复杂的后台运营系统作为支撑，在控制房价方面要有动态的定价模型，能跟酒店的精细化运营、库存管理、销售对接，这相当复杂。城家要投入大量的人力资源，把长短租结合系统打造成中国最棒的系统。华住当年也是靠强大的系统，为高效、精准的运营提供了技术的保证。所以说，管10家店靠人就可以，管100家店就要靠系统，管1 000家店就需要强大的技术平台加上文化传承来支撑。

以城家上海某一家店为例：该店位于北静安核心区域，总计客房数量180间，开业半年的出租率达97.3%，单间可售客房的月收入近4 700元，每间可供出租客房的平均实际营业收入（RevPAR）达到155.6元。同区位的经济型酒店，近12个月的RevPAR为187元。考虑到酒店单间客房运营成本（含人力）要比公寓高出50~70元，故该店收益率超过同区位的经济型酒店（155.6>187−50）。

（2）建立线上获客渠道，打造C端销售体系

城家在线上还有一个优势，就是将来要建立线上获客的来源和渠道，也就是在线上有销售的功能，这部分正在紧锣密鼓地打造。城家利用华住酒店原来沉淀的8 000万客户资源，或者接触到的精准人群，以及华住强大的会员体系和会员营销的方式去打造线上获客的空间和利润，这实际上在公寓行业非常有优势。

从城家现有客户来看，真正长租客户的决策是偏线下的，他们的信息获取相对来说比较分散。线上的获客能力也是非常重要的一点，城家也在积极地打造C端的销售和获客的体系，会有一系列面向C端的产品线上线。想要获客，库存就要多，内容也要更丰富。金辉说："我们也在对接很多其他的库存，都在做探索，接下来会展现出更加多样性的选择给客户，这样才能产生更多的客户，以及提高线上获客的能力。"

（3）融入大华住体系，串联所有居住环节

金辉说："城家在线上肯定是融入大华住体系的一盘棋，你出差可以住华住的酒店，也可以住城家的民宿；你要回家可以住城家的公寓；你要办公可以在城家投资的空间里办公，享受我们提供的服务；你要想求学，在北京要待一个月，城家都有相应的产品提供给你。"城家希望打造这样一个非常具有独特性的线上体验环节，通过积分和社群的方式，把这些客户连接起来，让客户在住宿过程中产生非常棒的体验，这是整个华住体系希望打造的一个未来。

在这个过程当中，城家也肩负起了非标准的住宿形态。华住打造的是标准住宿形态，城家打造的则是非标准住宿形态，两者会一起前进。城家会形成跟别人完全不一样的链条，希望在"住"这个方面上给客户串联起所有的环节，这是城家非常特别的地方。

（4）线上共享服务，提供更多的生活便利

城家的线上功能带来非常多的生活便利，比如有一个板块叫城家生活服务，主要是通过共享化来为客户提供生活服务。中国最大的保洁公司之一是华住，它拥有4万多名保洁员。城家也在探索怎么将那些B端的服务能力和资源共享给个人，比如说保洁服务、清洗服务，等等。城家在酒店方面已经有完整的供应链条和管理能力，正在探索怎么把这些释放给个人或公寓领域的租户。线上还有很多生活链条可以展开，一些是B端背后的内容，一些是对C端的体验、销售的内容。

三、执行：精细化运营落地的八个关键

以上讲了城家为什么选择精细化运营，包括精细化运营的核心和内涵是什么，接下来就是一个很关键的问题，就是精细化运营到底怎么落地。金辉觉得这是全维度的问题，虽然城家有体制保障，但是更多的是不断去打磨所有环节和所有的人、事、物。这看似是很简单的一句话，但是真正要做到，确实需要团队强大的执行力和坚强的决心。

1.长短租结合，核心塑造“灵活住”

城家除了“Night”（过夜）和“Live”（生活）两种住宿方式外，还有一种住宿方式叫“Stay”（灵活住）。

生活中人们一般会遇到很多场景，比如10天深度游，住酒店不方便洗衣；外派出差一个月，想自己做顿饭；带家人来大城市就医，数月的陪伴不能替代病人的疼痛，只能每天煲碗汤照顾；毕业了在大城市找工作，想有个性价比高又随时可以换的居所。

这些场景成为一线城市越来越多的现象，在短租和长住之间，实际上有大量暂住的需求，这就是城家所认为的“Stay”需求。

灵活，意味着打破边界。金辉表示，城家基于“Stay”的需求，研发出国内首个长短租结合系统。无论住多久，房态都可实时共享，系统都可实现自动智能排房，保证空置率降为最低；同时，可根据入住、退房情况，提前调度布草人员，保证客房及时准备就绪；智能门锁系统实现“去前台化”管理。在销售端，无论长租还是短租，均可一键签约和下单支付，保证到店有房；通过实时数据监控，还可实现全渠道的提前预售。未来还将不断迭代，叠加智能化功能，包括通过大数据监控实现动态定价，根据供需预测智能匹配长短租占比，实现公寓管理上的全面移动化，等等。

“Stay”的核心是丰富的产品配置，城家平台涵盖集中式和分散集中式两大类产品，前者目前主要是直营为主的集中式公寓，后者包括民宿和民居。

金辉表示，仅城家集中式公寓产品，目前就已形成丰富的“梯队”：一是以“城家公寓”为核心的标准版产品，这种产品更多的是解决一线城市年轻人住的问题，为年轻人提供就近上班、便捷、高性价比的独立住宿空间；二是以“城家服务公寓”为核心的、主打服务概念的品质化住宿空间，让更多有“Stay”需求的人群，既能够享受酒店化的服务品质，又能体验个性化的住宿空间，让这类人群感受到像在家一样舒适、方便、灵活。

2.大道至简，把“安全感”做到极致

城家为什么能做到比同地段、同品类的产品价格更高呢？城家的逻辑就是大道至简，把干净做到极致，把安全做到极致，给客户提供极强的安全感。因为家给人带来的就是安全感，城家让客户感觉到了家的温暖。

城家认为公寓租赁依赖于一些线下的实体系统和硬件的保障，但

目前还远远没有达到期望值，所以城家通过投资来实现技术方面的升级，专门来做这方面的迭代、研究、更新。

首先是安全问题，一个地方可能要安排三个保安，采取轮班制。金辉说：“当时很多人反对我的意见，觉得安排三个保安代价较高。我觉得在安全方面要坚决地投资，这没什么好说的，就是要给客户创造安全感，这是我们实现承诺的一些方式，这些关键性的环节我们必须要做到。”

其次是卫生方面，金辉说：“城家的管理团队每个月都要到实体门店打扫每间房间，我要知道每个房间、每种材料的打扫方法。”城家属于华住体系的一部分，原来跟全球最棒的酒店清洁用品厂商之一美国艺康做了很多的交流，因为其很专业，知道怎么打扫。同样是打扫，怎么用最低的成本、最高效的方式达到最好的效果，这是有技巧的。城家寻找卫生方面最好的厂商一起合作，一起做研发，学习、探索它们在卫生管理方面的先进技术和经验。

长期保持安全、卫生非常难。怎么保证每天打扫的房间没有一根头发，如何在安全方面做到万无一失，类似这样的问题，城家都要有方法、流程，经过闭环的管理去不断地探索解决方法，这是城家现在追求的事情。比如在安全方面，城家要求必须按照酒店的最高标准实施整套的安全体系：在人力成本压力大的情况下，在天黑以后到凌晨，前台必须有保安，所有的公寓都有这样的要求，这样才能给予客户明确的安全感。

3.做好加减法，关键地方要舍得花钱

城家通过管理能力的提升，形成了品牌的独特性和管理溢价，这是一个体系，是一个动态的过程。金辉始终强调，城家竞争的不是同品类的产品，而是在旁边民宅里的客户，这些客户是城家最大的市场和最

大的渠道，当然这还需要规模化的经营。既然坚定地认准这个方向，城家愿意在短期内牺牲一些利益，坚定地朝这个方向走下去。此外，城家还对其他管理成本进行优化，比如让门店实现无纸化办公，在入住环节实施更自助化的方式，降低无谓的办公成本或者低附加值的成本；在产品设计上和运营上也要达到平衡点，这些都是城家今后要花时间和精力不断去打磨的。

城家的商业逻辑就是做加法和减法，在一些地方就是要做加法，关键就是要舍得花钱，比如安全方面，包括消防安全、场所安全，这个投入非常必要，绝对不能让任何住户有安全的隐患；而有些地方就可以做减法，在客户能接受的范围内减少投入。

4. 打造供应链，借助华住的现成资源

产品设计怎么样能精准到厘米级，到底装修到什么程度，这些方面城家都花了很多时间去研究。从产品设计到选址，包括所有的家具选型到供应链优化，管理团队都亲自查看所有的项目，所有项目的签约必须在现场。

城家借助华住优秀的供应链资源，很快就聚集了很多优秀的供应商，打造了自己高效的供应链，从而配合打造精准的产品。现在华住用的营建一体化系统由几百个同事打造而成，城家从项目决策、数据沉淀、营建过程、预决算到成本管控，都是在这个系统上实现的，然后把捕捉到的点点滴滴都加到公寓的精准化运营里面。从成本、质量、工期到客户的需求、房间的设计，数据都不断地沉淀下来，通过不断分析数据实现精准管控，这样城家就知道每种产品可接受的成本是多少，之后就执行这个造价。于是，在营建供应链的初期，城家便能对可能遇到的问题有所研判，这正是源于技术的积累和系统的保证。

5.不做富二代，引入外部资源增加盈利

事实上，房地产业竞争的本质就是坪效的竞争，产生更高的坪效跟商业模式、品牌溢价、管理溢价都有关系。虽然华住在短期内有一些获得物业的特殊能力，城家会拿到一些经济酒店的资源，对它进行升级，但是从长远来看还是要走市场化道路。虽然现在可以获取较为丰富的资源，但这只是阶段性的优势。在市场化竞争里面，城家要考虑怎么样保证自己的坪效比竞争对手高。城家已经在做这些事情，只是目前的规模还不够大，一些系统配套、IT驱动还没有完全到位，还有很多路要走。坪效的升级是一个综合的链条，精准化运营是其中的一项（带来更低的成本，产生更好的客户体验，驱动客户产生品牌溢价和管理溢价），长短租运营的模式也是其中的一项，所有这些都是为了保证城家在行业里保持领先地位。

金辉说："我经常在内部讲，有个富爸爸不一定是件好事情，我们要抛开富爸爸的想法，不能做富二代。"下一步城家考虑引入一些具有房地产基因的外部投资者，因为华住已经上市了，它无法做资本的资源化，而城家目前还没上市，希望找到房地产基因非常强的企业和机构，未来参与到整个公寓的资产管理运营当中。城家还有两个薄弱环节：一个是房地产基因不足，没有大量的房地产操作经验，没有房地产操作方面的技术；另一个是金融对接环节比较弱，因为城家的现金流比较好，所以金融创新的驱动力就比较弱。城家希望在这两个环节找到相应的战略投资者，将来凭借好的经营管理品牌进入地产行业，以保证长期获利。

6.社群老带新，门店互换提升续租率

公寓租赁的运营需要关注空置率、出租率、续租率等指标。城家目前拥有大量的会员，获客方面对于短租有一定的帮助，但对长租则帮

助不大。目前，城家的入住率为90%~95%。有非常好的出租率，主要是因为做了以下两个方面的工作。

第一，通过社群运营拓展新客户。社群运营不是为了做样子，而是为了提高客户入住期间的满意度。城家没有做太多的宣传，而是靠安全、卫生等方面的极致体验，比如擦亮水龙头，清除地上的每一根头发，使房间没有异味，在IT系统没有达到无纸化的情况下，城家能跟用户随时交互，服务于用户。通过这些点点滴滴，城家与客户建立了更为紧密的联系，通过社群运营产生了很多新的客户。金辉说："城家现在老带新客户的比例已经达到10%，这方面做得非常好，几乎是没有成本的。"

第二，通过内部门店的互换，让客户在内部"流转"。现在公寓的平均租期是10个月，这样的低续租率是由年轻人的特点所决定的，不是他们不喜欢这里，而是他们的生活状态在不断地调整，比如换了工作，要去另外一个地方，不可能再租这里，还有可能是谈恋爱了，需要换房子。年轻人生活状态的变化很大，这是客观情况，不是好服务、好品牌能解决的事。因此，城家的精细化运营，还有一个服务就是门店和门店的互换，客户如果还愿意住城家，可以换到其他店，这样城家的门店续租率就可保持在40%~50%。

7.精细化运营，定价匹配长短租

华住最早进行精准管理营销，怎样控制房价、控制销售进度，都不是粗放的概念。精细化运营有精准管理营销的思想在里面，包括如何定价，都要经过不断的打磨，靠拍脑袋无法达到精准管理。销售得太快，可能说明定价太低了；销售得太慢，又可能是定价太高。精细化运营是一项非常精细的工作，公寓比酒店的调价周期更长，所以精细化运营加上长短租结合的定价模型就显得异常复杂。一般短租偏向于酒店的定价，长租又跟公寓的价格一样，这就要求非常精准地进行相应的匹配。城家有一个长期的精细化运营系统做保证，以及很好的团队，还有很多技术的沉淀，能够做到与长租、短租、长短租结合等各种定价模型相匹配。

8. 打磨精细化，点点滴滴必须“死磕”

事实上，城家已经投入了大量的人力去研发精细化运营，但是现在实施的项目还太少，模式的相对周期比较慢，尤其是营建的周期，比如说城家现在进行第二代产品的研发、设计、落地、执行，确实还需要一个成长和不断完善的过程。

城家与其他企业相比，在思考战略层面，没有太大差异，精细化运营的落地主要还是靠长期打造出来的团队和文化的传承。在执行层面上，城家继承了华住很多优良的传统，会让这个基因在城家的团队里继续发挥优势。

另外还有一点，就是要避免犯错。城家的口号是“仰望星空，脚踏实地”，从来不期望一下子超越对手，因为优势都是靠积累的。在积累的过程中如果一旦别人犯错，你便能实现赶超；如果你自己犯错了，就会非常被动。所以要尽最大努力避免犯错，其他没有什么秘密。

展望：不断加大技术投入，结合消费升级获取客户信赖

相对于地产行业，公寓行业本身就有环节多、节点不固定、管理难度大等特点，为了解决这些问题，城家研发出国内首个长短租结合系统，将精细化运营落在实处，体现出其强大的观察力与执行力。为了进一步奠定优势，城家在未来还要进行两大升级：第一是技术升级，坚定不移地加大技术投入，用科技驱动企业发展，因为技术对于租赁企业来说非常重要，这是未来的保障；第二是消费升级，现在的客户对产品内

在品质的认同越来越高，城家非常主张消费者的消费升级和客户驱动，希望借此实现品质化驱动。随着技术升级，产品耐用性的提高，客户对城家品质的持续认同，以及消费升级，市场越来越趋向于城家的产品，这是符合历史规律的结论。

第四章　新派公寓：中国私募公寓REITs开拓者

随着房地产存量时代的来临，我国房地产信托投资基金（REITs）的探索进程也在不断加快，只是类似于美国市场上的REITs并没有诞生。现有的结合我国国情产生的REITs，一般被称为“类REITs”。其与成熟市场的REITs产品相比，在交易结构、赋税水平、运营方式、收入来源、收益分配方式、募集范围等方面仍具有很大的差异。

作为中国私募公寓REITs的开拓者，新派公寓在过去三年里，打造了一个中国类REITs的私募公寓样本，让业内看到了一个从未有过的成功案例。作为一个私募公寓REITs的开拓者，肯定要有独到的眼光、投资能力和运营模式，对此，新派公寓创始人王戈宏先生（如图4-1所示）进行了深度解读，从市场定位、产品设计、私募REITs模式、品牌打造、团队协同和创业者思考这六个方面，全面解读新派公寓到底“新”在哪里。

图4-1　新派公寓创始人王戈宏先生

一、新定位：让年轻人住在都市中心

新派公寓CEO王戈宏认为，任何产品都要从消费者的角度出发，创新的核心在于消费者。苹果打败诺基亚不是从产业层面而是从消费者层面打败的，乔布斯给大家带来了惊艳。人们本来以为手机只能用来打电话，后来发现手机并不仅仅是电话，还可以是电话之外的手机软件（App）。乔布斯让手机完成了从通信到App的功能转变，将手机变成了一个小电脑，这在以前根本想象不到。

同样，长租公寓在中国的火爆，本质上是一个产业的转变，产业变化的背后是市场变了、客户变了、需求变了、模式变了。新派公寓将产品定位于“让年轻人住在都市中心”，正是基于当下大的趋势，或者说是消费者需求的重大变化。只有敏锐地捕捉这些趋势，才能做出准确的判断。所以有一句话说：没有伟大的企业，只有时代的企业。

1.市场变了：从为家庭盖房到为满足年轻人居住

我国开发商从20世纪90年代到现在，一直是在为家庭造房子，由于土地变得稀缺、房价不断上升和家庭人均居住面积的扩大，现在开发商盖的房子都是越来越远、越来越贵、越来越大。开发商这30多年来并没有站在单身年轻人的角度，没有根据单身年轻人的需求来盖房子。

由于我国开发商过去的重心并不是为年轻人盖房子，可以满足年轻人单身生活的产品供给严重不足。但现在年轻人都在城市里，他们需要适合自己特点的房子居住，而这种需求也没有得到满足。解决年轻人的居住问题，最好的方式不再是销售，而是持有运营。就像在美国，公寓分为两类：一类用来持有出租的叫Apartment；另一类用来出售的叫Condo。美国的公寓99%都是做REITs，都是持有运营型的，所以基本上都是Apartment，Condo非常少。

现在很多人都聚集在一线城市，这些城市的房价上涨得特别快，对于年轻人来说，房价的上升意味着购房年龄的延迟，更好的替代方式便是租赁。所以品牌公寓需要紧紧围绕着一线城市，产品一定要和这些人群的出行特点紧密匹配。另外，年轻人愿意过有品质的生活，而居住是品质生活的第一要素，如果住都没有尊严，就谈不上品质生活。所以，年轻人为了获得有一定品质的住宿环境，愿意花费很大一部分的收入来支付这个溢价，这意味着市场出现了重大的变化。

2.客户变了：从为房结婚到享受单身

在美国有一本书叫《单身社会》，书中提到：在全世界范围内单身已经变成一种潮流。中国现在的单身人口数量超过两亿。他们不是真的单身，只是不结婚，他们可以来一场想谈就谈的恋爱，但就是不想结婚。单身社会反映的是人们的整个观念的变化，他们不愿意为了一张婚姻契约而跟一个人一辈子牵连在一起，这是一个深刻的社会转变。

单身阶层和家庭消费完全不一样，现在年轻人都在城市里，他们需要房子，却没有人为他们建造。新派公寓“让年轻人住在都市中心”的产品定位则符合当下年轻人的需求，长租公寓变得火爆也便不足为奇了。

3.需求变了：从在意资产到在意和谁住、住哪里

在过去，买房是成家结婚的必备条件，因为关系到生活、子女教育等，而现在这个消费观念已经发生了改变。

如今，租房的消费者已经从60后、70后、80后变成90后，而90后的父母一般都有两套房，这些90后对资产不像过去那么在意，他们更在意的是跟谁住，住在哪里，除了“睡”以外还能获得什么？

另外，年轻人虽然生活、工作很忙，压力很大，但他们还是希望得到一些关爱，包括家的关爱、同类人群的关爱或工作上的关爱。其实他们是很矛盾的一群人，他们既非常独立自主，又非常渴望得到共鸣、得到认同，他们虽然很反叛，但是内心对认同感又很有需求。但是目前还没有很好的产品来满足这部分群体的需求，所以随着需求大量释放，长租市场的井喷也就不足为奇。

4.模式变了：从二房东到真正的轻资产

二房东模式其实就是中国连锁经济型宾馆的模式，这个行业，如果没有大资本根本做不下去，比如说1栋楼的资本是2 000万元，10栋楼是2亿元，100栋楼就是20亿元。这个行业现在平均的拿房成本占到租金收入的70%，事实上现在很多著名的公寓运营商拿楼的时候都超过80%，所以这个行业资产租赁的成本定价权已经转移到了大房东的手里，中国二房东模式的红利已经消失。

王戈宏说："我一个朋友的项目，办公室面积为30平方米，租金是6元/平方米·天，他按成本价5元/平方米·天给我，我按成本价向外出租，一个月的成本就是4 500元，装修完变成6 500元，交完水电变成7 000元，最后以8 000元出租，你觉得租得出去吗？大家承受不起，这个价格太可怕了。"二房东的模式在未来难以为继，取而代之的将是轻资产模式。

品牌和资产证券化是轻资产的核心，轻资产就是为两类人服务：C端和O端（资产持有端）。对于C端，要做出一个让租户满意的产品，并且有定价权；对于O端，要能把一栋楼从1亿元变成1.5亿元。轻资产的决胜基因是三个：金融基因、产品基因和技术基因。要做一个品牌，必须要有资金和现金流的能力，即优良的金融基因。公寓其实不是简单地做房东，而是做品牌和找资金，所以就是品牌和资金游戏（Brand

Money Game）。差价其实就是边际成本和边际收益差值，能够把这两个边际效应做好的话，金融基因就完善了。产品基因就是产品体验和空间体验：把体验做出附加值，让客户觉得值得为之消费；细节、产品标准化和品牌文化也很重要。技术基因就是社区的技术平台，这是一个大数据系统，通过客户运作以后把大数据分析出来，实现管理和优化。

二、新产品：30平方米做精品，从内到外提供家的体验

中国现在几万亿元的租赁市场，这个市场为什么好？因为突然间中国很多年轻人不买房了，或者买不起房了，他们要租房，住哪里？市场没有足够的产品提供，所以公寓这三年来突然爆发。

新派公寓现在有精品公寓、白领公寓和创客公寓三类产品，根据地段和租金有很大的区别：精品公寓的租金是6 999元/月，对面积、房型比例都做了细分，这个产品已经标准化；白领公寓的租金是4 999元/月；创客公寓的租金是8 999元/月。

1.选房四要素：地段、性价比、邻居和配套

年轻人要租房子，首先要考虑的要素是什么？它们的排序又是怎样的？

第一，看地段。租房子一般要选择通勤比较方便的地方，或者离办公室比较近一点，或者有地铁到达的地方，“半小时”生活圈是最理想的状态。

第二，看性价比。性价比是一个综合的概念，要综合房子的价位、地段、产品档次、收入水平来看。所以新派公寓提出一个“三三”概念：租房子首先考虑租客的生活半径在30分钟以内，包括办公、娱乐、居住等活动；其次就是拿出收入的30%来租房子，这是租金占收入的理想比例。

第三，邻居是谁。除了住哪里，还有就是跟谁住。邻居是否聊得来？是否是志同道合的朋友？是否是同一类人？这关系到居住是否有归属感。

第四，关注配套的问题。住的地方有什么配套设施，或者房子提供的功能有哪些，比如附近有没有洗衣店、咖啡厅、超市、健身房等。

年轻人是按照这四种排序来选择房子的，但是最终的要素是总价。假如一个年轻人一个月的工资是2万元，拿出1/3约7 000元租房子，就要找离工作地30分钟以内的7 000元的房子。这个总价决定了居住面积的大小。

2. 空间设计：打动人的产品才能产生溢价

未来这个行业可能会有壁垒，最大可能性的壁垒是健康复制的能力。因为这个市场太好了，大家都非常鲁莽地、原始地跑马圈地，拿到的地都不错。但是，拿到地之后能不能在经营上创造价值，消费者能不能对你的产品产生黏性呢？

新派公寓的每个项目都是请国内外知名的设计师来设计，有的项目是德国人设计的，有的项目是哥伦比亚大学的设计师设计的，成都项目和南京项目是设计诚品书店的中国香港设计师来设计的，另外还请了一个英国的建筑师。为什么新派公寓这么注重设计？因为空间设计、空间的软装以及空间的结构，现在越来越创造价值。“当你进入一个没有质感的空间时，你可能不愿意为它付钱，而当你进入一个能够打动你的空间时，你会不由自主地给很多钱。”王戈宏说。

新派公寓提供单独二房东无法提供的服务，女性租客尤其在乎这些，所以租住新派公寓的女性客户特别多。女性经常为那些不能定价的东西而付出高价，比如说房子的面积已经定了，周边的租金是5 000元，而为了新派公寓她愿意多付2 000元，因为她觉得这里的装修、配套、地暖更好。为一个能打动她的东西多付2 000元，她觉得很值。

（1）功能：30平方米也要有厨房

王戈宏觉得现在中国到了一个让空间创造更多价值的时代，而小空间是最难设计的。要在极小的空间内做一个非酒店产品，比如在30平方米之内做一个像家一样的空间，这是一个重大挑战。开发商一直在为150、200、300平方米的房间做设计，都做得很好，因为大空间里怎么布置都行，而30平方米的房子里要设计出独立的厅、室、卫浴空间，做到动静分离，很难。

单身白领、90后单身这两个消费主体的特点决定了产品的设计方向。现在城市的公寓面积一般不大于50平方米，不小于20平方米，小于20平方米的话就给人以蜗居酒店的感觉，一般要做成一个像家一样的空间的话需要30平方米左右。新派公寓产品主流的面积段是30~50平方米，把它做成像家一样的地方，中国的开发商很少有这样的考虑。

王戈宏曾做过调研，问年轻的租客在公寓里是否需要厨房，调研结果让王戈宏震惊，大部分人说必须有厨房，理由有几个：第一，没有厨房就是酒店，不像家；第二，可能不会天天做饭，但是有时会做早餐，周末可能会做饭；第三，住户父母来的时候，觉得没有厨房可能就不会让他们住在这里，因为父母认为在外面吃很不卫生，一定要自己做饭，所以必须要有厨房。

厨房就是一个家的符号，即使不做饭也要有，住户愿意为它付出比别人高的价钱，所以现在新派公寓的每个项目都要设计厨房，再小的房子都有厨房。“后来我发现厨房真的是一个家的符号，虽然是租的房子，而且只有30平方米，但是它不可或缺。因为没有它，这个房子就特别像个酒店。”王戈宏说。

（2）体验：从外到内都有家的感觉

王戈宏认为，从外面回到家是对家的体验过程，要让住户回到公寓里也能有这种体验过程。新派公寓在故宫旁边、CBD和新国展附近开了三家旗舰店。CBD旗舰店一开始很旧很破，但是通过改造，最终变成朝阳区的新地标了。

新派公寓楼内是全地暖，而且在厨房洗菜池下水道安装了厨余垃圾处理器，做饭之后产生的垃圾都会被处理掉，所以新派公寓里没有任何有机垃圾，夏天时楼里面没有任何异味。由于新派公寓的客户70%都是海归，海归里面70%又是女性，大堂安置了除味的清新剂，女性就觉得挺好，很多女性来了之后就入住了。新派公寓还聘请画师在走廊画了各种各样的画，公寓门口有一个雕塑，大家在工作之后走到门口就能有家的感觉。楼梯间全部做成了塑胶跑道，所以可以跑步爬楼梯，新派公寓把它叫作楼内的马拉松。此外，这里还有新派公寓智慧居住实验室，拥有400平方米的复合空间，包括健身房、影音室、咖啡间和书吧，所以新派公寓的租金比其他家都高。每个地区70%的产品是统一的，30%要突出个性化。

（3）社交：社群是可选项，App一键社交

新派公寓做过一个调查，有三分之一的人表示不愿让别人知道他们住在这里，因为他们住在这里是为了安静，而不是想找人吃饭、聚会。新派公寓里的一些女性租客，有的是网红，有的是演员，她们大多不希望别人知道她们住在这里。另外三分之一的人是选择性地社交，比如你喜欢滑雪、画画，他们特别愿意和你交往。还有三分之一是盲目地社交，就是整天很无聊，没事干，需要社交。

新派公寓很早就开发了一个App，能够实现一键开门、一键缴费、

一键消费、一键服务、一键社交，用技术手段去促进合理的社交。App里有入住新派公寓所有人的介绍，通过头像等信息体现爱好、性格，比如一个租客进来之后看到一个心仪的异性，就可以在App上“敲门”。这里采用的是电子敲门而不是物理敲门。这位异性如果不开门的话，就可以用新派币买一枝花或是送一瓶红酒。直到投其所好，让其开门。同质化的人群交流起来是最直接的，所以很多客户都在这里找到了人生的另一半。

社群的活动、配套在免费的时候大家都来，一旦收费就没有多少人了，所以利用社群获得盈利是一个自欺欺人的做法，只有在规模体量达到一定程度，边际成本为零的时候才能进入。王戈宏说：“所有的增值服务都是为了让你的主营业务收入比别人更高，所以公寓一定要将房间设计非常棒，配套的产品一定要有效，这个配套哪怕是赔钱的，但是最后让租金涨了30%~50%，这个才是赢利的王道。”

三、新模式：四轮驱动，私募REITs多元化收购

王戈宏说：“因为我以前练过拳击，所以总结了这样的一个道理，要想在拳击台上胜利有两点很重要，第一你得会躲拳，别人打过来你得会躲而不是打出去，因为打拳是要花力气的；第二你得学很多拳法，而且要很精通，你躲完之后利用别人重心的转移和不稳定，用一个连想都不用想的最熟练的拳法把他击倒。公寓行业也一样，你要多种模式都会、多种模式都成熟，才能立于不败之地。”

王戈宏在做新派公寓的第一天，就想着四轮驱动：用私募基金做一个私募REITs来收购资产做公寓，用二房东的整租模式做公寓，用品牌输出做公寓，跟开发商合资做公寓。新派公寓这四种模式都有，也就好比一个厨师有四个菜园子给他供应菜，他就能做出不同

品类的菜，而别人可能去超市买菜，如果超市没有就做不成了，或者菜太贵买不起。王戈宏说：“我种了四个菜园子，如果这里没菜，那里就会有，这就跟打拳击一样，所有的拳法练好之后，最后才能打出组合拳。组合拳是不用想就打出来的。你的复制能力越强，打出的组合拳才能越多。”

1.借势：中国REITs必将到来，租赁将进入钻石时代

王戈宏曾经写过一篇文章《没有REITs就没有美国商业地产》，其中提到：美国的商业地产大多数是REITs，办公楼、酒店、公寓、物流，甚至连通信塔、林场、监狱都是REITs，连风靡世界的共享办公公司WeWork近期也开始大量收购物业，据说未来也在谋求成为REITs。REITs通过IPO和上市把资产卖给了大众，把本来重的资产变轻了，然后聘请专业的团队管理运营资产，让资产获得稳定现金流及物业的增值。其实在所有国家里，直接买楼做运营管理的回报率可能不会太高，唯有通过REITs路径才能增值。所以资产证券化是做连锁商业房地产的救星，中国有庞大的市场以及城市更新的存量资产需求，REITs必将到来。

新派公寓在成立运营品牌之初，便按照一个类REITs模式设计了轻重资产配合的系统架构，通过成立私募资产基金，引入机构及个人投资，以私募的形式购买物业，并以租金分红的形式将收益返还给投资人，其自身的投入很少。具体来说，新派公寓和赛富投资基金一起发起了赛富不动产基金，收购或整租、改造目标物业，新派公寓负责物业的出租经营与管理，所有装修改造成本由基金承担。这种模式让新派公寓实现真正的轻资产运营，为后期的资产标准化与迅速规模化奠定基础，通过品牌培育、管理输出，其可以在长期持有经营中获取稳定的收益。而且重资产的基金也通过新派公寓每

年的稳定租金分红以及资产预期增值来获益，达到双赢的格局（如图4-2所示）。

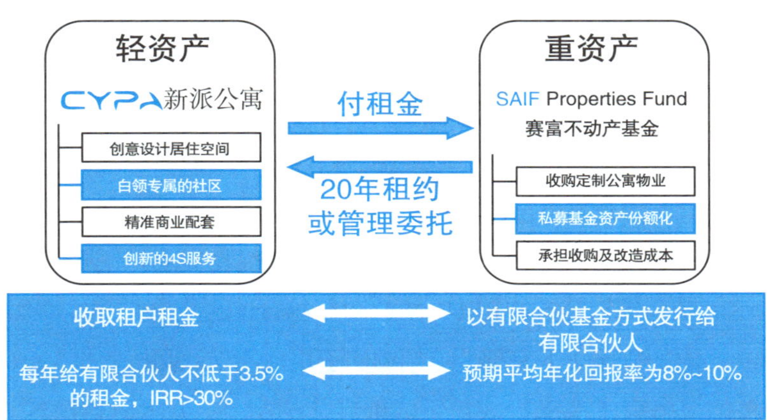

图4-2　新派公寓：私募REITs模式的实践

（1）成为中国首个公寓资产类REITs

由于新派公寓与赛富不动产基金收购运营CBD资产的模式本身就是一个标准的私募REITs模式，在国内各类商业地产纷纷运作成为类REITs的背景下，拥有北京CBD核心资产，并且有三年良好运营业绩的新派公寓具备了成为中国第一只真正的公寓类REITs的良好条件。王戈宏说："三年前当我们决定买资产做公寓时，其实很多人不理解，质疑我们的模式太重了。我们没有受到干扰，默默秉持着初心，三年后的今天，类REITs风起云涌，我们也水到渠成。"

类REITs是未来真正上市的REITs的过渡性尝试。国家基于风险考虑，先让机构交易试水，等税收和公募条件成熟后再推出真正上市的REITs。这一步很不容易，也极具意义！

（2）REITs是资产最佳的金融工具，美国REITs租金的平均回报率为7%~8%

现在中国租赁市场到了一个真正的钻石时代，核心城市尤其是北上广深的租金悄悄地上涨，王戈宏把这种租金的上涨称为价值补涨。租金的回报率要看三个数值：一是通货膨胀率；二是银行贷款利息；三是社会投资平均收益率。

资产的收益光靠租金还不够，还需要金融工具，如果是正常的租售比，回报率能到3.5%，资产证券化之后加上税收优惠，回报率就能到7%。这就是为什么美国的REITs过去30年租金的平均回报率能够保持在7%~8%。比如直接买下美国曼哈顿的房子用来出租，回报率是3.5%，但是如果把很多房子买来打成包做成证券化的产品，用REITs模式上市，每年的投资回报率就能达到8%，这就是借助了金融工具的作用。

2.选址：判断房价就看这个城市的国际地位

中国很多城市的资产价格暴涨时期已经过去了，但中国核心城市资产价格仍将平稳上涨，不过还要看资产所在的地段，比如北京的CBD、海淀区，肯定涨得很快。对于资产上涨的下一班车，王戈宏的判断是：城市资产增长靠自身需求推动的成长速度已经开始减缓，下一步上涨的动力应该要靠国际需求的推动，房价要看这个城市的国际地位。

北京是全中国的市场，纽约则是全世界的市场。北京的开放程度还没有纽约的高，局部房价却已经比肩纽约！所以，北京、上海未来的房价靠内需拉动的作用有限，它们未来的国际地位，以及对国际人才吸引带来的住房需求可能是房价持续上涨的重要因素。

王戈宏说：“我有一个判断，不一定对，未来中国房价最高的城市，可能不是北京，也不是上海，也许是深圳。2017年两会期间，马化腾提出要发展粤港澳湾区经济，这将是全亚洲的创新湾区，类似美国的旧金山湾区，深圳、香港将会成为国际人才的聚集地，这是极有想象空间的。当粤港澳成为亚洲的创新湾区后，深圳的住房需求就会被放大，房价的参照就会更加国际化，房价必定还会涨，因为全亚洲的高精尖人才在那里工作、生活，会在那里买房子。”

3. 买楼：借私募基金收购被低估的资产

新派公寓当初在CBD购楼就是为未来中国REITs的到来进行探索。做成一个真正的REITs有几个基本条件，新派公寓做了全面的实践。第一，建立了新派公寓这个品牌，并且得到了高素质白领人群的认可，同时获得比周边高30%的坪效。新派公寓没有刻意进行市场推广，虽不算很有名，但是很特别。第二，新派公寓有了一个把楼买下来，并让它变成私募REITs产品的经验。一件事情说说想想很容易，但从0做成1是很难的。大家都买资产的时候，价格就很高了，怎么商谈价格，怎么融资，如何把它变成一个私募REITs，没有那么容易。好在王戈宏在美国发起过一个商业的类REITs基金，熟悉这个架构如何去做，在国内不过是如法炮制。第三，新派公寓通过一个品牌让资产增值，只花了三年的时间，所以再出去融资能获得投资人的信任。新派公寓进行类REITs的尝试，不是简单地谋求所谓的上市效应，而是在目前环境下，为继续吸引大资本、迅速扩大规模做准备。

新派公寓在CBD购楼的过程历尽波折，当初只有一个人支持王戈宏，就是赛富投资基金首席合伙人阎焱。在王戈宏决定买楼做旗舰店时，连赛富投资基金的其他合伙人都觉得不靠谱，但是阎焱觉得可行。这个楼之前在北京市场上已经卖了三年却没有成交，项目虽然紧邻CBD，但楼本身比较破旧，周边环境很差。从2010年到2013年，业主的开价是2.1万元/平方米，有五家公司在跟业主谈判，这五家公司都在不断砍价。王戈宏看了之后，多方面详细地调研了这个项目，发现这是70年的住宅用地，当时周边仅拆迁的成本就是4万~5万元/平方米，而且三环以内已经没有住宅用地了。王戈宏说："为什么这个楼卖得比地价还便宜？直觉告诉我，此楼的价值没有被发现。如果用新型的白领公寓业态重新包装运营这个资产，一定会产生新的价值。"让王戈宏意外的是，阎焱当即就说："买！这就是大投资家的眼光！"当时是2013年，白领公寓市场还没有像今天这么热火朝天，更别提买楼做。

新派公寓北京CBD店仅用时三年便成了城市的一个新地标，现在很多投资人主动找王戈宏谈合作，资金来源也更多元化。"你把一个案例做好之后，别人就能看到你的能力，看到你的样板，资本相信真实的案例。"王戈宏说。

目前市场上的资金虽然很多，但是找到合适的投资配置并不容易。新派公寓实践的轻重资产模式其实为投资人创造了一个很好的样板与想象预期，这是新派公寓不同于其他公寓品牌一个很重要的特点。王戈宏说："未来新派公寓还要扩展方式，主要是品牌管理、房东定制、开发商定制和收购。"

四、新品牌：用故事做标签，可复制的资产标准化

40 000亿元的市场，有40个1 000亿元，有谁能做到1 000亿元？现在很多酒店都在竞争，竞争什么？王戈宏认为大家就是在竞争细分市场、竞争做特色。五星级酒店都是一样，香格里拉和万豪有什么区别？硬件差不多，服务差不多，似乎有了万豪就不需要香格里拉，而香格里拉为什么还存在呢？其实每个品牌背后都有一些区别。王戈宏认为，未来的胜者有一个方面很重要，就是马上给你的品牌附上一个标签。比如消费者要到北京来，如果要住在CBD，那么就租新派公寓，如果要住那种很炫的、很好玩的公寓就住优家（YOU+）。王戈宏说："那些与众不同的、易于识别的公寓特点，就是你的品牌价值。"

1.讲好品牌故事，形成独特的消费品牌

在供应链端如何打造品牌，是最核心的问题。王戈宏以奢侈品为例：一线的奢侈品价格都差不多，你为什么买普拉达（PRADA），不买古驰（GUCCI）？有可能是因为款式的区别，有人说他就喜欢PRADA，不喜欢GUCCI。为什么喜欢PRADA？是喜欢它背后的故事。王戈宏研究过人们的心理：人们在选择商品的时候往往就是喜欢某个标识，觉得那个标识和颜色很漂亮。比如PRADA的黑金配合，那是一个经典的配合，黑和金的搭配背后是PRADA创始人背后的爱情故事。做产品、做品牌，其实是做故事，讲好这个故事就能推出一个让人喜欢的、生动的产品，但是这又是最难做的。

强势品牌有两个基本特征。一个是消费者对这个品牌要有极度的黏性，比如其他的奢侈品再好，但消费者就只喜欢PRADA，因为它是消费者性格的一个象征。另一个是品牌有没有为资产创造升值的能力。在美国有个说法，同样一个街区，星巴克和隔壁如果同时销售咖啡，星巴克就卖得比隔壁的贵。地段是一样的，其他什么都一样，为什么星巴克的产品更贵？因为星巴克的品牌。在美国，品牌的价值非常大，在中国这个品牌价值还没建立起来，换句话说还没有建立消费者品牌。目前的品牌都是营销品牌、媒体品牌，是媒体炒作出来的。王戈宏说：“我的目标是能让新派公寓变成一个独特人群的消费品牌，就像有的人喜欢香格里拉而不喜欢万豪，做到这样就行了。因为每个企业不能做所有人的生意，你做好一个人群就够了，40 000亿元的市场，我只做1 000亿元，占有1/40就够了，能做到1 000亿元已经是不得了了。”

2.资产增值标准化，提升租金坪效

现在在资本这一块，王戈宏觉得倒不是问题，王戈宏更看重的是新派公寓通过买楼之后，建立一套让资产增值的标准，建立新派公寓的

产品标准，建立服务、系统化的标准。另外，新派公寓建立了一个大数据的管理系统，同时还建立了产品线的复制标准。所以，新派公寓现在要扩张，就通过往外输出品牌来实现。新派公寓现在经营的相当于是个标准化的资产包，只要有资产，输出一个品牌的标准，输出一个管理系统，就可以让一栋楼的租金坪效比周边高出30%。比如一栋楼的价值本来是1亿元，新派公寓通过三年的运作，如果别家涨10%，这里就能涨20%；别家涨30%，这里就能涨50%。王戈宏说："新派公寓在运营上更多的是对这种资产标准化的复制能力，我全部把它量化和固化了，这是新派公寓的优势。"

五、新团队：专业技能多外包，借助外部资源来运作

未来的竞争有三种主体：第一种是打造一个品牌，有它的标准和文化；第二种是打造一个产品的体验，这个体验让大家觉得不一样；第三种是资本化的能力。新派公寓现在在品牌和体验这一块有一个团队，收购兼并、证券化的业务是另外一个团队负责。王戈宏现在身兼两职，先把品牌团队打造好，现在他90%的时间花在品牌团队的建设上；等到品牌团队建设好了之后，王戈宏会去做收购，做REITs，因为这是王戈宏的强项。资本和品牌这两项业务对团队人员的能力要求各不同，公司的人员又不多，怎样把两个都做好呢？新派公寓有自己特别的做法。

1.专业技能多外包

现在有几种人非常稀缺：第一种是能够识别哪个楼是未来有增值潜力的；第二种是有整栋物业收购经历的；第三种是懂得资产精细化运营的；第四种是懂金融又运作过资产证券化的。

王戈宏说："我特别幸运的是能和很多行业的精英一起作战，而不

是孤军奋战。在收购CBD楼时，阎焱专门派了一个执行董事紧密配合我融资，赛富团队的其他人也随时配合其他专业工作，使得运作的效率很高，而这些人才在市场上很难找到。”

创业企业其实不需要太多人，而是需要一些综合能力很强的多面手，专业的工作适合与顶尖专家合作。所以王戈宏把业务都分解了，能外包的尽量外包。采用外部合作方式，既高效，又省钱，让团队短小而精悍！

2. 用生态链的运行和衍生机制做到“傻瓜复制”

在一个企业中，员工非常重要，没有好的员工，企业就很难做大做强；同样重要的是建立的系统价值。这个系统价值是一个生态链的运行机制和生态链的衍生机制，做到最后，这个企业就能做到“傻瓜复制”，万豪酒店现在就是“傻瓜复制”。

其实新派公寓更像万豪酒店，万豪酒店是较具规模的酒店REITs。万豪REITs是上市公司，万豪酒店也是上市公司。万豪REITs专门为万豪酒店进行资产收购，收购酒店，装修完毕之后交由万豪酒店管理。万豪酒店是轻资产管理公司，万豪REITs则持有重资产。虽然是两家公司，但是它们能够紧密结合、协同运作。

现在新派公寓搭建团队，一定会要求这个团队做到互相配合。王戈宏觉得人才并没有那么难找，因为系统价值建立之后，所有人进来都按照系统进行训练，都能学会。举个例子，万科当时有一个说法，一定要做一个“傻瓜销售”，它希望自己的房子不要因为哪个人会卖房子就卖得多，而是房子一出来就被卖掉了，因为万科的房子已经变得标准化了。王戈宏觉得系统价值的建立，不能完全靠人去做，而是依靠企业的结构、制度和它的延伸能力。建立好系统价值之后，谁进来都会做。但是这还不够，你还要有多种能力控制让哪些人去做。

3. 从0到1时没有对错，创始人要有绝对权力

如何从0做到1，每个创业企业都有两个做法：一个是找到这个能从0做到1的人，让他来做这个事情，这需要运气；另一个是根据企业不同的阶段找到能从0做到1的人。王戈宏更愿意用那些并不是非常专业却有全面执行力的人，哪怕他的能力不是很高，但是你给他一个任务，他马上就能实施。

创业一定要根据需要配备人员，有统计显示：豪华团队的失败率高达90%。王戈宏认为团队越豪华往往越容易失败，因为豪华意味着成本。最关键的一点就是，在从0到1的时候，永远没有对与错，谁也不能说阿里巴巴从0到1是对的还是错的，在马云的坚持下，阿里巴巴就这么崛起了，马云拥有绝对权力，赌对马云就行了。

4. 人才要量体裁衣，并非越贵越好

关于团队，王戈宏跟其他人的看法不太一样，他认为要量入为出。比如开10个店才需要用到的人才，在开3~5个店的时候就不需要聘请。王戈宏不想把所有的高级人才都请进来，因为成本太高。

上面说到最稀缺的四种人，新派公寓也是要根据需要来找。这四种人在中国要么是企业高层，要么就是自己已经创业了。新派公寓与他们不是雇佣关系，而是合作伙伴关系。“这些人能不能跟你合作，要看创始人是不是告诉他一个方向。我现在的方向很明确，产品该怎么做，证券化该怎么做，运营该怎么做，系统该怎么完成。所有环节都上了轨道之后，我就可以抽身了。”王戈宏说。

六、新思考：坚定方向，不和投资人对赌

创业企业的创始人可以有很大的目标，但是他们的第一要务是解决企业的生存问题。所以王戈宏觉得一个企业想要从0走到1，从1到

10，重要的能力在于创始人能面对所有的环境。

1.方向要坚定

王戈宏觉得一个方向确定之后，一定要扫除一切障碍，然后再往前走。一个人想要不经历挫折而顺利地到达终点，那是美好的梦想，往往不那么容易实现。为了到达终点，第一，要很坚定，要有洞察力；第二，要有点谋略，有点技巧，不能硬碰硬；第三，在前进的途中，或许可以采取以退为进的策略，有些时候退一步便是海阔天空。

王戈宏说："我在很多方面都退让过，有的条件不行我就退让了。其实我做了大量的妥协，做了大量无奈的事情，但是我有一点很坚定，就是在洞察的方向上非常坚定，如果方向错误，我会放弃。凡事都没有很轻松的，很多事情都要做得很累才能做成，所有精彩的内容都是经过磨炼才产生的。上帝很公平，你经历的磨难越多，你越痛苦，你成功的欲望就越强烈。"

2.坚决不和投资人对赌

王戈宏坚决不做与投资人对赌的事情。一个企业是投资人和创业者共同打造的，对赌是一个自伤行为。所有的对赌成功概率都不高，所以王戈宏特别不赞成跟投资人对赌。

按照王戈宏的计划，新派公寓的扩张速度不会这么快，但是投资人希望能快一点，为了不与投资人对赌，王戈宏做了妥协。加快扩张速度不难做到，但是王戈宏的想法是在全国的10个城市做10家样板店，让这些样板店不断繁衍。在最好的地段做出10个最精彩的样板店，它们各具特色，开发商、业主、消费者都去看了，大家会觉得非常棒。王戈宏希望以后开的每个店都非常棒，让它们自然繁殖，而不是去抢生意。

展望：首单公寓类REITs成功落地，打通自持物业资产证券化发展道路

2017年10月11日，“新派公寓权益型房托资产支持专项计划”获批，2017年11月3日在深交所正式发行设立。该计划以位于北京市国贸CBD区域的“新派公寓”作为标的物业资产，拟发行金额为2.7亿元，期限为五年（前三年为运营期，后两年为处置期），其中优先级产品规模1.3亿元，获得AAA评级，发行利率为5.3%。这是国内首单长租公寓资产类REITs产品，也是国内首单权益型公寓类REITs。新派公寓权益型类REITs的成功推出和落地，极大地推进了中国资产证券化的进程。未来房地产企业可以通过品牌化租赁运营及资产证券化在自持物业上获得更大的收益。

第五章　湾流国际："存量资产+地产金融+互联网"模式践行者

房地产从增量时代进入增量、存量并存的时代，很多人都察觉到万亿元存量市场蕴藏的巨大商机，但切入点在哪里，发展模式是什么，似乎有些雾里看花，无从下手。湾流国际自创立以来，就明确了"存量资产+地产金融+互联网"三轮驱动的创新商业模式。作为城市更新和产业升级的践行者，湾流国际致力于打造一个融合居住、办公、商业、娱乐、会展等功能为一体的多元化共享（Co-Living）社区。以金融撬动存量资产，完成整个模式的高速运转，这是湾流国际的核心竞争力，也是整个行业的一大创举。

湾流国际选择这种模式，既有对行业未来发展趋势的判断，也基于创始人团队的金融背景。长租公寓行业运营周期长，对融资能力要求很高，如何提高资金使用效率，降低自有资金占用比例，在快速发展中避免资金链断裂，这些都是业内发展的痛点。湾流国际如何通过其创新商业模式将以上难题各个击破？湾流国际创始人兼CEO黄海滨先生（如图5-1所示）从商业模式的产生、运作、运营机制及未来发展等几个关键点，进行了详细的阐述。

一、金融是未来核心能力，存量市场被严重忽视

湾流国际并没有将公寓行业理解成大多数人认为的生活服务业，正如黄海滨所言："公寓行业发展的核心是金融。"运用"存量资产+地产金融+互联网"的独特模式，在行业中实属大胆的创新，那么湾流国际选择这种模式的背后逻辑到底是什么？

图5-1 湾流国际创始人兼CEO黄海滨先生

1.机会：被发展商严重忽视的存量市场

2015年，黄海滨敏锐地察觉到市场的变化并做出两个判断：第一个是一线城市资产会暴涨；第二个是在土地资源越来越少，竞争进入白热化阶段，存量市场却被大家严重忽视了。以日本为例，日本一线城市东京、大阪、名古屋98%都是建成区，这就是存量。中国的房地产市场已经由增量进入一个增量和存量并存的时代，所以湾流国际选择进入存量市场有着清晰的、前瞻性的判断。

存量市场包含四个内容：其一是联合办公，联合办公就是办公的演化，目前办公市场正从传统办公向联合办公转变；其二是公寓，房价已增长到高位，租房比例上升，需求扩增，传统的租房模式存在大量痛点，公寓的有效供给不足；其三是民宿，民宿实际上是特色酒店的转化；其四是度假酒店，供给侧改革推动消费升级，重视体验价值的新一代对度假酒店的需求在增加。黄海滨判断这就是未来的发展趋势和事业的方向。

2.核心：未来竞争主要依靠金融能力

曾任国内顶级地产私募基金总裁的黄海滨具有15年以上的地产金融、地产开发、商业运营等专业经验，他一手打造了中国地产私募基金第一品牌，完成了100亿元地产股权融资、280亿元投资额，项目开发运营管理规模超600万平方米。黄海滨认为，如今房地产行业的集中度越来越高，竞争加剧，利润越来越薄，未来房地产最终的核心能力是金融能力，而不是单纯地靠开发。

3.切入点：租金处于低谷，可以抄底

在确定大方向之后，接下来就要找到一个突破口，通过对存量市场中个人能力、团队能力、资源、操作难度和未来市场潜力的综合判断，黄海滨最终选择了公寓，主要是基于这个潜力巨大的刚需市场。

（1）中国一线城市的租赁市场容量是东京的三倍

黄海滨称，目前美国、日本租赁市场发展非常成熟。以日本大东建托为例，作为日本排名第一的资产管理公司，大东建托是典型的建筑与资产管理公司，目前在东京、大阪等地管理住宅超过86万套。而中国的市场更大，《中国经济生活大调查》显示，2015年全国有接近1.6亿人选择租住，预计到2020年将达到1.9亿人。仅北京、上海、深圳三大都市圈所蕴含的租赁市场容量已是东京的三倍，随着白领及中产阶级不断地集聚，未来的潜力更大。

（2）长周期租约出现抄底的机会

黄海滨认为，中国的资产通胀会更加严重，随着资金管制越来越紧，绝大部分资金流到地产行业，所以中国的一线城市资产在未来一定时期内会保持上涨趋势。于是发展商拼命抢地，地价会越来越贵，这使得开发企业的利润空间越来越小，同时风险变得更大。

黄海滨认为在这个时间节点，一方面可以收购一些便宜的物业，另一方面可以大量收购租赁物业。中国现在的租售比是1%~2%，随着租售比的上升，未来将会出现租金抄底的好机会。

资产暴涨的同时租金也会暴涨，这并不是主观臆断，这种变化在数据上的体现最为直观。中国每年大约有600万名大学毕业生涌入到一线、准一线城市，还有海归的回流（教育部公布的数据表明，2016年各类留学归国总人数达到43万，在留学生中有超过80%的人选择回国发展）。与此同时，随着企业的不断发展，各地企业都把总部集中到北京、上海、深圳，带来更多高能级的人才，随着一线城市国际化氛围越来越重，也吸引外国人不断地进入。随着人口不断导入及人口结构的变化，人们对幸福感的要求越来越高，尤其对身处大城市的年轻人来说，租住的生活已不再是一种迫不得已的选择。他们不一定想买房，但想过有品质又便捷的生活，更珍惜体验式生活的价值。而目前满足需求的产品供应不足，所以北京、上海、深圳已出现户型错配情况，小户型公寓严重稀缺，尤其缺少高品质的小户型公寓。市场上能供应的出租房就只有老式公房和次新房两类，住户饱受家具陈旧、租期不稳定、黑中介、频繁搬家等一系列租房之苦，居住条件已无法满足消费升级衍生的品质租赁需求。

一方面，租房群体不断追求品质；另一方面，供给侧改革痛点重重。在黄海滨看来，这样的市场空缺是重要的机遇，湾流国际通过综合判断，选择了长期公寓这个切入点，为年轻人提供“租房+生活+社交”的完美体验。湾流国际不仅试图打造国际先锋品质的居住空间，更强调营造丰富、广阔的生活与社交平台，改变年轻人的居住方式。

二、三轮驱动：把金融、存量资产和互联网联动起来

湾流国际的创新模式对投融资、存量资产改造及互联网等能力提出了很高的要求，需要具体的策略来匹配这个模式，切实让模式运转起

来，真正实现金融、存量资产、互联网的三轮驱动。黄海滨表示，湾流国际的模式要落地，就必须找对方法，让每个环节都发挥自己的最大效用，这样整个模式才能像紧密咬合的齿轮，酣畅淋漓地运转起来。

1.金融：轻重分离，长租公寓的扩张之路

湾流国际模式中的金融，内在逻辑与电商平台类似，对此黄海滨做了这样的比喻：京东、淘宝的产品是快消品，当巨量的交易产生了巨大的现金流时，随之就会衍生出支付和相匹配的金融功能，我们的产品是租房及服务，也与此类似。

目前中国长租公寓仍处于发展初期，无论整个产业的市场规模还是单个企业的管理规模，与美国成熟市场相比较仍有巨大的差距。可以预见未来2~3年内，品牌长租公寓必将在管理规模上迅速扩张，一方面使得企业在行业发展初期尽可能多地锁定核心城市优质物业，建立竞争壁垒；另一方面可形成基于租赁场景的年轻人的端口，实现新的赢利模式。在"跑马圈地"的过程中，各家企业必然摆脱不了对资本的依赖。目前，股权融资仍是业内最重要的融资方式，但在相对"重资产"的包租模式下，股权融资的资金会被快速消化。同时，由于行业较新，并且不拥有物业的所有权，长租公寓企业直接从银行获得的融资也非常有限。因此，企业必须找到更多新的资金和新的运作模式以支撑规模扩张的速度。

湾流国际通过金融环节的创新，可以使资本金投入最少，但能撬动最大的杠杆。湾流国际的金融是广义金融，不是原来的地产金融，凡是与租房相关的金融资产本质上都可以参与投资，涵盖产业基金、B端的供应商、C端的消费者，再加上资产证券化，通过多维度的金融创新，将存量地产、互联网、地产金融联合在一起。"长租公寓现在拼的是开发能力、服务能力、产品能力，5年、10年之后大家便没什么区别，

那时拼的将是金融能力，”黄海滨说，“我们未来所做的事其实都围绕这些在做。”

（1）产业基金：轻重分离，实现快速扩张

基金是一种可以实现轻重分离的融资模式。具体来说，就是基金主体发行定向投资长租公寓资产的基金，以承租物业获得租赁权，并承担所有租金成本和物业改造装修成本，基金再委托长租公寓管理公司提供项目经营管理。基金是相对“重资产”模式，获得基础资产租金溢价收益；长租公寓管理公司是“轻资产”模式，获得项目基本管理费用和超额管理费用。因为各期基金匹配的是不同的资金与不同的基础资产，所以只要持续找到优质基础资产，基金就能“无上限”地提供资金。资产与运营的分离，使得长租公寓管理公司能更聚焦项目的运营本身。

湾流国际在创立伊始便运用产业基金的方式，在“重”模式下找到了“轻”玩法。团队依靠地产基金方面的优势与能力，在成立之初，通过地产基金平台发行两只长租公寓产业投资基金，管理规模达5亿元，获得杉杉集团、红星美凯龙、上海增爱基金会、陆家嘴资管等大型商业机构的支持。基金作为“重”的角色，以长期租赁的形式投资物业，部分具有价值成长的物业也可定向发行基金进行资产并购。湾流国际作为“轻”的角色，负责基金投资项目的经营管理，在未来，基金投资人可获得长期稳定的租金价差收益。湾流国际依靠基金通道突破资金限制，实现快速的规模化发展，锁定更多的优质资产，形成竞争壁垒。

一旦项目进入运营期，基金就能立即实现正现金流。此外基金还能与银行等金融机构合作，实现提前回收未来一年的租金。由于基金锁定基础资产，投资收益不会进行再投资，可及时向基金投资人分配，提升投资IRR。同时，基金的退出方式也十分灵活，包括以下几种：

- 随着租约到期而自然退出；
- 项目稳定运营后可以通过租约资产证券化方式退出；
- 长租公寓管理公司股权融资或上市后将资产并购回管理公司。

基金在投资长租公寓基础资产的同时，还能额外配置长租公寓管理公司的股权，获得股权投资的溢价收益。

（2）消费金融：利用C端信贷预收租金

面对C端的消费金融是湾流国际的另一创新，即租房分期：湾流国际和银行展开合作，租客通过银行实现租金月付，湾流国际通过银行一次性拿到1~2年的租金。换一个角度看，一个集中型存量项目其实不只包租了200套房子，而且还借助了200名甚至更多租客的信用进行融资，假如每人每年租金为5万元，一次性就融资1 000万元，而租客也可以彻底告别"押一付三、押一付四"的租金压力。

（3）供应链金融：创新垫资合作，家具融资租赁

作为湾流国际的供应商代表，上海广域、中建大成、红星·家倍得等品牌工程企业创新性地选择垫资与湾流国际合作，这是湾流国际的另一大金融创新。假设以100万套房源计算，装修成本需上百亿元，加上物业本身的租金和押金，要付出上千亿元的成本才能完成产品的改造，这就给了金融创新巨大的空间。湾流国际所有的供应商都在过程中不断地付款，此外家电和家居也可以融资租赁，这样一来，湾流国际可以大幅地降低自有资金的占用比例，突破资金的局限。

（4）资产证券化：把未来的钱套现，降低融资成本

"如果你有一个稳定的现金流，就将它证券化"，这是来自华尔街的一句至理名言。对于未来百万元规模的长租公寓——绝对刚需的市场，现金流更大更加稳健，将其证券化是一种全新的融资方式，即以将

未来比较固定的现金流作为质押而发行债券这种方式，把未来的钱套现。由于收益稳定，现金流充裕，资产证券化的风险较小，对于企业来说，可以拓展融资渠道，降低融资成本。当然这里有一个前提条件，就是公寓本身要赚钱，只有公寓本身有利润的时候，才可能去加杠杆。

湾流国际在四个维度上进行金融创新，很好地解决了融资问题。当然，在企业发展的过程中还可能遇到很多问题，比如规模化之后资金链能否保证，政策的不可预测性是否会对商业模式产生重大的冲击。黄海滨坦言，首先，任何企业都会面临各种各样的风险，包括市场和政策的变化，很难一帆风顺，坦然面对就好。其次，不同于传统的房地产，长租公寓的现金流会比开发商的现金流更加稳健，风险也会更低。因为长租公寓本质上是刚需，不存在现金流特别有压力的风险，无非是租金多少的问题，把3 000元/月的房租降价到2 500元/月就可以租出去；而开发商遇到调控的时候，房子从1万元/平方米降到5 000元/平方米也不一定有人买，还存在限购。湾流国际的模式是建立在租赁市场刚需的逻辑之上，本质上是看好城市发展，看好未来租金上涨的。

2.存量资产：专设产品规划研究院保证品质，打造七条产品线

金融创新解决了公寓行业最关键的融资问题，接下来就需要对存量资产进行改造，设计出匹配品质租赁需求的产品。为了满足细分群体的不同需求，提高用户的黏性，湾流国际在产品端主要做了三件事。

（1）成立产品规划研究院，专注打造长租公寓的标杆产品

对产品近乎完美的要求源自黄海滨对产品设计的偏爱：“湾流国际所有的设计方案我都会看，形态迥异的物业，通过改造，可以让它焕发生机，这本身就是一件有趣的事。”为持续打造行业的标杆产品，湾流国际专门设立湾流产品规划研究院，独立负责产品研发。创建至今，湾流产品规划研究院自主研发了湾流系列七条产品线及标准化户型，打造

了国际先锋、艺术人文、绿色智能、复合业态的公寓产品。团队成员均来自国内外知名设计机构及一线开发商，专注于城市更新、存量物业改造项目投资、策划、空间改造软硬装设计、项目管理全流程咨询服务。

在湾流产品规划研究院主导的同时，湾流国际还积极引进一线国际设计所参与长租公寓标杆产品的打造。黄海滨道出此举的背后真意："头脑风暴会碰撞更多的想法，设计人员能够保持国际化视野，不断提升产品的设计和创新改造能力，让产品始终走在市场的前端。"

（2）七条产品线，满足不同市场的租房需求

在黄海滨看来，公寓行业应该做的是装配式装修，租住需标准化，这种租住标准化包括装配式卫生间、墙体、地面、家具、家电标准化，杜绝漏水、噪声和甲醛超标等工程问题。同时，标准化公寓和个性化公区兼备，整个公寓的社交氛围需更加个性化、时尚、有品位。年轻人可以享受30平方米标准化独立套房+500平方米个性化公区：卧室、起居、卫浴等高频私密的功能区域，独立私享；书房、会客厅、厨房、健身房、影音厅、娱乐室等低频半公开的功能区域，社区共享，给年轻人带来不一样的居住体验。

针对消费水平提升之后不同市场的租赁需求，湾流国际研发了七条产品线并分别标准化：Harbour Apartments（湾流国际青年社区）主流型产品，定位为消费升级、拓展人脉、追求品质的新兴中产阶层；Harbour Apartments Elite 精品型产品（如图5-2所示），定位为企业中层、核心技术骨干；Marina Residence 轻奢型产品，为中国500强或世界500强白领提供高品质服务式公寓；Harbour Sorority（湾流女神社区）主题型产品，为提升自己的精致女性提供专属社区；Hive Space 综合型产品，Co-Living+Co-Working 一体化社区，为创业者提供"工作生活零距离"的一站式空间；Harbour Bean 共享型产品，为青年学生、初入

职场的年轻白领提供结交朋友、自我提升的空间；R-Neighbors 则为企业定制化产品，提升企业蓝领居住品质，助力解决“群租”乱象。

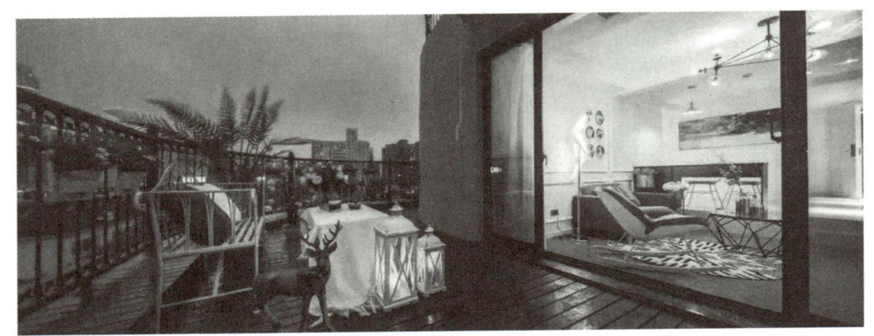

图5-2 Harbour Apartments Elite 实景

（3）产品标准化，匹配规模化扩张

目前，湾流国际已经实现产品的标准化，包含户型风格标准化、公区风格及功能区标准化。以主流型产品线 Harbour Apartments 为例，根据租客问卷调查及相关产品研究，湾流国际标准化了三种更加温馨、舒适、被大多数人喜欢的户型，打造湾流风格烙印。这三种户型是：睿智北欧风格、英伦工业风格与原生裸心风格。

其中，睿智北欧风格客群定位白领、海归、单身贵族，拥有干湿分离的卫生间、独立的沙发区域及安静的休息空间；房间色彩稳重，打造现代简约沉稳的装饰风格，追求设计的本质，给人安静祥和的居家体验空间。

英伦工业风格客群定位游戏男、“熟女”或其他喜欢复古冷酷、颜色深沉风格的人群。不同于传统冷酷深沉的工业风格，产品规划研究院以黑色的金属材质、水泥色的墙壁、复古木地板、房间里的木色桌椅和柜子等设计元素缓和工业感，使室内看起来个性中带有温馨的感觉。

原生裸心风格（如图5-3所示）颇受文艺青年、情侣、年轻白领的青睐，以深木质感家具、砖石墙面、复古木地板、大量的绿植和棉麻沙发等自然材质，打造清新质朴的房间风格，将自然融入室内，让生活更加舒适安逸。在户型风格标准化的基础之上，更加注重室内的功能性，特别是收纳功能。同时，Harbour Apartments的公共空间也进行了标准化，包含共享厨房、公共卫生间、书吧、影音室及健身房等在内的功能区。

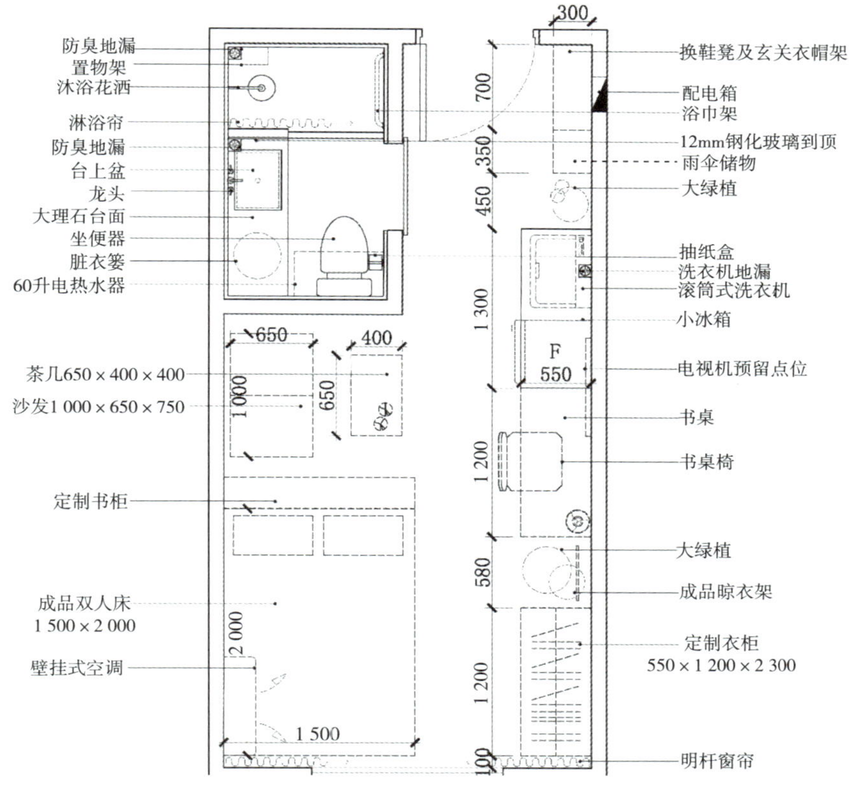

图5-3　原生裸心风格标准化户型平面图

除了产品线标准化，湾流国际对运营服务的接待流程、保洁、第三方维修保养等标准化也在同步进行。黄海滨满怀信心："实现标准化只是时间的问题，我们需要的是持之以恒地落地。"

3. 互联网：搭建平台，做长租版的Airbnb[①]

在湾流国际的模式中，互联网并不是泛指的互联网服务，而是聚焦公寓的互联网租赁平台。虽然目前湾流国际的互联网租赁平台仅仅是一个雏形，但黄海滨志在必得："我们的方向和策略都很明确，通过嫁接互联网打造湾流国际租赁平台，房东、租客均可直接在平台上完成租赁，这可以使湾流国际的规模更大，运营成本更低。"

从互联网的角度来看，公寓市场是一个占用了日常生活八小时的生活情景。优步、滴滴、大众点评、摩拜单车，它们同样占用了这种生活情景。它们能带来多少毛利呢？多半是一直拿钱烧流量，没有毛利，甚至有时是亏损的。黄海滨认为，居住在北京、上海、深圳、香港的这批消费力强的年轻人价值点更大，当线下房源与租客量积累到一定数量时，互联网的流量价值就会凸显出来。

所以，在产品端湾流国际先聚焦集中型公寓的投资与改造，之后以集中型公寓为据点，辐射周边三公里的分散房源，同时打开线上互联网平台，线下配合保洁、维修、社交活动等。真实可控的大量线下房源是平台存续的基石，简洁时尚、友好交互的线上平台是快速导流的载体，能更好地提高线下实体坪效，这就是长租版的Airbnb。

三、运营体系做支撑，应对快速扩张的挑战

湾流国际通过三轮驱动的创新商业模式，把存量资产、地产金融和互联网联动起来，但要在快速扩张的过程中保持整个模式的高速运转，就需要在明确发展方向的基础之上，完善一系列运营机制作为发展支撑。湾流国际在布局、开发、人才以及未来发展等方面，都有怎样的

① Airbnb是AirBed and Breakfast的缩写，中文名为"爱彼迎"。爱彼迎是一家联系旅游人士和家有空房出租的房主的服务型网站，它可以为用户提供多样性的住宿信息。

做法和思考，来应对快速规模化的挑战呢？

1. 聚焦集中型资产，迅速做大规模

拿房是个老大难问题。随着越来越多的人加入公寓行业，传统的房源供给方如民营企业家、二房东等，心理预期不断提高，价格战每天都在发生。客观地讲，这不利于行业的良性存续发展。而仅两年的时间，湾流国际深耕北上广深已有近50个社区；2016年5月，湾流国际的业务扩张至北京，不到三周落子北京三里屯；2016年年底进军深圳后，又快速落子深圳福田核心区；继2017年6月进军杭州之后，湾流国际还会进入香港、南京，围绕这些城市开启全国化布局。湾流国际要想做到快速扩张，必须做好以下几个方面。

（1）布局核心城市，占领优质资产

湾流国际始终聚焦行业区域市场竞争最为激烈的战场，这里的租约资产包最为优质，站稳核心城市绝对优势地位的重要性不言而喻。其对核心城市的布局并非仅限于北上广深等一线城市，而是以它们及周边热点城市所构成的“都市圈”为据点展开布局。这些“都市圈”的市场容量难以估量。来自地产投资、地产金融、国企资管背景的15人投资团队，通过“包租自营、加盟合作、委托管理、并购整合”等更灵活多变的合作方式，已全面打开、快速锁定核心城市优质物业，并继续坚持每个项目一定比例的基金跟投策略，规模化地进行扩张。

（2）先集中后分散，为线上平台夯实基础

湾流国际集中一线城市的优势资产，既有利于产品、服务的标准化，还能提升品牌影响力，然后借助一线城市的根据地，辐射周边的“散户”，把社交活动、团队、人员都覆盖到位，嫁接互联网平台，自己再通过管理降低成本。“先抢占违约率较低的长租约资产，通过品牌

影响力的建立，再去覆盖分散式资产就更得心应手。”黄海滨这样阐述湾流国际先集中后分散的策略意图。届时，分散式资产业主会委托成熟品牌主动提供批发价格，导入速度也会加快，并加速分摊运营成本。

（3）深耕七大投资渠道，开辟新的物业供给方

国资平台、乡镇集体所有制企业等，在城市中心区位掌握着大量的优质物业。如何在转型升级进程中把握机会，多方协同共荣呢？湾流国际除了深耕国企、政府、开发商、基金有限合伙人（LP）/商协会、经济型酒店/公寓行业、供应商以及个人/机构居间这七大投资渠道，还整合产业运营方、公寓及配套运营方各自优势资源，以园区为投资对象，通过发行长周期基金、盘活不能流转的集体土地、租地建房、与政府和社会资本合作（PPP）、分享成长价值等开辟新的物业供给方。

2.用公寓作为触发点，多平台同时发力

黄海滨认为公寓的核心是金融，规模化发展才是“王道”。如果一个公司可以通过各方面的金融运作方式，使其自身的规模不断扩大，更多地占有长期稳定资源，这个公司在市场上就能占据更加有利的位置。在黄海滨看来，公寓本质上也是一个触发点。市场上除了目前占大比例的青年公寓外，还涵盖了养老公寓、家庭型公寓及主题型公寓。单就养老公寓而言，未来的发展空间也是不可估量的，比如10年以后湾流国际调整战略，可以拿出一半的资产进行改造，做适老化设计，加上居家养老服务的配合，做成像日本那样已经体系化、规模化的养老机构。养老公寓效仿青年公寓的打法，先集中后分散，又将是一个新的平台。理论上，青年公寓、养老公寓及互联网租赁平台，未来有可能实现同时发力。

3. 走国际扩张道路，轻重模式相结合

在中国市场完成规模及资本的积累之后，湾流国际考虑“出海”。黄海滨透露，未来湾流国际将聚焦伦敦、巴黎、悉尼、纽约、洛杉矶等15个国际化大城市开拓国际市场……而湾流国际深圳公司也开始涉及中国香港特别行政区业务，初步开始了湾流国际在更多市场的布局。“在国际市场，我们会尝试重资产对接REITs平台，轻重结合才是公寓真正要做的事。”黄海滨说。

4. 大企业定向，用年轻人的方式去营销

虽然万亿元的市场充满想象，但空置率问题一直困扰着许多长租公寓运营方。在这个热点不断涌现的时代，如何从客户需求导向产品定位，如何精准找到客群，如何让客户从体验产品到爱上产品甚至表现出品牌忠诚度，是一场持久战。不管市场如何变化，公寓企业都应该尊重市场，重视市场营销，快速和长期稳定的收益是公寓稳定运营和规模发展的根本保障。

（1）线上为主，提高客户的便捷性和体验感

目前，90后已然成为租房的主力军，我们来看看这些人的租房市场是怎样的。

37%的人找不到满意的房子，45%的人选择单间，而不愿意合租，舒适的居住环境和生活品质排在了交通、安全、租金等租房考虑因素之前；房租超过薪水30%的比例较高，一线城市普遍高于50%；租房信息获取的渠道60%来自网络；在互联网中成长起来的一代，渴望线下的社交渠道，喜欢和乐于社交活动。目前，高品质和社交化的租赁房源供应太少，需求旺盛。

湾流国际青年社区的定位是走中高端路线，主要面向对生活品质和居住体验有要求的这部分客群，并已实现在线看房选房、在线预约定

房、在线签约、在线支付、在线服务动态跟踪、在线社交以及在线换房和退房，打通线上服务全流程，提高客户的便捷性和体验感。目前，线上服务主要是服务于国际租客，在这个过程中也会不断地完善和迭代。随着湾流国际的规模化发展，集中式及分散式房源的落地，平台流量会迅速提升，达到一定量级后会服务于其他的房源端和C端租客，最终会打造成长租版的Airbnb。

（2）大企业定向，获得长期优质客源

规模化发展和高入住率，单靠线上渠道是不够的。只有与大企业客户长期战略合作，获得长期稳定的优质客源才有根本保障，这是低成本、高效率的方式。其实大企业的合作拓展在国际高端服务式公寓比较常见，如雅诗阁、莎玛等，往往会和外资企业保持战略合作关系。合作拓展是这些公寓长期稳定的优质客源和出租率的保障。这部分客源主要来自国外的外派管理人员，公司会提供租房补贴。实际上，民营企业、外企、国有企业、政府和企事业单位等的年轻人都存在着大量品质租房的需求。湾流国际基于本身在地产金融、地产开发和国际服务式公寓企业的资源积累，加上2016年上千家大企业拓展，目前已经与国内外200余家大企业签订了战略租赁协议，其中不乏普华永道、万达金融、平安、恒大、南京银行、分众传媒及卡斯柯等知名企业。湾流国际还为其员工提供高品质居住体验。“安居”才能“乐业”，只有居住无忧，才能更好地为企业创造价值，这是湾流国际、大企业、员工三赢的合作方式。

（3）长短租结合，灵活方式提高坪效

在大部分房源做长租的基础上和不影响到长租客户的前提下，阶段性地把空置的房源或者主动开放部分房源用来做类酒店短租，是一个不错的策略方式。短租房源可以通过Airbnb、小猪短租、途家等平台网站来推广：一是短租房源的高频交易和知名平台展示有利于建立公寓的

口碑和品牌；二是短租房源可以提高坪效和收益，是运营方利润提升的有效补充。当然短租房源这种方式交易频次高，人员流动多，对于公寓方运营和管理能力要求较高。

（4）样板间开业前展示，营销前置

对公寓运营方来说，资金的快速回流非常重要。湾流国际将营销工作前置，每个项目都会在开业前一个月进行样板房展示。样板房直接体现的是运营方的实力和品牌，它留给客户的第一印象非常重要。湾流国际力求给客户完美的展现，样板房必须达到国际一流标准才能开放，开放标准是"开放即是开业"：所有的公共区域和样板房的硬件与软件达到正式入住的标准，这包括项目的外立面、室内外标志、入户通道、室内外绿化等；公共区域的咖啡吧、健身房、影音厅、厨房、洗衣房等软硬件达到完全运营状态；样板房完全按照实际交付的标准来展示，客户"所见即所得"，同时也欢迎客户体验沙发、桌椅和床的舒适度，以及拍照等小细节，都体现出对客户的尊重。现场接待人员的服务标准必须是国际一流，着装、言谈举止、服务流程和标准等都要有严格的要求和制度的保障。湾流国际通过完美的样板房展示给客户带来场景化的体验，助力营销。

5. 寻找与企业价值观相符的人才，与企业共同发展

在规模化的过程中，人才的供给显得尤为重要，这也是湾流国际各项工作的重中之重。目前，湾流国际人才储备除了传统的社招、校招，还有"未来航海王"管理培训生计划。虽然培养人才需要花费时间，但值得。团队的力量则被黄海滨认为是成功最为重要的因素："我们的模式比较新，这就需要更为年轻、有活力、学习能力强、价值观契合、有梦想的同事。"正如黄海滨所言，湾流国际"聚集了一批与梦想赛跑的人"，整个创始团队源自国内顶级地产股权基金、地产开发集团

及国际服务式公寓企业。整个团队共同合作时间超过7年，有着7~15年房地产金融、投资、项目开发、项目经营管理等丰富的专业经验。当前，整个团队已有约200人，主要来源于复星、金地、华尔道夫、半岛、华为等知名企业，很好地匹配了湾流国际“存量资产+地产金融+互联网”的模式。

展望：行业不会被一家垄断，走适合自己的路就是正途

谈起湾流国际的未来，黄海滨信心满满：“我们的思路很清晰，方向很聚焦，执行很坚决，从来不会犹犹豫豫，目前进展还算顺利。当然，在这个过程中肯定会遇到各种问题，创业的核心就是解决这些问题，这个过程本身就很有趣。”

对于长租公寓的发展，黄海滨认为，在中国这个行业不会被一家垄断。日本最大的租赁住宅资产管理公司大东建托2016年的市场份额也仅有7.36%，并没有在长租公寓市场上一家独大。与日本相仿，在未来中国的租赁市场上，长租公寓市场也不会一枝独秀。但未来长租公寓会与房地产市场一样，集中度日渐提高。黄海滨说：“我认为这个行业还远未成熟，甚至是刚刚开始。目前市场的竞争格局还没有形成，未来需要更多的规模企业进来，而且是难以想象的超大规模企业。每个企业都有自己的发展之道，没有绝对的高下之分。”

黄海滨觉得企业的发展模式根植于“基因”，走适合自己的路就是正途。他说：“中国人老是喜欢保留一点东西，不愿意那么开放，而湾流国际是开放式的，它的模式不怕被模仿，一方面，模式的真正落地需要匹配地产股权基金、存量资产改造管理、互联网等综合能力凸显的团队，并持之以恒、扎实落地；另一方面，每个公司的打法不同，有的公司根本不适合湾流国际的打法，它们只能走适合自己的路。”

第六章　未来域：场景化内容运营商

未来域于南京起源，从集中式公寓入手。随着企业的发展壮大，未来域在集中式公寓方面的管理规模和能力已稳居国内公寓运营商第一梯队。2015年，未来域悄然改变了贴在自己身上的“标签”，强调自己不再是公寓运营商，而是资产管理集团。虽然只有几个字的差异，却存在战略方向上的变化：从深挖产品差异化转向关注存量资产，通过合理运营来实现资产的增值，同时为住户营造舒适的居住体验。

未来域能够给开发商和用户带来什么价值，又如何通过运营以在红海[①]中建立竞争优势？对此，未来域创始人王宇先生（如图6-1所示）进行了深度解读，为我们剖析了未来域的成长之道。

图6-1　未来域创始人王宇先生

---

① 红海代表现今存在的所有产业，也就是已知的市场空间。在商界中，还有蓝海的说法，蓝海是指现今不存在的产业，就是未知的市场空间。红海通常还指竞争惨烈的市场，蓝海还指竞争较小，或者尚未被发现的大市场。本书中出现的红海、蓝海均指后一种概念。

一、定位转变：不是公寓运营商，是资管集团

2015年，未来域把自己的定位调整为资产管理集团。在未来域的创始人王宇看来，公寓就是一款产品，而不是一个行业。未来域一直强调自己是一个资产管理领域的品牌，公寓只是未来域资产管理中的一个品类。未来域从来没有把自己当成公寓运营商，而是当成资产运营商，这二者有着本质的差别。定位的转变，源自未来域对行业和自身的洞察。

1.行业困局：原有模式无法继续赢利

未来域是最早在中国做连锁集中式公寓的企业之一，当时的定位很简单：首先，从客户的角度来讲，未来域针对消费升级带来的高净值客户做一些中高端产品；其次，从产品端而言，未来域想做精品服务，而不是传统意义上的公寓。当时的公寓多为单身公寓，就是一间单独的房子，有单独的洗手间和一张床，这种产品没有品质可言。未来域当时的逻辑就是怎样把更多的房子租出去，怎样把租金差做到极致。

未来域在南京大概做了四年，一直没有走出去，由于当时没有融资，赢利模式就是拿着手上仅有的资金不断地流转，平均每三家店的销售额可以承担一家新店的成立。未来域当时的投资回报率较高，快的话两年不到就能回本，慢的话三年到三年半也能回本。但是，“这种方式毕竟速度还不够快。未来域在2014年的时候拿了第一笔融资。”王宇说，“融资之后，投资人给了我们一些方向，但那时市场竞争也逐渐激烈起来。我们发现拿地成本越来越高，回报周期也比以前慢很多。”如果以单店来计算，一家店也就100多套房，要消耗接近2 000万元的资金，按照这样来计算，这个买卖很不划算，即使拿到2亿元的融资，也只有10个店、上千套的体量。这对一个企业来说根本不算什么，这就是公寓行业面临的困境。

2.能力缺失：开发商很难做好资产运营

公寓行业的痛点在于缺乏可持续获取低价物业的能力，目前具备这种能力的开发商很少。由于未来域在这个行业里的时间很长，有些开发商在进入这个行业之前都与未来域接触过，之后，它们觉得已经了解到相关模式和方法就准备自己做。但在实践过程中，它们发现自己并不具备相应的能力，原有的品牌效应在这个新行业中并不能发挥太大的效力，它们得不到客户的认可。王宇发现有些开发商并不重视这个行业，觉得自己就是做二房东，从市场上找相关人才把房子改造一下就可以了。其实大部分的运营经验都掌握在创始团队手中，不是靠从外面招聘一些员工就可以快速地积累起来的。由于开发商运营不力，从财报来看也是亏损的，租售比或租金效率还不如现在市场的品牌运营商，这些对于开发商来说是无法接受的。

此外，开发商的项目开发周期存在不确定性。对于公寓团队来说，为了获取项目来兑现年初的业绩指标，它们会不计代价地拿一些项目，这种恶性循环的结果会在一两年后显现出来。王宇认为这跟开发商做不了物业管理公司是一个道理，物业管理毕竟已经成为一个行业，毕竟已经有了很多在这个行业里面深耕的专业团队，开发商要尊重专业，尊重时间，尊重经验，不能盲从。王宇相信再过两三年，当开发商回归理性后，还是会慢慢地跟运营商进行合作的。

通过对行业和自身的审视，未来域确立了非常清晰的定位，就是向全国优秀的资产运营商的方向不断迈进。当然，搭建完成这个全国化资产运营平台肯定还需要长时间的积淀，未来域相信通过规模化效应，凭借用户的不断增加，慢慢地会达到既定的目标。

二、模式内涵：让B端资产增值，让C端住得舒适

如今是一个注重场景的时代，所有的互联网人都以场景为先。在资产管理的过程中，空间是一个静态的物体，而场景是一个动态的生活方式，这个生活方式里面包括人、物和服务，从场景里面能发现希望，能找到每家企业的客户群体。未来域一直服务的是青年中产阶层，他们具备两个特点：一是年轻，二是有一定的消费能力。在资产管理的过程中，随着消费趋势的不断延展，客户对服务的品质和入住的体验要求也越来越高，所以就要找到成本和服务、体验之间的平衡点。

为此，未来域探索了很多解决方案，花了很多代价，最后发现根据年轻人消费升级的强烈需求，可以给他们设计一系列的场景入口。未来域的资产管理模式，在战略层面上包含B端、C端两个部分：对B端而言，考虑怎么让资产增值，怎么让存量快速去化；对C端而言，考虑怎么给住户提供一个舒适、方便的居所。

1.B端：存量资产增值，提高项目租售比

不动产领域一直在发生变化，目前的境况是开发商普遍拿不到地，或者拿地的代价很大，或者拿到地以后发现还有自持的要求。怎么办呢？首先就要从一些非住宅类型的产品入手，不管是商办物业、科研地产还是产业地产，然后回归运营。

未来域现在服务于三大类B端客户，包括政府、开发商和资产持有者。对B端而言，未来域帮助它们去化存量资产，在资产二次交易变现之前，实现过渡期间的稳定经营。未来域对资产进行第二次设计和改造翻新，给它赋予新的生命，再通过高效的租赁经营来提高项目租售比，从而提升资产的二次交易价格。当然，随着时间的推移，物业本身也在不断增值，所以结合REITs这样的未来资产证券化产品，未来域慢慢地

给予了这些资产持有者更多的信心和保障，通过不断的口碑传递，实现了规模的快速扩张。

（1）定向购置一些被低估的资产

实际上，很多资产持有者都不知道自己的物业能够做什么，有时只是自己认为不能做公寓，而不是从物理条件上不可以做公寓。还有最关键的一点，即很多的资产价值在没有被很好地运营之前是被低估的。未来域本身就是做资产管理的，本身也拥有资产管理的经验，所以未来域已经打通了这条大资管的生态链。对于资产所有者来说，如果不想卖，未来域就可以托管经营；如果要出售资产，未来域也可以买下来自己经营。这就是未来域的逻辑，不管怎么操作，都在未来域的经营范围之内。

很多开发商都觉得买下物业持有经营难度很大，王宇认为那是因为它们不会运营，不知道持有后要怎么经营。未来域的投资方中有一个是上市公司，其本身有大量的闲置资金，有资金通道，但没有土地，也因为不具备开发商资质不能去拍地，它就定向购置存量资产；有些项目也不是完整收购，而是跟别人合作，做联合开发。在REITs没有放开的环境下，这种定向增发有一个好处就是没有什么资金成本，但会有预期利润的要求。

就项目本身而言，金融端的投资和银行通道的投资都可以作为配置资金。只要租售比合适，能够覆盖资金成本，这个项目就能够进行。未来域目前拿的项目大多数都达到了这个要求，体量均在5万立方米左右。由于具有金融背景，未来域在资金来源方面有一定的优势，从逻辑上讲它并不缺钱。无论是自己做还是给别人做，未来域现在更多的是专注于资产运营能力的不断深化，而不是过多地把精力放在资金的募集上。

（2）做公寓托管，尝试轻资产模式

王宇说：“未来域在2015年的时候开始尝试轻资产，从2015年下半年的团队组建到第一个项目落地，大概花了三个月的时间，2016年签约经营的项目超过30个。2017年，未来域把整个公司的架构调整成以轻资产模式为主导的模式，从简单意义上讲，就是把已经生成的一些固化的产品和服务模型，通过未来域赋能给其他的资产持有者（不一定是开发商）。所以未来域前前后后做了很多人才公寓，给政府做了酒店式公寓的托管，给开发商做了存量公寓的托管。”

2.C端：在物质层面和精神层面提供舒适的家

对C端的客户而言，未来域也要为他们创造价值。简单而言，在刚需层面，未来域要做的就是给客户创造一个舒适、温馨的家，而且是在他们喜欢的地段，并设定合理的价格，提供在他们承受范围之内的消费产品。

在初期阶段，内容产出可能是重点，而服务可能遭到忽略。其实租金和售价是一个逻辑，假如周边的竞品租到3 500元/月，而若借助自己的品牌优势可以租到4 000元/月，但要提升到8 000元/月就很难了。但是有些有内容的品牌和运营商，它们能给整个投资回报带来颠覆性的数据差，从这个数据差里面可以看到一个共性，那就是服务。

从精神层面来看，未来域将通过后端的一些服务来兑现，所有的运营模式、产品模型、服务都要真正地给客户带来方便、舒适、安全的体验。王宇说：“如果这些都能做好，我相信客户会慢慢地，或者说不断地认可未来域的品牌价值，未来域的产品也将给客户带来生活上的变化。”

三、运营核心：内容+产品，构建潮流生活方式

现在的公寓行业已经变成了红海。因为这个门槛不高，很多开发商（既有大开发商，也有小开发商）都在形成自己的物业管理品牌和体系。大家都在做运营，那么如何才能让客户在第一时间选择你呢？那就要看气质，看你的行为逻辑。王宇认为气质更多体现在文化端和设计端。资产运营的核心能力，实际上就是内容运营，因为资产要保值增值，到最后肯定要变现。未来域运营的核心能力就是对生活方式的理解和产品体系的构建，用聚焦的产品，把品牌行销、品牌文化、生活方式等构成元素，构造成一个立体，实现持续、高品质的运营，最终才能保证后续的所有收益。

未来域现在的赢利模式中最基础的是租金差，租金差虽然不多，但是它必须有，但是租金差只能解决门店和公司运营的成本，后期真正的盈利源于服务。如果说品牌、服务和商品都能让客户付费的话，那么服务部分产生的利润可能才是企业真正的利润。

1.为空间导入内容，创造潮流生活方式

未来域非常在意用户的生活方式，专门集合各界精英人士创办了“生活方式研究中心”，研究如何从工业设计、美学、生活等方面满足用户日益提升的生活体验和需求。未来域是基于时间、空间、生活理念给客户带来生活方式的一些变化，这个变化是未来域通过空间和产品的组合，包括一些内容的组合来叠加产生的。举个例子，现在在未来域的人才公寓里面，除了固定的房间以外，还有公共空间，与众不同的是，未来域完全根据客户的衣食起居和每天的日常消耗，打造了一种综合店。在这个综合店里，未来域还可以增加定制出行，比如客户下班以后，未来域会给客户配备不同的交通工具，如自行车或踏板车，还会安排行业

资深人士带你熟悉所在城市的一些人文的内容，或者教你一些实用和有趣的技能，比如摄影和野外求生。当然，每次活动的内容都不一样，这些不同的交通工具、不同的导师、不同的场景、不同的回忆，都基于年轻人的生活理念的转变，而不是基于情怀。

内容运营大多数基于C端，未来域更多的是想服务好客户，通过未来域的核心竞争力，或者说慢慢沉淀的经营能力，最终改变客户的生活习惯，让客户感觉到居住这件事就应该是未来域倡导的这样。王宇说："未来域希望成为居住生活方式标准的制定者，这个目标或许需要很长的时间才能实现，但是我们愿意去尝试。"

（1）不做样板房，只做生活潮流

王宇认为，无论是未来域的自投项目，还是和开发商合作的其他B端工程项目、委托项目，软装工程的打造是一个重点，这是肯定要做的事，比如艾佳或尚品宅配都在做。未来域有自己的逻辑，王宇说："我们不做样板房，只做生活潮流，让这个潮流形成风格。基于这样的理解再形成产品线，然后向下形成软装交付模块化的产品体系，借此带动其他增值业务。"这相当于通过生活方式的研究，给客户提供他们想要的生活方式，提高客户对未来域业务的黏性，也提高未来域品牌的定价权，帮助资产运营进一步创造更高的溢价。

（2）服务场景化，创建新生活方式

公共空间是未来域的核心价值。未来域的公共空间不但有颜值、有体验、有服务，而且可以形成一个社群亚文化的消费和社交空间，这是未来域运营的核心内容。过去，因为公寓追求成本的最小化和利益的最大化，普遍缺失服务，结果饱受诟病。改进公寓服务不是盲目增加人员配置，而是通过改造空间，增强空间的体验来实现增值，这样就能实现成本覆盖和转化，摊薄人员成本。举例来说，不管是公寓还是酒店，

大堂的传统业态都是“通过型”空间，都是功能化的，而未来域的大堂和别人不一样，未来域已经尝试让大堂场景化。场景对应的就是产品，不是通过一个场景就能产生新产品，就能多赢利，而是因为有这样的空间体验，让入住率和房价发生变化，所以实际上场景带动的是体验和品牌转化的增值，未来域现在要把场景化构建成自己的核心能力。

未来域的核心竞争力到底在哪里？实际就是提供给客户不同的生活方式的品类。场景服务是未来域的服务来源，场景对应着产品，产品对应的是需求，而不是自说自话，所以要分析客户需要什么。王宇说：“未来域正在公寓、酒店、办公这三驾马车上构建自己生活方式的品牌，现在叫未半生活，它类似于小的无印良品。未必是相同的日式风格，但是我们会借鉴其方式和组织，包含线下和线上。”未来域会用未半生活形成自己的家具和家居品牌，再基于这样的家具和家居品牌营造出生活空间，然后进行场景化的打造，将设计师、买手形成的生活方式同生活美学渠道产品结合为一体，这是构建未来域核心能力的一个基础，或者说是一个重要的抓手。

为什么未来域会在小家具、床上用品和日化产品方面形成自己的品牌，而在其他的产品方面则变成设计师和渠道组织？王宇说：“因为这三块是刚需，无论你是生活还是开展一个B端业务，这三样都是必备的。其他不是优先考虑的方面，比如说家徒四壁照样可以过日子，可以不需要一张画，因为画只是精神层面的东西。”未来域把这个刚需的日常用品做成品牌，再结合其他方面的资源，把产业互联网还有很多新材料、新的生活方式内容都加进来，形成一个生活馆。这个生活馆有可能会像一个精品的超市，它一定不是7-11，但是会有那样的服务内容在里面。

所有的场景都源于流量，客户群体不是按照房间数来一一对应的。未来域所有的场景对应年轻的客户，年轻的客户对应的是一个高频次、碎片化的流量入口，这个流量入口更多的是来源于他们的朋友圈，来源于他们志同道合的伙伴。哪怕是因为一个兴趣爱好，大家来到了未来域的公共空间，参加未来域每次组织的活动，参观朋友和同学租住的房子，只要认可未来域的产品，他们都可以是未来域的客户。

公寓是用来住的，也是用来生活的。未来域会慢慢引导客户爱上公寓里的生活方式，而不是其中的装修。但生活方式的打造并非一朝一夕，未来域花了七年的时间来研究22~35岁年轻人的兴趣爱好和生活需求。每个城市的年轻人的生活方式还不一样，不能用一个固定的框架把它框死，因为更多的内容是需要客户来填充的。“当离开未来域的时候，他们真正的生活才开始，因为他们不再租房而要买房了。买房之后有很多花钱的地方，我们希望他们用在租住的过程中培养的生活方式来实现价值的转化。只有这样的交互才是实实在在的，而不是客户离开这里以后，就跟我们没有关系了。”王宇说。

（3）创建族群文化，促进需求转化和服务变现

公寓常规的服务事项并不多，未来域要做的是将它们升级。以人才公寓为例，未来域的改变是：要做全国首家24小时运营的人才公寓。这个24小时运营的概念不是全天候的概念，而是将每一个小时在客户需要的空间和场景里的诸多细节的服务清单化、条理化。这个如果能做到的话，可能会是未来域未来的品牌优势之一。

一般的人才公寓都是12小时运营，做不到24小时运营，剩下的12小时是没有服务的（大多数是在晚上）。未来域就充分利用了这个时段，在晚上的3~5个小时里为客户安排相应的活动，比如提供夜宵，提供一个社群的聚合进行游戏（玩桌游），以及其他一些满足客户需求的活动。另外，未来域利用公寓的服务平台——大堂，构筑了一个多样化的服务和体验空间。这是服务，而不是简单的消费，实际上未来域提供了服务的消费空间。

现在年轻人绝对可以接受付费服务，前提是服务要有价值，要能

满足他们的需求，甚至能提供超出他们想象的服务。要让服务真正有价值，就必须研究客户的需求，甚至为他们创造一个需求。王宇说：“过去我也没想玩桌游，但正因为被一个人引导，我就开始尝试去玩，现在一个礼拜不玩一次，都觉得好像和年轻人这个群体之间缺失了一种交流，这个就是需求被引导、被激发、被创造了。我觉得很多东西就是基于人群，尤其是年轻人，他们需要社交，需要与他人交流，甚至他们还有很多我们不知道的需求。”

常规的服务不能收费，比如应提供的管家、保安服务，而增值服务就可以创造价值，这里面实际上有很大的延展空间。增值服务有成本，但通过未来域的服务内容，可以将成本转化为利润，同时增加未来域品牌覆盖的半径和时间。客户的消费主要在时间和空间两个维度，空间相对固化，不可能无限制地变大，但是时间可以延长，未来域在时间产品的研究上做了很多功课。客户的时间要么消耗在自己房间里，要么就是在公共空间里。未来域希望客户延长在公共空间的时间，这个公共空间就是社交。这里所说的社交不是简单地办个画展，放很多书，这些只是个人化的方式，缺少交流。实际上，未来域希望通过社交形成族群文化，形成社群的亚文化，以此来激发需求的转化和服务价值的提升，以及之后增值服务的变现。

只有每个人都愿意花钱来购买增值服务，才能实现对价值的认可。未来域一直在设计服务产品，设计理念就是让客户认为未来域的服务有价值。未来域希望找到更好的服务人员，请最好的培训师，在时间和内容上给客户提供最好的服务。

（4）建立信用体系，连接场景、服务、生活和金融

现在大部分的年轻人养成了超前消费的习惯，而超前消费是需要用资金去交换的。未来域也在慢慢地给他们的这种习惯打开一个端口。

未来域与客户之间未来也会形成一种信用体系，这种信用体系会给客户带来一些无抵押的资金对接，最终会跟资金和消费内容融合，提前让客户享受想要的一切生活方式。所以，未来域从产品、场景、服务、生活方式、金融领域等各个环节进行考量，给客户提供了一个连贯的体系。

未来域在探索用户消费金融的过程中发现，项目的所在地和租金价格在前期决定了后面做消费金融的可能性，因为消费金融也是很多资本方所关注的点。在整个过程中，未来域还发现第一步要做规模，通过品牌的放大，不断地加大规模，规模增大之后，场景里面的人更愿意花钱购买服务，这样才能逐渐形成一整套的体系。

综上所述，未来域的运营优势在于空间内容和产品设计，那么在发展过程中，怎么保证这些很好的产品设计和空间内容在快速复制的时候不走样？因为只有1家店、10家店的时候，标准容易统一，但是达到100家、1 000家、1万家的时候标准就很难统一了。未来域的想法是用文化体验来区分。市场有这样的一个倾向：客户永远希望产品差异化，但是企业又永远希望产品标准化，如何做到两者的融合？实际上，此时就需要用到文化体验，比如说未来域在重庆的产品就和上海的不一样，因为它们的文化体验都是当地化的。这个与未来域产品的设定和体验是同一个道理。

2.打造四大产品线，烙上品牌烙印

现在的开发商开发的大部分产品都是借鉴未来域的产品模型，而不是它们自己设计的产品，因为未来域基于七年的行业经验，积累了大量的用户使用数据，据此反向设计产品。其实时间和经验是未来域的优势，利用经验可以压缩成本，可以提升销售价格。

（1）打造商业、办公、酒店、公寓四大产品线

相比其他公寓运营商，未来域能给用户带来独特的多方位体验和

互动。未来域已进入全国11个城市，它为用户提供四大类的服务产品：商业、办公、酒店、公寓，也就是存量的主要模型。未来域赋予这四大产品线品牌内容、赢利模型，然后配合资本方或更多的开发商，让它们在更多的产品规划里嵌入未来域的产品，使它们更加有信心去兑现商业价值。未来域的核心产品是长租公寓，它的特性是租金稳定、收益稳定。据不完全统计，它的市场容量大概是20 000亿元，包括集中式公寓、分散式公寓、公寓式酒店、酒店式公寓等各种各样的业态。

未来域的四大产品线能满足客户居住、办公等各种立体化的综合需求，这种多元化的产品模式确实是未来域独特的地方。四大产品线有统一的大后台作为基础，虽然这四大产品线业务层面和门店线下的运营层面是不一样的，但是它们属于一个体系，有一个共同的大后台，就像现在的餐饮品牌一样，一个企业有三个或四个品牌，但是它们只有一个后台，它们后台的管理体系是一样的。有了这个大后台作为基础，未来域就敢切入多个产品线，去给不同的产品提供不同的解决方案。未来域现在的团队扩编得比较厉害，因为每一条线都需要行业里比较专注的团队加入，而不是未来域自己的人去做。

（2）长短租结合，形成创新的产品组合

提到公寓和酒店，一种观念认为它们是长短租结合的创新产品组合，另一种观念认为它们是有特色的公共空间。其他的比如舒适、便捷、安全这些元素，大家相差不大。未来域的长短租结合不是分时段运营，它提供的生活方式以及其行为逻辑与别人都不一样，所以它不是简单的长短租。因为生活方式、组织方式不一样，来的人群也不一样，所以未来域的长短租与众不同。

目前未来域服务了11个城市，一共近70栋集中式公寓，除了政府的人才公寓和城市核心区位的独立式白领公寓，还有青年公寓。青年公

寓大部分是跟开发商合作开发的，即酒店式长短租结合的产品。现在在整个租赁行业里面做长短租结合的不多，因为长短租结合的模式有很多财务模型需要精细化测算。酒店的能效比高于公寓，但是酒店的成本远远大于公寓行业，未来域做了三年的研发试错和组合来寻求两者之间的平衡，于是有了未来树这款产品。未来树是基于生活酒店定义的一款长短租产品，而不仅仅是简单的酒店产品。未来域希望以此来提高长短租公寓在市场里的溢价能力，摆脱公寓运营商和酒店运营商在竞标的时候经常遇到的尴尬处境。

具体来说，在长短租公寓的开发上，未来域有两个差异化的做法。

首先，未来域拿到物业后便进行长短租公寓产品的比例分配。实际上长短租不算是一个创新的概念，很多人都在做。未来域拿到一个物业以后，先要做细分，再决定是做长租公寓还是做长短租公寓，然后划分长短租公寓产品的比例。由于所需的硬件条件不一样，这里面还涉及投资，不管是未来域自己投资还是资本方投资，都要有个标准，要有个比例。因为人群的消费和行为逻辑不一样，未来域提供的硬件和功能配置也不一样。

其次，未来域用酒店化模式做销售和管理。长短租结合立足于产品，可以理解成一个酒店化的产品，它的经营和管理也可以用酒店的方式。其实每家公司关于长短租结合都有它们自己的标准，区别在于大家标准的高低。未来域下一步要用酒店的标准来管理公寓产品，在管理标准上慢慢地打磨出自己的特点。

第一，公寓必须没有服务方面的差评，谁也不敢说差评能减少到0，但是未来域要求评分级别必须控制在4.6~4.8分，这是未来域的一个硬性指标。大家的起评分是4分，如果做得不好分数就会下降，做得好就上升，做到4.8分是很难的事。未来域现在的酒店评分是4.7分，好评率非常高，这也意味着未来域的服务和产品的管理体系已经形成了价值。

第二，未来域在打造品牌的时候就已经锁定了每个房间所有物料的成本，不管是五件套、运营物料的消耗品成本，还是所有功能物料的采购成本。一旦设定了标准，在品质控制体系下，未来域就不会因为要控制成本而损失品质，这是未来域这一轮品牌重塑的关键。

第三，未来域有自己的酒店团队，实际上是用酒店的方式在做销售。现在销售渠道都是开放的，没有说哪一家销售特别突出。其实销售业绩与产品好坏有直接关系，如果产品好，不用打广告就有人上门跟你谈合作。未来域将项目改造完以后，变现能力就会非常强，它对销售要求并不高，可能会用一些穿插的打法，既保障现金流，又保障品牌的控制力，通过这种方式来做长短租产品的销售工作。

（3）用互动机制串联多元化产品，扩充用户

未来域最早的目的是让租房成为年轻人的一种生活方式。后来，它发现需要做的事情很多，所以在未来的规划中，未来域将拟定一套自己的会员系统、积分机制、消费机制，建立独特的积分互动和产品互动的模型，客户可以拿到内部流转的积分或虚拟货币，用来消费其他产品。

未来域现在更想把多元化产品变成年轻用户日常生活必备的商品，或者设置一些场景，目的是扩充用户。其实未来域的逻辑早已转变为客户逻辑了，就是人们常说的互联网逻辑，但是未来域不希望用互联网这个概念。互联网更多的是针对传统行业而言，其实它是一个工具，是一种思维。未来域目前旗下的多种产品和资本方的用户基数，会在短期内让其客户规模扩张到相当大的体量，所以未来域以后拼的不是房间数，而是客户基数。不管是曾经住过的客户，或是现在正在住的客户，还是未来将要住的客户，其实都属于未来域的客户基数范围。这就是未来域

的客户逻辑。

总之，未来域已经做了大量的生活定制类消费产品，而且还在不断地深化，将来会有更多的服务内容，有更多可以组织的资源，这就逐步构成了未来域的核心体系。王宇认为构建核心体系不是一两天就能完成的，也不是整合一两个团队就能做到的，核心体系是一种基因，是要烙进未来域整个品牌体系里去的。王宇曾和很多人沟通过构建核心体系这件事，大家一开始的想法都是资源整合，而实际上，这不像组织一个公司、一个团队那么简单，它的核心是通过团队或者合伙人七八年的打造磨合形成互补的基因体系，以此来构建核心价值以及形成核心能力。

（4）凭借精准的市场定位，精准锁定客群

未来域在行业里深耕多年，非常了解市场。无论是国际公寓还是白领公寓、人才公寓，未来域都已经对它们有比较精准的客群定位。未来域针对这些人群，能够做好交付包，提供不同的生活方式，打造必配的功能化产品。

不管是公寓还是酒店产品，要想大量获客，还是要凭借精准的市场定位。未来域之前为什么会喊出女神社区这样一个口号？为什么资本方会和未来域产生了比较多的互动？就是因为“她经济”。未来域的公寓有一个特质，就是女性客群比较多，而且她们是城市新中产阶层。尤其是在家庭生活中，大部分的决定都是由女性主导的，比如在家居的物料采购方面。未来域要做的B端业务，包括采购业务、交付包业务，它的决策权就掌握在未来域锁定的客群手上。未来域的客群锁定很精准，越精准越好做文章，营销和品牌就越好做，企业的文化也就越容易形成。

四、未来挑战：品牌、人才、文化、资金

未来域在向全国最大的资产管理运营商迈进的过程中，仍然遇到了不少难题或挑战，主要表现在以下四个方面。

1. 品牌认可度要长时间培养

未来域遇到的第一个问题是品牌认可度。王宇说："你跟任何的资产持有者或甲方沟通的时候，关键要看对方是否认可你的品牌能力。我们觉得品牌认可度需要花时间去提升，一个是要靠我们自己努力，增加我们的成功案例，另一个就是开发商的觉悟和视野要跟我们吻合。这个时间周期和最终的结果不是我们能控制的，而是需要很长的时间去培养的。"

2. 人才的搜寻和配置不会太顺畅

第二个挑战是人才方面。因为市场白热化状态会对整个行业的平均赢利能力带来挤压，这就导致在运营过程中人才的搜寻和所有资源的配置会受到干扰。王宇说："假如我们是一个资产运营商，想挖一个五大行的人过来，但是一些开发企业比如万科，它有好的品牌和资本作为后盾，可以用更高的价格来争夺人才，那么我们在招募的过程中肯定会遇到很多障碍。所以我们觉得在团队组建和人才挖掘上，我们将会受到很多的影响，我们的发展速度也会受到影响。"

3. 新老团队的文化融合需要时间

第三个挑战是内控的问题。随着多体系的并行和新团队的整合，未来域发现，公寓团队在企业文化方面的融合需要时间。内部文化的融合，以及异地化管理和异地化扩张所带来的管控、风控的问题，也会影响未来域的快速发展。未来域即使不是多元化发展，而只是纯公寓发

展，也会遇到这种问题。

4.资金投入的时间节点和资金流量难以长期保证

第四个挑战是资金方面。资金投入的时间节点和资金流量也是未来域快速成长过程中的关键因素。王宇举例说："你给我1亿元和100亿元，我的想法是不一样的，你给我1亿元的时候，我的能力不一定只能做1亿元，但你给我100亿元的时候，我只能做10亿元的事情。所以怎么拿钱、拿多少、能不能拿到，都会影响最后的结果。"因此，对于如何确定资金投入的时间节点和资金流量，未来域在整个过程中也在不断摸索，但目前还没有定论，因为这个行业放在全球的层面都没有参照物。不过未来域也在不断地鞭策自己，希望在这个方面成为行业的标杆，引领全球公寓行业或者资管行业的潮流。

现在中国准备开放REITs，未来域在两年前就做了许多准备，配合中信产业基金等做了很多的尝试。其实在资产证券化和资产金融化的过程中，未来域更像是一个工具，这个工具的作用将会非常强大，因为市场始终会回归理性，增量资产总有一天会消耗殆尽，所有的商办物业，或者一些存量的、不可销售的自持物业，都需要内容的运营商给它们提供更多的内涵，创造更多的价值。

展望：努力活下去，希望成为公寓行业的苹果公司

所有行业最终的竞争力和壁垒都是品牌，即企业的品牌价值和企业文化，这些最终会变成企业的血液，一直源源不断地在企业的体内流淌。王宇说："未来域的身体里开始可能流淌的是二房东的血，但它一直在慢慢地换血，假如有一天我们能成为这个行业的苹果公司，那将会是我们为之振奋的一件事情。我经常讲企业荣誉感，而我们的每个员工也都在慢慢地塑造它，但前提是我们能存活下去。"

创业非常不易，在创业过程中不但要为实现理想而奋斗，还要让自己很好地活着。未来域一直在通过不同的资源的配置手段和其他一系列打法，让自己活得更好。只有活下去，才有精力去想未来能够触及或能够憧憬的一些事情。在让自己活得更好方面，未来域以前只能做到60分，现在可以做到70分了，未来可以做到80分、90分、100分。

第七章　窝趣：用“加盟+项目保底”模式突破轻资产运营困局

在租赁这个成长速度飞快的万亿级市场中，行业中的运营商如果能打造出基于品牌、管理、供应链、信息系统等多维度的高级平台，就能显著地提升在行业内的价值，如果能把这些价值赋能于第三方，就可以形成多赢局面。但是，长租公寓本身就是一个投资回报期长、管理难度大的行业，要想做出品牌并且输出品牌、管理来实现轻资产运营就更难了，即使消耗大量的资源和精力也不一定能成功，这是整个行业的痛点。

2015年4月，铂涛集团推出了主张“我·享·趣”生活哲学的公寓品牌——窝趣。与其他运营商先打造产品，后树立品牌的方式不同，窝趣在充分研究消费者的基础上打磨产品，为年轻人提供“舒适生活×趣味社交”的新享乐生活方式，目标是成为中国最好的品牌公寓运营商。

更值得注意的是，窝趣首创“加盟+项目保底”的轻资产运营模式：加盟商投资物业，窝趣负责从物业改造到后期运营管理的全链条服务，实现品牌和管理的输出，同时承诺为项目保底，解决加盟商的后顾之忧，让许多对公寓行业感兴趣但没有经验的投资人有机会进入，又解决了因重资产难以快速复制的行业难题。为支持这种新模式的落地，窝趣还推出“3+2”战略平台，提供品牌整合营销、运营、IT系统三大管理方案及金融、房屋销售两大解决方案，一站式解决公寓投资者、运营者的难点。对此，窝趣CEO刘辉先生（如图7-1所示）从商业模式的产生、运营机制及未来发展等几个关键点，进行了详细的阐述。

图7-1　窝趣CEO刘辉先生

一、管理为刀，独辟蹊径开辟轻资产之路

窝趣选择走轻资产管理的道路，经过了很多的考量。除了目前公寓行业拿房困难、成本高的大背景之外，从自身的层面来看，如何将企业的独特优势与行业趋势相结合，走出一条与众不同的新路，是窝趣做出这个决策的出发点。

窝趣一开始就明确要做轻资产，没想过做重资产，因为租赁行业需要大量的资金，通过股东自筹资本或者不断融资，这种模式已经变得越来越难以继续。于是，窝趣将发力点放在了管理上，通过管理技术和管理能力建立优势，借此吸引加盟商。

1.公寓市场是个长尾市场，要靠管理来吸引散户

公寓行业有三个核心：第一个是资金；第二个是资源，比如链家依靠原来的中介业务很容易获得房子，这个就叫资源；第三个是靠管理技术和管理能力提高运作效率。窝趣作为拥有酒店背景的公司，在前两个方面没有太大的优势，窝趣在资源方面表现一般，在资金上更是劣势。之前铂涛集团有一些经营得不好的酒店返给窝趣来做，但是

这种资源的占比并不是很高，窝趣主要还是从市场上获得资源。经过认真研究，窝趣认为与其在资金和资源这两个方面苦苦挣扎和打拼，还不如把第三个方面做好，真正地把坪效做得比别人高，提高客户的居住感受，那么市场上还是有很多人会选择窝趣的产品。一般企业并不具备窝趣这样的核心能力，所以只要窝趣能老老实实地把管理做好，一定会赚到钱。

公寓市场是一个长尾市场，大量的房子在二房东甚至是一些业主手上，分散在这个大市场的各个地方。窝趣现在还没打算进这个散户市场，目前的主要目标是在集中式市场，在这个市场中，窝趣现在的品牌集中度只有5%，但是未来这部分的比重会达到15%、20%，当然超过20%的可能性不会太大。只要把管理工作做好，面对这样的长尾市场，就不愁没有业务，因为大量的市场散户会主动找上门。

现在公寓行业有一些实力雄厚的开发商，如果在资金、资源方面跟它们竞争，窝趣不会有胜算，所以必须走差异化的道路，就是做好管理。未来不是所有开发商都会进入这个行业——现在有好几千家开发商，有些是象征性地成立自己的公寓事业部或者酒店事业部，真正来经营的并不是特别多。窝趣相信未来很多小开发商也会寻求合作，因为它们会有自持的需求，所以房源不缺。当然资金也不是问题，在这个市场上，只要超过市场的IRR就能拿到钱。凭借出色的经营管理能力，窝趣的IRR可以保持在18%~20%，而且随着项目数量的不断增加，资金端成本马上会往下降。

2.品牌能提升公寓的价格和竞争力

窝趣选择走轻资产管理的道路的另外一个原因是竞争，特别是来自各大公寓针对消费者的竞争，当针对消费者竞争越大的时候，对品牌、管理、效率的需求度也就越大。举个例子，窝趣在北京有个项目，隔壁就是某个公寓（原先不是公寓，也没有名字，后来改造成公寓，就随便挂了一个名字），这家公寓的出租价格比别人低，却始终做不起来，后来才发现原来它的隔壁是窝趣这样的品牌公寓，跟窝趣相比，它没有丝毫的竞争力，后来便主动找到窝趣寻求合作。

目前在所有客户选择窝趣的原因中，选择地理要素这一项的比例是37%，而排在其前面的是窝趣的风格。喜欢窝趣的这帮人，喜欢里面的窝友，这跟窝趣建立这个品牌的初衷一样。客户对这个品牌价值的认同感在提升。正是由于窝趣提高了服务质量，提高了品牌价值，才能有更高的出租价格，才能吸引这些有支付能力的人过来住。

3.窝趣能赢得市场竞争的四个理由

受限于资金、资源是公寓运营商的共同痛点，希望做轻资产管理输出的不仅仅是窝趣，大家都想这么做。那么问题就来了，为什么客户一定会选择窝趣呢？其他运营商也想做开发商的资产托管，也想和开发商合作代理它们的物业。客户在做比较的时候，选择窝趣而不选择其他运营商的理由是什么？特别是在初期，窝趣还没有大量的成功案例，没有足够大的规模，它又怎么彰显品牌效应和管理能力呢？

一个企业的运营能力、核心管理能力要让市场知道，其实需要一个长期的实践过程。在过去两年，窝趣确实在这个方面投入的时间和精力比别人多。因为前期没有达到一定的高度，或者大家还不能完全认同，市场确实对你的需求比较低，所以要能够迅速形成核心能力，快速跨过这道坎。当你能做到被别人认同的时候，所有人都会把资源放到你这里，资金来源就不是问题。窝趣并不能保证会成为市场的第一名，但是其定义的目标是成为中国最好品牌的公寓运营商。品牌公寓运营商要思考以下几个问题：在这个核心的平台上可以做什么事？为什么能做到这些事？为什么能让客户优先选择你？针对这几个问题，窝趣做了以下方面的努力。

（1）提前进行大量研究，对客户的理解更深

窝趣与竞争对手的差距和不同在于对客户的理解。窝趣在进行品牌输出之前，已经做了大量的研究。窝趣曾经有大半年时间没有签约，而是在研究消费者。窝趣派员工到处去参观，到处去比较竞争能力。窝趣在消费者的研究上花了不少的精力，这是其成功的基础。

（2）有12年连锁酒店管理经验，理解更深刻

做公寓是非常烦琐、非常辛苦的事情，要踏踏实实地做这件事情，要下一番苦功，就像是擦马桶要比别人擦得好，拖地要比别人拖得干净。管一栋楼、1 000间房，其实没什么问题，但是当管到10栋楼甚至更多栋楼的时候，特别是涉及跨区域连锁管理时，对管理的要求就更高了。比如要在北京开店，是从广州招人还是从北京招人？如果从广州招人，这个人为什么愿意去，他愿意在那里常驻吗？如果从当地招人，最大的风险就是公司对这个人无法进行有效管控（在当地设立管理团队，公司的管理成本会上升）。在这样的连锁管理方面，窝趣有着12年连锁酒店管理的经验，在专业上的理解更深刻一点。窝趣依赖于IT系统，现在开了十几家店，凭借标准的连锁管理经验，每个店里就只有三个人员：一个出纳、一个会计、一个经理。

（3）引入实力合作伙伴，增强核心能力

窝趣还与行业内外的知名企业积极开展合作，比如58同城、恒天财富、安居客、广电地产等，通过不断地增加资源、增加能力，把管理这一块做好，其实就是为了加强自己的核心竞争能力。

窝趣和58同城在流量、IT技术、家政服务、房源的获取，甚至在销售上开展全面的业务合作。窝趣把58同城定义为一个战略的投资者。

58同城是一个很好的合作伙伴，很多品牌运营商的60%客流来自58同城，窝趣也有大概30%的客流来自58同城，因为窝趣还有铂涛集团的会员系统支持。

恒天财富是全国比较有名的一家资产管理公司，它管理很多高净值客户。窝趣与它的合作主要是直营项目和投资项目。窝趣原来一直是做纯轻资产的，后来也适当地增加一些重资产的比例（采取包租的方式），比如有些窝趣看好的项目，而加盟商又不愿意做的，窝趣就自己去做。因为恒天财富给的利率比较低，方式也比较灵活，所以窝趣与它进行了一些这样的合作。

（4）首战业绩超预期，用实例说话

窝趣的第一个出发点是要形成差异化，再结合资源把品牌包装好，靠的是铂涛集团的品牌支持。铂涛集团从7天连锁酒店起家，后来开发了高端酒店，都是把品牌放在最前面。

2015年5月，窝趣签了第一个项目，当时测算单间一个月的租金是2 000元。究竟能不能做到窝趣自己也不知道，但是加盟商决定做这个事情，因为窝趣的团队都是铂涛集团的核心骨干，加盟商相信铂涛集团的管理能力。加盟商有一个要求，如果连续几个月出租率达不到70%就结束合作。后来这个店在9月份开业，开业之前就在预售房间，开业当天的入住率约为60%，之后很快就达到90%。该店每个房间平均每月要交给窝趣3 500~4 000元，超出原来的预期非常多。在这个过程中，窝趣品牌的核心价值、服务和管理效率获得了提高。该店有将近150间房，窝趣只用了不到三个人便提供了全面的服务，因为它使用了大量的智能设备和技术手段。结果是效益很好，加盟商很开心。第一个店经营起来之后，窝趣就更有信心了，在2015年5~9月又签了一些项目，其中还包括一些酒店的项目。

通过这样一个具体的案例，其他公司看到了窝趣的实力，便纷纷加盟。

二、加盟+项目保底，做到基本四年就回本

依托于铂涛集团在连锁加盟、运营管理、专业人才储备等方面的优势，窝趣结合公寓行业的特点，开创了一套适合这个行业的“加盟+项目保底”模式。在这种模式下，加盟商被定义为投资人，就是出让物业，剩下的全权委托给窝趣。窝趣不仅要对运营的结果负责，还要负责人事、财务、管理等各个方面。加盟模式的好处在于投资人不需要创建一个新品牌，可以直接共享窝趣的既有品牌价值，另外也不需要付出更多的试错成本。这样一来，加盟商付出少量的改造费用和运营费用就可以使用窝趣的经营团队、IT 系统、品牌影响力、会员系统。同时，项目保底计划也免除了赢利的后顾之忧，可以吸引更多的投资者加入。

在公寓的建造与经营环节，窝趣对外输出“品牌影响力”“房屋改造方案”“社区经营”，加盟商则负责出让物业来入股窝趣的项目。加盟商可以自己提供房子，或者由窝趣寻找房源，然后由加盟商将其租赁下来。在前期，窝趣给加盟商提供很多行业顾问的报告，提供市场预估、分析、排房、设计等各方面的资料，达成合作意向之后，就按照窝趣的标准施工。窝趣也会给工程提供设计、辅导，甚至给加盟商提供全方位的帮助，工程完工以后由窝趣来负责运营。加盟商负责投资，窝趣来运营，运营团队也由窝趣派出，收到的钱也由窝趣先保管。每个加盟商可以通过窝趣的系统看到这个房间里住的是谁，有没有付款，付了多少。

加盟商可以分为两类：第一类是自有物业的加盟商；第二类是窝

趣建议其拿物业的加盟商。有些加盟商投了第一个项目，马上就会投第二个。另外，在加盟商投资这件事情上，窝趣提供了全方位的服务，如果客户有投诉，都由窝趣来解决。有的加盟商在前期可能不放心，经常到分店去看，去了以后也会提意见，但是它不能直接提出调整方案，而是要通过窝趣来进行调整，这样就保证窝趣在管理上的控制力。

那么，窝趣的保底计划具体是如何操作的，又是怎么实现保底的呢？

1.选对项目，关键看区位和市场

除了品牌和管理之外，项目的前期选择对于保底模式的成功实施也很重要，有两个核心要素：第一是选址，第二是对市场的判断。

窝趣在项目选址上有自己的要求，并不是进入所有城市。目前只开放了七个城市，分别是北京、上海、广州、深圳、杭州、南京、武汉，其他城市的项目要通过特殊审批才能通过。在这些城市中，窝趣选择核心区域或半核心区域，因为这些区域离地铁站和交通节点的距离比较近。

在市场的判断上，窝趣主要考虑未来的租金和成本，通过对比周边的房价来判断未来的出租价格。窝趣有一个基本的做法，比如说要做到比周边同类房的房租高30%，再把未来的房价考虑进来，然后就反映出一个出租价格。成本其实可以很容易得出：第一个是根据租金确定成本，看平均的租金是多少；第二个是要看投入多少钱，这对窝趣来讲也很容易，只要测算工程量就知道要多少钱，这是窝趣的专业能力；第三个是经营成本，网络费、营运费都由窝趣支付。

2.保证回收期，通常四年就能回本

窝趣保底模式的关键是回收期，因为回收期决定了一切。窝趣基于项目本身进行判断，然后把它还原到测算表上，测算表算出来是多长时间，窝趣就保底多长时间。保底时间一到，加盟商就能回本，如果回

不了本，窝趣就补贴给加盟商。保底运营模式对管理的考验非常大，在前期的项目选址方面就要比其他模式多负很多责任；在前期的施工方面要保证工程不能超标，加盟商要按照窝趣的要求来做，否则窝趣应及时纠正；在做评估、市场判断的时候要比别人更准确；在组织流程上也要相应地发生一些变化。窝趣有一个非常强大的项目评审团队，负责项目的评审和把关，所以现在有很多项目都来找窝趣，由窝趣进行项目评审。有的加盟商与窝趣签订合约之后就会完全依赖窝趣，按照窝趣的要求运作。

保本的时间一定要让加盟商满意，比如项目的周期为10年，如果算出来8年后才能回本，加盟商肯定不愿意。对加盟商来讲，4年的回本期限是一条心理底线，超过4年，它们一般就不会考虑了。其实投入的总金额是既定的，只要回本的时间不太短就能做，比如4年回本，如果只签5年，这个项目就不能做，因此一定会签8~10年。如果签10年，IRR能够达到20%，这个指标非常好，如果再考虑房费的增长，IRR就有可能达到30%。

4年的回收期是窝趣在一般情况下预估的时间，这是一个心理底线。有的项目可能签约10年、15年，那么回收期可能会往上提一点。比如回收期为5年，基本上IRR能够维持在25%~30%，这就是一个很好的项目。如果项目的签约时间短一点，那么窝趣的保底期限可能是3.5年。此外，如果是自有物业的加盟商，它可以在两年甚至一年半的时间内就把钱收回来，也不需要保底，只要认可窝趣的品牌和管理能力就可以。

窝趣之前碰到很多轻资产的项目，比如一个加盟商有一栋楼，问能不能做成公寓，窝趣对这栋楼进行了全面的分析，包括租期、工程条件、排房图与未来的市场分析，以及客源从哪儿来，住什么人，等等，然后算出成本可以在四年内收回，如果IRR能够超过20%，这就是一个很好的项目，至少比做成公寓前需要七八年的回收期要好得多。加盟商觉得对长租公寓不了解，说要再考虑一下。后来它做了二房东，把楼租给别人做办公楼。从这个加盟商的背景来看，它有实力，不缺这几百万元，只是最后没有做成公寓是因为它对这个行业不了解。因为这个行业太新了，就像让一个没有经营过酒店的人来经营酒店一样，他要从低投入的经济型酒店做起，并不会一开始就做中高端产品。

在做中端产品方面，窝趣认为应该通过核心竞争力给市场一些信心和承诺。如果测算出四年能够收回成本，那么假设投资了800万元，基本每年可以收回200万元。如果到第四年只收回了700万元，窝趣就会补差价；如果加盟商第四年收回了900万元，就分给窝趣一些。窝趣一开始确定了一个比较高的分红比例，后来觉得不需要这么高，一开始并不是为了赚钱，而是为了做更多的发展。因此，周期后半段从第5年到第10年这6年的利润窝趣不抽成，全给加盟商。窝趣通过这样的操作方式，希望给市场更多的信心。当然在加盟商参与的过程中，窝趣还是有收入的，它可以收取管理费和加盟费，这是保底模式的基本操作。

3. 吸引加盟商，两年签约5 000间房

如果四年回本是一个心理极限的话，市场上会不会出现无房源可拿的情况？行业内都觉得公寓现在拿房价格很高，尤其是好的地段、容易出房的项目，五六年都回不了本，但是窝趣要求四年回本，这是否意味着符合保底计划的公寓变少了，加盟商的数量也受到了限制，从而导致无法满足规模扩张的要求呢？

窝趣并不认同这个观点。与那些做金融贷款的公司接触后，窝趣

发现，金融贷款公司真正放款给品牌公司的并不多，它们大量的业务还是小散户，比如魔方金服的贷款成本是18%，最低也不会低于15%，而且魔方金服的贷款要在三年内还清，那些二房东的回报率不可能超过18%，所以它们不敢向魔方金服贷款。另外，这个行业的贷款比例其实并不高，只有20%的项目需要贷款，大部分是依靠自有资金，所以窝趣认为，小散户更有办法拿到很多便宜的好房子，市场上还是有很多这样的项目现在在一些不知名的小散户手上。市场上的长尾还是这些小散户，如果窝趣的表现好过它们的预期，就能够把它们吸引过来。

既然小散户可以用便宜的价格拿到相对较好的房子，为什么它们不自己做，而是要给窝趣来做？因为它们是有利益需求的。前面讲到一个例子，自己经营的公寓竞争不过隔壁的品牌公寓，隔壁卖的价格还比自己要高得多，这说明小散户做不出品牌，做不出市场。今天的90后需要的是有品质的产品，而不仅仅是住一下。大家都知道未来品牌公寓一定会占非常大的比重，所以小散户觉得这个方向可行，找窝趣合作是一件双赢的事。

在过去的两年时间里，窝趣签了50多个项目，共5 000多间房，大多是加盟项目，而2017年上半年就完成了2016年全年的量，这其中有组织结构的推动作用，也有市场发展的推动作用。因为有新的股东进来了，窝趣的组织结构变得更加灵活，加盟商对窝趣也有更多的了解，因此能够获得董事会更多的支持和授权。

4.效率换效益，75%的门店出租率超过95%

做公寓除了物业投入外，还包括装修改造投资、运营管理投资，以及后期维护保养投资。成本和效益是公寓加盟模式不得不面对的问题。一般来说，在短期内规模扩张得越快，集团的管理成本的分摊就越快，窝趣两年5 000间房的数量与一些进军公寓行业的大开发商相比并不算多，那么窝趣怎么和大量的快速上规模的企业抗衡、竞争呢？除了规模和成本之外，窝趣的核心价值是能够做品牌输出，做轻资产输出，这就意味着窝趣可以提供更多的附加值。但是在窝趣目前的发展速度或管理规模下，成本效益可能不一定会体现出来，最后的成本是否会比不做轻资产输出更高呢？对此，窝趣给出了如下解释。

（1）资金投入和单店效率更关键，不能只看规模

窝趣两年前的扩张速度更慢，那时半年只签了个位数的项目，后来扩张速度逐步提升。窝趣认为公寓市场才刚刚开始，它是可以做10年、20年的生意，并不用着急。开发商明年、后年会有什么样的动作还不清楚，或许某个政策发生了变动，它们便会做出很大的调整。对于重资产公司来讲，除了分担租户的成本以外，更大的压力来自资金成本和单店效率。

市场上的公寓项目每个都要几百万、上千万元的投入，而加盟模式不需要在工程施工、寻找项目上使用大量的资金和人力。窝趣现在的核心是运营体系，它只在IT系统、品牌包装与营销模块上投入，其他方面不怎么投入，即使有投入也可以收回来。比如一家店投资1 000万元，窝趣提供设计，设计费是20万元，所以窝趣的设计团队是一个赚钱的部门。工程团队也是赚钱的部门，还有很多其他的赚钱部门。如果某个公司的总部成本是1亿元，窝趣的成本只有它的10%，对窝趣来讲，投入的仅仅是人力、系统的开发成本，所以其成本是比较低的。窝趣认为如今公寓市场的竞争比的不仅是速度，还有耐力，因为这是一场长跑运动。

（2）门店平均出租率95%以上，非房费收入占比超过21%

加盟商选择和窝趣合作，最根本的要求是赢利。既有的项目表现

出的绩效结果能否很好地表现在财务数据上，比如出租率、满意度、租金、毛利率等，是验证窝趣“加盟+项目保底”模式最好的标准。

窝趣有17%的店是满房，有75%的店的出租率在95%以上，这个数字在全行业还算不错。剩下的25%是新开的店，还在考核期。窝趣是这样计算满租率的：如果某店有100间房，那么全月就按100间房×30天进行收费（满租），如果某一天有一个人退租，后面没有人接上，就达不到满租的要求。有些房间是空的，属于刚开业的状态，这种状态的出租率自然要低点。

窝趣的客户满意度最高是95%，最低是84%。从84%到95%有一定的波动，这个波动在可接受的范围内，毕竟店和店之间有差异。窝趣希望通过连锁管理能把波动值变小，这就取决于管理能力。如果管理能力强，那么波动值就会变小；如果管理能力不强，波动值将会变大。

窝趣的毛利率最低是36.7%，最高是68%，出现这样的差距主要原因是窝趣的房源价差很大，不同项目获取的成本不一样。另外一个原因是所处的区域不一样，价格越高的区域，毛利率越低，因为获取房源也越贵；价格越低的区域，反而毛利率越高。

窝趣的整体经营能力是超过预期的，具体可以体现在以下几个方面。

- 项目审核，投资可控：基于对项目的专业测算，窝趣会优先选择IRR高于18%的项目。
- 租期产品多样：目前公寓行业一般要在12个月完整租期后才可进行调价，但窝趣的租房合同里面有四个产品，包括1个月、3个月、6个月和12个月，这样便可灵活搭配，助力于租金的增长。
- 租金增长稳定：以实际的经营数据来看，窝趣的平均租金年增长率是12%，最低的增长了7.2%，最高的增长了15.2%。这个也是完全超过预判的，因为窝趣在进行项目测算的时候，是按3%来测算房租增长的。

窝趣首创的“加盟+项目保底”轻资产运营模式主要是根据测算，承诺回本年限，如果在承诺年限回不了本，则差多少补多少，一般情况下四年是一条心理底线。那么，把IRR为18%的项目选进来，四年回本的项目IRR可能达到22%。基于以上的预判和实际经营情况，窝趣的保底模式是完全可行的，既能够加速窝趣发展，又提供了一种相对无风险的投资方式。

窝趣现在的收入包括两个方面：一个是房费收入（租金差）；另一个是非房费收入（品牌和服务溢价）。窝趣的品牌和服务溢价目前来看还是体现在房价上，房价提升，非房费收入随之上升。非房费收入现在占到总体收入的21%，在未来会更高一点。非房费收入包括物业管理费，这是纯粹的收入，还有水电费、商品销售的收入。窝趣现在的管理费最低是200元/月，租客已经明确地知道管理费不同于房租，所以他们要求提供更多的服务，消费者对服务已经越来越关注了。未来窝趣希望增加服务的品种。长租公寓并不是一定要达到很大的规模才能够做非房费收入，关键是消费者是否信任你。如果消费者对你的品牌足够感兴趣，对你足够信任，你推荐的产品他们有足够的了解，他们是会买单的。

三、“3+2”战略平台，支撑全链条服务体系

为了支撑轻资产管理模式的落地，保障全链条服务体系的有效运转，窝趣提出了“3+2”战略平台。其中，“3”是指品牌整合营销、运营、IT系统三大管理方案；“2”是指金融解决方案、房屋销售方案。有些方案是为了解决窝趣核心的坪效问题，有些则是为了获得更多的项目。

1.品牌营销方案：整合品牌、产品、会员三大体系

窝趣一直在打造的核心是品牌整合营销，它包括几个内容：第一个是品牌形象；第二个是将品牌形象浓缩到产品和服务上；第三个是会员系统。

（1）输出品牌，授权品牌形象

窝趣的目标是输出品牌和管理，从而实现轻资产的运营。品牌输出和管理可以有不同的操作模式。一方面，窝趣把牌子和品牌形象授权给合作伙伴，所有的加盟店挂的都是窝趣的牌子。另一方面，窝趣也可以开发自有品牌，比如跟广州一家比较大的房地产开发公司广电地产合作，成立合资公司，窝趣把这个品牌叫作“广电·窝趣”。窝趣会管理未来广电地产的一些商住楼，这是一个品牌输出的开始。开发商很聪明，它经营一个酒店事业部，三四个人一年要花两三百万元的成本，而窝趣出三四个人就很便宜；而且这次跟窝趣合作，合作公司无须付出人力成本，项目全部是窝趣现在的团队兼职来做，开发商没有必要自己组建团队来做这件事。并不是所有的开发商都跟旭辉集团、龙湖集团一样，有魄力敢在外面拿房子自己做公寓。窝趣无非是解决其他开发商在未来拿到地、拿到房子后要解决的事。有人说前10名的开发商会自己做，那么即便假设前20名的开发商都会自己做公寓，还有好几千家开发商是有需求的，所以窝趣对未来的前景颇为自信。

（2）为客户画像，将品牌形象浓缩到产品和服务上

不同于一般公寓先做产品后建品牌的做法，拥有铂涛集团创新基因的窝趣为了精准地把控用户的需求，采用了“品牌先导”策略，即先从研究消费者着手，进行品牌定位，再从客群需求与定位出发，设计、开发产品，把品牌的价值观落地到产品和服务上，这是一整套的体系。品牌公寓目前在市场上占的比重还非常小，只有5%，未来也许能

到20%。所有的品牌公寓应该解决的问题是做好经营，实现差异化，而不是跟民宅混到一起。如果和民宅卖一样的价格，品牌溢价怎么出得来？所以窝趣一直沿着品牌公寓这条路去走，不是要垄断这个市场，而要做到60%、80%甚至100%高溢价的房子。窝趣相信，未来这个品类会不断地壮大，前提是要做得足够好。

首先，为客户群体画像，找到愿意为高品质花钱的人。绝大部分消费者在选择公寓的时候，首先看位置，然后看价格，最后看品质。这部分人群不是窝趣的客户。窝趣要的是有品质的人群，今天和未来，窝趣都是在以这个人群来进行产品定位的。窝趣相信，只要有超过20%的人追求品质好的房子，就可以支持好的公寓品牌在这个市场上的发展。2014年，窝趣在铂涛集团立项的时候，有一个很大的内部讨论会，当时给某个项目的定价是3 000元/月，它对面的一房一厅才租2 500元/月，大家都认为不可能租得满。今天该项目的一家店可以租到3 500元/月，而且每个月有10~20人排队，这个店的出租率为100%，所以真的有一部分消费者愿意为有品质的产品付费。

其次，根据客户需求，打造动人的产品细节。窝趣提供的不只是一所公寓，更是一种价值主张，这一主张来源于多次调研后对客户群的精准把控与素描。窝趣的新价值主张是“我·享·趣”，代表三个核心价值观：“我”是个性化，要与众不同，“我”是另类的、时尚的；“享”是要享受生活，年轻人不必要把生活过得那么苦，拿着五六千元工资的人，住着窝趣三四千元公寓的人很多，这就是“享”；“趣”就是希望生活多姿多彩。这些价值体现在产品上，就是个性化的、舒适的设计风格，比如北欧风、榻榻米、马卡龙，这些都是年轻人所喜欢的。

窝趣有三宝，就是五星级床垫、左右沙发和阳光大窗。以床垫为例，现在公寓行业大多都在用四五百元的床垫，而窝趣一开始就用1 200元的床垫，现在还换成慕斯床垫。其房间跟别人的差不多大，但床不一样，睡在窝趣的床上，感觉非常舒适。另外，窝趣的房间都不大，整体的设计逻辑就是把客厅的2平方米挪到大堂去，这样房间的功能就是睡觉、洗澡以及简单的办公，其他的活动就到大堂去，这样有效地节省了面积。现在平均下来一个套内面积大概为20平方米，100间房的大堂有100平方米。窝趣的这种设计模式，使得使用效率很高，在产品上兼顾了客户感受和商业价值。

再次，增加服务式公寓作为短租，产生联动效应。广州的客户如果去北京、上海出差几天，以后就可以住窝趣的服务式公寓。窝趣一直觉得白领公寓这个产品做短租不合适，因为短租和长租是不同的维度，长租可以接受条件稍微普通一点的房子，但是如果只是几天到半个月的出差人员，住宿费不用自己支付，他们自己会选择更好的房子。所以对于出短差的客户，窝趣的白领公寓产品便不再合适，窝趣也不愿意在这上面提供短租产品。服务式公寓可以满足出短差客户的需求。服务式公寓的一个房间建筑面积为50平方米，套内面积为30~40平方米，又大气又有24小时服务，这就是窝趣增加这个品类形成联动的核心原因。这些服务式公寓主要布局在二三线城市，以二线城市为主，三线城市为辅，因为这些城市的空房多，拿房价格便宜。窝趣有铂涛集团的短租平台，包括7天连锁酒店和铂涛集团旗下的酒店，而铂涛集团的体系里面可以分配40%~50%的客人。窝趣并不担心三线城市的入住率，因为大部分这样的项目，越在小城市越是地标，越是核心。

（3）通过引流和地推积累高消费能力的会员

在长租领域培养会员是超级困难的事，但是窝趣现在有大概4万名会员。这些人是怎么来的呢？一部分是从58同城或铂涛集团来的，因为窝趣也有铂涛集团的App，客人来铂涛集团看房后如果有意向，在填写资料后，他们就进入了窝趣的会员系统。会员系统有券、有积分，为的是有效地激活客户。另外，窝趣在周边的小区和节点上做了很多的会员发展工作：“地面部队”发现有人要租房，就推荐窝趣，推荐他们到窝趣去看看；加入会员还送客户1 000元优惠券。这样就会积累一大批非常有消费能力的会员。这些会员是窝趣在排队、预约上核心的基础力量。这些会员一旦真正被激活，未来窝趣品牌的价值就非常大，所以会员系统也是整个品牌营销方案的一个重要部分。

2.运营管理方案：实现系统自动优化和更新

运营管理方案分成两个方面，一个方面是对窝趣所管理业务的全链条的支撑，就是各个环节都能够管理，不能够有漏洞，有漏洞就说明业务不专业。窝趣在管理住房这方面足够全面，从选址、设计、施工、运营到后期维修，全部都考虑到了，所以全链条上的问题不大。另一个方面，也是更重要的一个方面，即对相关体系的不断自动优化和更新，它不是来自公司领导，而是来自这个体系自身的运转，如果是靠公司领导发现数据不好，再去指责工作人员，这个公司是不能自主循环的，所以窝趣建立了一套自主循环的系统。

（1）运营管理的核心问题是提高客户的满意度

运营管理其实最终就是以客户为导向，客户要真的觉得好，才能够持续住下去，即使多收300元他也愿意继续留在这里。能够达到这个效果的前提在于管理者能否对每个环节提供精细的指导。管理一家店很容易控制，但是一旦管理了很多店，甚至当管理不同地区的多家店的时候，可能半年都去不了一次，那怎么知道那个店管得好不好？怎么知道员工在接客户电话的时候，回答的内容是不是标准？员工对待客户的态度好不好，有没有谩骂客户？员工的积极性高不高，是不是要求12个小时内做完的事情，他第13个小时才去做？

首先，要有一套办法去感知、去了解，然后还要有一套体系去优化人员、管理和服务质量；其次，有可能产品设计是错的，不能满足客户的要求，或者制定的标准化作业程序本身就是错误的。应该怎么优化它？核心是要了解客户，然后把客户的这些评价变成一条条可以改进的执行方案，这才是最重要的。窝趣团队有十几年的连锁酒店管理经验，所以能在这些方面发挥很大的作用。

2017年，窝趣实现了全部线上支付，所有环节实现无纸化办公，所有的付费不能线下付，线下支付就属于违规，就和公交车司机不能碰现金是一样的道理。另外，在每个环节客户都可以评价、打分，目前，窝趣的整体满意得分是88.99分。窝趣可以很清晰地知道每个店有几个投诉，还把投诉分成严重投诉和非严重投诉，有些只是意见反馈，窝趣也把它计到店长和管家的绩效里，这样形成了窝趣的一个自循环体系。运营部对这个标准和总部负责，每个月都要收集指标，如果整体指标没有进步就要承担责任，如果是因为标准有问题而执行不好，客户不满意，那么就要倒回来修订标准，所以窝趣的这个自循环体系是一套不断循环、不断提高的体系。

（2）建立、更新标准手册，缩短装修周期

首先，窝趣有供应链。所有采选购买都是按标准执行，不需要谈判，直接在体系上采选购买，这个价格一定是市场上最低的。如果不是最低的窝趣就给予补贴。窝趣目前是共享铂涛集团的体系，铂涛集团现在每年要开业500多家店，一家店按100间房算，大概5万间房，这么大的集中采购体现出了成本优势，窝趣买空调、电视都非常便宜。

其次，窝趣有标准手册。按照这个手册施工就行，施工单位一看就知道门要做成什么样，要用什么锁，通过这个手册做到标准化、模块化，以此来提高装修的速度。在施工上，如果加盟商没有能力，窝趣可以施工。这个制度其实并不难执行，问题是相应的标准难制定，比如厨房得设置多长、多高，这些细节研究要花大量的时间。产品每升级一次

就出一版这样的手册，新版的手册交给加盟商和施工单位，让它们按照这个来做。窝趣在标准制定方面做得还算比较细。

如果是标准房型，只要按图施工就可以。如果不是标准房型，在不标准的部分单独做一下设计就可以了。比如有的是小一号的，有的是不同风格的。标准手册里有六种不同的房型，大多数项目只要按图施工就可以了，所以施工效率比较高。窝趣专门有一个团队做这个事，这个团队包括工程部和客户体验部，它们用了一年多的时间做到了标准化：首先要了解消费者，然后把图画出来，把样板房做出来，做样板房的过程中有大量的调整，不行就再做一个样板房，直到合适为止，最后再搬到店里面执行。先做两三个项目，消费者都反映好的就变成标准化的内容，这里面凝聚了大量的心血。

最后，窝趣还有专业的检查标准。一个项目至少要检查五次，检查的结果必须要达标，检查不合格的必须推倒重来。比如很多品牌刚进入市场时没有经验，用了12厘米的墙，而窝趣的标准是15厘米的墙加上3厘米的材料，达到18厘米，这样做是为了提高牢固程度和隔音效果。如果达不到18厘米，则检查结果不合格。在检查过程中及时发现问题，及时整改，这是提高工程效率的有效办法。

（3）从开业到满房最快只需39天

窝趣的出房速度，最高的是从开业到满房39天，不知道这是不是足够快，但是窝趣觉得在现有的体系里这个是最先进的。这是与58同城合作之前的速度，与58同城合作后这个速度会更快。

总之，做运营管理不能光靠人，不能光靠机会，也不能只看哪个地方位置更好。对窝趣这样一个平台来讲，第一，要更看重体系的建设，保证在每个项目上的人员不会出现太大的偏差；第二，管理系统要完善，要求在某个时间节点做销售就必须做，比如要求在开业前一个月必须把样板房做好（即使还在刷墙、铺地板都没关系，因为样板房可以看了），然后开始预销售，这时就会储备一部分客户；第三，要求在某个时间段内发展一定数量的会员，把他们储备起来，让他们先排队，房间没开始出租没关系，先把这个体系搞好。这些其实是窝趣缩短整个周期的核心要素，有很多公司可能现在还是等到有房才出租，或者通过传统的方式来做，而窝趣已经利用一些新的系统进行了新的尝试。

3.IT系统：提升效率，降低成本和空置率

IT系统主要是解决内控、管理、环节标准化的问题。窝趣现在使用的IT系统是根据自己的运营需求进行设计和改造的，没有购买，也没有与别人合作。铂涛集团旗下有一个互联网公司，这个互联网公司是与窝趣共享的。窝趣大体上的IT思路有两个：第一个是实现完全智能化、流程化、无纸化；第二个是把IT的方向由业务操作变成一个管理系统，这个系统中的业务全部按照流程去操作。

（1）智能化系统降低成本和空置率

智能化主要体现在几个方面：首先是智能门锁，这是必备的；然后是付费的自动提醒，比如租户欠费了，系统会自动发消息给管家，然后发消息给客户。窝趣欠租的比例非常小，现在运营的几千间房，一个月超过三天以上欠费的只有个位数。因为当出现客户欠费的情况时，系统会马上报告，窝趣就知道情况了。有些一个月都没付费的，系统会直接锁门，没有人可以开绿灯，只有将欠款付清后，门才可以打开，所以管理非常严格。这也是窝趣敢放心这么多店配备一个会计、一个出纳的原因。

除了给这么多店只配备一个会计、一个出纳外，窝趣还做了一件很大的事，就是所有的退租由总部退钱，而不是分店退钱。总部要审核客户之前的付费情况、账单情况，然后再把银行的钱转给客户，将押金

退给他，处理周期最长为三个工作日。智能化还可以通过一些自动匹配来实现，比如窝趣今天应该收到50万元，当银行账上收了50万元时，就不用去查系统了，这样，窝趣的效率提高了；如果客户通过微信、支付宝来付款，一旦出现错误，系统便会自动报错，不需要人力解决，这样也减少了人员的成本。

窝趣还开发了一个会员排队系统，一些店通过智能系统实现租客和空房的匹配，一旦有房子空出来就能把房子出租出去，中间是零对接。其实开发这个系统非常困难：客户有时候提前10天才告诉你是否退房，虽然合同写明要提前一个月告知，但是他可能说没有注意相关条款，以至房子有20天的未知状态；窝趣是以“客户至上”为宗旨的公司，又不能赶客人走；而且，窝趣还要提前知道客人的喜好、价格的接受程度和对房间的匹配程度。虽然这个系统非常难开发，但窝趣一步步地克服困难，逐步地上线这样的系统。

（2）对租客进行趣味度评分

窝趣有一个趣味度评分，要求所有门店要对长租租客进行评分，低于某个分值的人不要，他要能跟窝趣的趣匹配。窝趣测算有10%的人过不了这一关，即使店长想让这个人住进来，但系统不允许，后面签约、付费都实现不了，所以店长就不敢违规操作了。另外，一旦违规，窝趣还会安排相关人员进行稽查，稽查结果出来后，店长就会被开除，严重的甚至会报警。

4. 金融解决方案：提供纯信誉贷款

金融解决方案的主要目的是解决窝趣未来直营项目、加盟商投资项目或纯加盟商项目资金短缺的问题。窝趣通过目前合作的基金和银行，提供一些金融服务给这些项目，没有任何抵押，利率也不算很高，年利率是10%~11%。

银行会贷款给这些项目主要有两个原因：第一个原因是有窝趣的背书，如果这些项目没有跟窝趣签加盟合同，银行不会提供贷款，因为银行觉得跟小散户合作的风险太大，而窝趣介入之后，它会管理整个项目，财务是透明的，所以银行觉得这个有保障；第二个原因是银行一直与铂涛集团合作，有些基金对公寓行业的理解比较深刻，所以银行愿意提供贷款。

5.房屋销售方案：通过卖房产生联动效应

房屋销售方案主要是解决开发商的问题。其实在二、三线城市，开发商希望尽量多卖住房，一线城市虽然房子好卖一点，但是多一个销售渠道总归是没有坏处的。窝趣的第一个做法是给楼授权，挂上窝趣的品牌。买房的人觉得这个房子被一个品牌公司打理，增值有保障，而且返租也有保障。返租有几种情况，具体看合作的方式：有些项目是加盟商返租；有些项目是开发商自己做加盟商并承诺满租，由窝趣代管，由开发商补贴；有些项目是窝趣直营，比如窝趣直接跟小业主签约。总之，由窝趣授权的房子比较有保障。

窝趣的另一种做法是跟安居客开展合作，即与安居客在房屋销售代理方面进一步加强合作，因为安居客是线上最大的房屋代理机构之一，它的销售渠道更多。与安居客合作之后，窝趣在房屋销售代理这一块可以产生联动，也可以接收安居客未来的一些代理项目。

四、看好未来，轻资产扩张还需跨过两道坎

关于整个公寓行业和品牌公寓未来的发展趋势，以及资产证券化、REITs在中国的发展进程，业内持乐观和悲观态度的都有。窝趣也有着自己的判断，同时对轻资产模式的进一步扩张进行了认真的思考，认清了前进道路上的困难和挑战，并提早做了准备。

1. 品牌公寓比例会提升，政策变化影响盈利

窝趣看好公寓行业的发展前景，否则也不会执着地在这个方向上做了两年多时间。从年轻人未来的生活趋势来看，租房是必然的趋势，租品牌公寓也是绝大多数人的选择，因为品牌公寓的档次较高。品牌公寓的比例在很多国家超过了40%，在国内也一定能达到20%，甚至会达到30%。政府未来可能会租地，而不再以某个价格批地。如果是这样的话，租赁的占比会更高，品牌公寓的比例也会更高。例如，按照6 000元/平方米的楼面价来计算，如果房子能租到3 000元/月，它的回报率在7%~8%。如果按照现在的政策，短期内很难赢利，但是按照租赁用地的方式是很有可能实现短期盈利的。这种租赁用地的模式与新加坡的有点相似，只是中国做了一个更市场化的商品房：由国有企业来建这些房子，但是把房子交给专业的公司来管理。这些是窝趣对公寓市场的预判，也是其对品牌公寓这个市场一直非常看好的原因。

2. 核心挑战是跨越成本拐点和吸收更强资源

虽然行业的前景比较乐观，但窝趣的轻资产扩张道路并不是那么容易走的：首先要清晰地判断将来会出现的困难和挑战，其次要针对性地准备和解决这些难题。目前来看，窝趣的核心挑战主要有两个。

第一个是轻资产到底在哪里会出现拐点。总部的成本增长幅度有限，分店的数量只要达到一定的程度就可以跨越这个拐点。窝趣精确计算过这个数量，希望这个拐点能够尽快到来。

第二个是随着要求和标准的提高，管理的难度和投入会更高。核心竞争能力达到60分很简单，但是要达到80分可能就要多一倍的投入，如果从80分做到85分，可能又要多投入一倍，越是想得高分越困难。对窝趣来讲，现在只能达到80分甚至只有75分，但是其目标是90分，所以窝

趣要花更多的时间、精力，吸收更好的人才和社会资源，今天引入58同城，明天可能引入的是更厉害的一个公司来提供更多的资源。不断地补充、夯实核心的轻资产竞争能力，对于窝趣来说是最具挑战的事情。

展望：轻资产模式一定能生存，未来有望跻身市场前列

窝趣对于轻资产这条路看得还是很清晰的，只要每年保障效率在不断提升，而且达到预期，便能保证足够大的规模。公寓市场上最终不会仅存三四个像窝趣这样的大公司，有可能会存在更多，比如8~10个。酒店行业的规模其实比公寓市场小得多，但酒店行业已有数家上市公司（如家、华住、铂涛和锦江等）。相比较酒店行业，公寓市场有着更广阔的发展空间，所以未来留在公寓行业的公司会更多，在这里面一定会有一家轻资产公司——窝趣。窝趣希望未来能够在这个行业中的排名更靠前一点，并跻身市场前列。

| 第二篇 |

联合办公篇

第八章　WE+：通过规模化建立联合办公行业的护城河

2017年3月24日，联合办公行业发生了一件大事，就是“WE+”与“酷窝”的合并，这打响了行业整合的第一枪，也预示着行业将进入群雄并起的时代。此举使得WE+酷窝正式完成了在华北、华中、西南和华南地区16个重点城市47个空间的布局。2017年年底，其空间的布局达到60个，成为联合办公领域名副其实的重量级企业。而在这之前，WE+也是国内第一家走向国际的联合办公品牌。

那么，WE+不走寻常路的背后究竟意味着什么？其提出的规模化战略是基于怎样的判断？在规模化战略的执行过程中，WE+是如何进行城市布局，采取了什么手段去实现全国扩张，并在成本、投入、回报率等关键指标上取得平衡，最后建立自身优势来构建行业的护城河呢？对此，WE+创始人刘彦燊先生（如图8-1所示）进行了深度解读，为我们剖析WE+的破局之道。

图8-1　WE+创始人刘彦燊先生

一、转型：三大变化催生新型办公空间

成功需要自己努力，但是很重要的一点就是要跟上时代的潮流。科技和时代的发展不是直线形的，而是波浪形的，每隔5~10年会有一个大的波峰，如果赶上这个潮流，就可能会做出一番成就。联合办公就是一个时代的产物。

WE+在2015年5月成立之前就已经做了大量的研究工作，充分研究了联合办公的很多案例，广泛接触了国内外同行，了解它们的操作模式。因为要做好投资，一定先要明白这个投资项目到底是什么，为什么要去做。

从WE+的角度来看，联合办公真正进入人们的视线是在2014年WeWork第四次募资的时候，其当时的估值达到50亿美元，吸引了国内外很多投资人的注意。当时美国柯罗尼资本看到了WeWork的模式，WE+在美国的团队也对它做了一番考察，评估这个产品是不是代表行业的未来趋势，应不应该投资。由于当时没有做出明确的估值，WE+就没有直接投资进去。WeWork的估值从2014年9月的50亿美元迅速增长到2017年7月的200亿美元。2014年12月，潘石屹第一次提出要做SOHO 3Q，就是复制WeWork的模式。

不管是联合办公、孵化器、加速器或者众创空间，其实模式都一样，就是一群人聚在一起办公，通过共享经济的模式，降低成本、增加弹性，更多的是增加互动。联合办公在中国真正兴起应该是2015年，当年李克强总理在深圳视察一个联合办公项目，对该项目表示肯定。2015—2016年，适逢“大众创业、万众创新”口号的提出，于是中国的联合办公如雨后春笋般涌现，现在的联合办公企业的数量约有2万个。

从一开始的孵化器到后来的加速器、众创空间，其实都是联合办公，只不过它们的重点或者目标客群不一样，赢利模式也不一样。简

单来讲，联合办公首先是一个二房东的概念，其次是一个新的办公平台。为什么联合办公这几年会突然兴起？这主要基于以下几个大背景和趋势。

1.转型：中小企业逐渐增多

转型与经济相关，当国家发展到一定阶段的时候，中小企业的增多一定是大趋势。在二三十年前，美国的福特汽车公司和通用汽车公司，在底特律有几十万名工人，而现在底特律已经没落了，因为现在的制造业根本不需要那么多人，这是工业化发展的必然结果。如今中国也面临同样的情况，改革开放至今，很多以廉价劳动力为基础的制造业走向式微，以东莞为代表的中国制造业基地面临转型，转型的结果是工厂越来越小，而创新型、服务型的中小企业会越来越多。2015年，中国GDP服务业的比重前所未有地超过50%，这是整个世界的趋势。所以，经济发展会导致大企业向小企业转变。

另外，转型还与科技有关。二三十年前微软是美国领先的创新科技公司，但近些年，它的影响力开始慢慢下降，脸书、谷歌等公司在创新方面比微软走得更快。当一个公司壮大之后，风险管控的制度就越来越完善，而创新也一定会受到抑制，因为创新需要更为自由的环境。好的创新企业一定要保持风险与自由的平衡。虽然不能绝对说公司越大创新能力越小，但是大部分公司都符合这个规律，所以在创新经济的驱动下，中小企业在数量上肯定会越来越多，中国也必然会出现这个趋势。

2.受众：年轻人抗拒传统办公空间

受众的改变、科技的发展，特别是移动互联网在中国的普及，对人们的生活和工作习惯都带来了很大的变化，这些变化会让生活、工作和商业的界限越来越模糊。在苹果手机还没有普及的时候，人们的生活和现在是大不一样的。现代人的生活包括吃饭、购物、看电影都离不开手机。

中国85后、90后的年轻一代已经逐步成为劳动力的主流，他们是伴随互联网长大的一代，对生活、工作和个性化的要求与上一代完全不同，他们越来越有自己的想法和个性，对互联网了解得非常透彻，传统办公这种方式已经不适合他们了，因为传统办公的阶级性非常明显。传统办公的模式往往是有一个很大的办公空间，老板的办公室在单独的位置而且面积最大，办公室越大代表级别越高，这就具有很明显的阶级性。现在很多年轻人很抗拒这种形式，所以这种办公环境对他们来讲没有吸引力，反而很有压力。

另外现在的年轻人还有一个特点：他们的选择很多。20世纪80年代，一个人出来工作要负担整个家庭；现在大多数90后的家庭生活条件都不错，他们没有家庭的负担，可以选择自己喜欢的工作。中国将来能不能创新，有没有创新的精神，就看这帮年轻人。现在越来越多的90后出来创业，都是为了自己的兴趣，在这种情况下，年轻人对办公的环境需求就会和原来不一样。

3.需求：兼顾灵活性和成本

人们要购物就去商场，要办公就去办公室，这种清晰的界限将来会越来越模糊。在住宅和生活方面，已经出现不少跟网生代有关的新产品，比如长租公寓领域的魔方、YOU+等，它们竞争得很激烈；在商业地产方面也有很多的创新，原来的传统商场也在每天考虑怎么去变化和转型。而在传统办公领域基本上没有太大的变化，所以联合办公恰恰是这种大趋势下的一种产品，它适应了中小企业对灵活性和控制成本的要求。

第一，从共享经济的角度来讲，联合办公提供了一个比自己单打独斗更便宜的地方：一是成本降低了，二是减少了办公的前期投入。初创企业人数少，一个几十人的团队需要的空间不用很大，联合办公能为其提供带装修的办公空间。

第二，联合办公能提供足够的弹性和灵活性。因为新时代的变化特别快，产业的转型也特别快，特别是中小企业。以前中小企业的人数可以在20年内都不变，一直做同样的东西，而现在企业的战略3~5个月就要变更，所以企业的人员变化很大，甚至产品的策略也会发生多次变化，这就需要办公环境具有很大的弹性。比如一个企业今天是10人，可能六个月之后就变成60人，也有可能开始的10人最后只剩下5人，联合办公能充分满足这种弹性需求，所以它是一个针对新时代中小企业的产品。从企业招纳人才方面来讲，联合办公对招聘有优势，因为年轻人喜欢这种环境，他们进来不会觉得压抑，而且大家在一起有一种社交的氛围。

WE+做联合办公一开始就对客群进行了定位，有25%~30%的客户是大企业，65%左右是中小企业，大概5%是初创企业。随着WE+的规模不断扩大，50人以上的大企业体量可能会越来越多。其实，50人的团队不太适合放在联合办公区域，因为一个典型的联合办公区域大概是2 000平方米，300个工位，如果一个团队占了这个区域的六分之一，整个办公的氛围就会发生改变。当入驻WE+的团队达到50人的时候，WE+就会给其定制一些空间，比如一栋楼是6 000平方米，一共有六层，可以将这50人的团队移到专门的一层，虽然还是联合办公的一部分，但是其拥有私密的空间，也不会破坏整个联合办公的氛围，这是WE+的新定制产品。

二、模式：没有规模就没有未来

现在讲联合办公，大家都很忌讳谈规模，因为规模化似乎就是不计成本的投入，盲目的扩张。WE+却鲜明地提出要追求规模，它认为没有规模就没有未来。

1.估值更高，二房东收益只有6%~12%

当初WE+提出的口号为“不止是空间”。为什么这么说呢？联合办公从经济模式和商业模式来讲，是一个二房东的概念，通过赚取租金差价支撑企业的成长。现在全世界最大的“二房东”是雷格斯，它的体量比WeWork大很多，市值却不到WeWork的五分之一，就是因为雷格斯没有给空间赋予内容，也没有想象空间。二房东的产品不管做得多么好，从资本回报的角度来讲，它的产品回报率一般是6%~12%。当然也有特例，可能会到15%，但是非常少。所以如果只是一个单纯的二房东，并不能像WeWork那样获得高额估值。

联合办公不能只从地产运营角度来看，它其实是“地产+互联网”的商业模式，没有互联网这种新的业态，只能做二房东，只能像雷格斯那样，一个工位最高就是8万元的估值。所以，除了二房东这个角色之外，联合办公必须有更多的商业模式和赚钱方式，才能获得更高的估值。

2.空间催化，服务需要规模做支撑

赋予空间内容这个事说起来很容易，做起来很难。如果能够赋予社区服务，让联合办公更有内涵，更有想象空间，那么客户才愿意为所提供的服务付费。

提供空间服务和规模化一点都不矛盾，因为社区的内容需要基数的支撑，如果只有四五个空间，100个人的团队，很难形成商业模式。WE+通过调研和实践发现，联合办公也一样存在二八定律，假如有100个团队进来，其中有20个团队会喜欢这种社区的概念，它们会在这个平台、社区里面参与活动，另外的80个团队只是因为这里价格便宜、

地位合适、有弹性才进来的。就像前面所述，中小企业重点考虑的是降低成本，喜欢这里的氛围并不是先决条件。在同样的地段它们肯定选择租金最便宜的办公室，然后看这里是不是有弹性：能不能先租3~5个月，能否满足公司业务调整的需要。所以，80%的企业是单纯从这几个方面考虑的，只有20%的企业会对社区活动特别积极。如果要办社区活动，应该先找出这20%能一起成长、一起协作的团队，把资源向它们倾斜。

再比如，有5个空间，单个空间3 000平方米，单个空间能够容纳20个团队，加起来共有100个团队，算是比较有规模的品牌。而由于团队对于服务的需求差异化很大，联合办公能给这100个团队提供的服务和协作可以说非常少，起不到明显的效果。但是当规模增加到1 000个团队的时候，当中有200个团队参与社区活动，经济效益就显现出来了，这时候提供所谓的社区服务、社区协助才会产生较佳的效果。

WE+认为，很多人都说将来要投资，但是当面对众多的项目和团队时，他们根本无法判断哪个有价值，投资10多个项目可能一分钱都收不回来，所以画饼充饥是没有用的。联合办公一旦形成规模就可以去探索成功的路径，积累实践的经验，但现在哪一条路可以走出来谁都不知道。联合办公从出现至今，包括WeWork在内，非租金收入的占比不到5%，所以这还是一个非常早期的阶段，即使是在早期，也必须有规模。空间能做的是给企业提供内容，产生催化剂的作用，如果平台不够大，根本开展不下去。

3.先重后轻，先要做到50个空间

有了规模优势以后就可以获得资源的关注和资本的支持。另外，有了规模之后，商业模式、想象空间才能打开，如果现在连从0到1都没有解决，畅谈从1到100便没有基础。做联合办公要先重后轻，前面

一定是自己投资，因为还没有实例证明你能做出成绩，人家凭什么相信你？以后慢慢地就像酒店集团一样，可能以输出管理为主，前期投入才可能会减少。合作伙伴会关注产品、出租率、利润等实际指标，没有成功的案例那就只能是讲故事。所以，做联合办公一定要先重后轻，这个“重”包括规模，一两个空间的代表性不足，在中国，至少要有50个以上的空间，这样的联合办公才能算得上有自己的江湖地位，脚跟才算站稳。WE+当初提出的目标是50个空间，起码1.5万~2万个工位，如果这些工位运作正常，比如达到80%的出租率，就不用大量投入了，脚跟就站稳了。如果只有一两个空间，就很难讲大社区的概念。

4.定位B端，做加速器保障运营收入

WeWork是一个典型的C端的模式。美国有35%的人是自由工作者，这些人大部分拥有较高收入，比如说律师、会计师、设计师等，WeWork一开始的入驻团队有53%是这些自由工作者，他们很喜欢这种开阔、灵活的环境，社区的参与度也非常高。但是在中国，WE+不主张在联合办公做C端，它一开始就以B端为核心，因为在中国没有像美国那么多的自由职业者，所以WE+以企业为切入点。在联合办公里面有孵化器、加速器，WE+的重点不是做孵化器，这是政府应该做的事情。一个市场经济下的企业重点考虑的是运营收入、利润，所以WE+的重点是做加速器，进来的企业要能够付得起这里的租金。

三、布局：围绕中心城市与地段做扩张

WE+在规模方面的目标规划是到2018年年底达到5万个工位，随着团队的不断建立，这个目标将变得简单，而且后面凭借规模扩张和品牌效应的增强，拿项目的能力会越来越强。

WE+提出规模是关键，但是这里说的规模不是盲目扩张，不是随

便布点。WE+的布局策略是中心开花：只选择中心的城市、中心的地段，因为中心地段本身具有较高的商业价值，本身就存在较大需求。选择正确的布局策略非常重要，WE+的具体做法主要有以下四点。

1. 中心开花：覆盖全国16个大城市

WE+的布局基本上都在大的省会城市，不会去偏远的地方。当然它也会考虑某些周边城市，但这并不是WE+的战略。目前，WE+在中国的布局覆盖了16个城市，华北地区有大连、青岛、北京，华东地区有上海、杭州、宁波、苏州、舟山，西北地区有西安、乌鲁木齐，西南地区有成都，华中地区有武汉，还有华南地区的广州、深圳、东莞、佛山。厦门、南京这两个城市现在还没有布局，但在考虑之中，未来可能会进入。这就是WE+的战略布局，总共加起来不超过20个城市，目前已经完成90%的布局，除了这些城市之外，其他的地方除非有特定的条件才会去布局。

WE+下一步的扩张会在城市内进行，对外扩张最大的挑战是人员配置问题。WE+创始人刘彦燊说，他现在在西安就遇到了这个挑战，很难找到想要的人，如果从总部派人过去，短期是可以的，但是长期来看这不符合经济性的原则，还是需要一个西安当地的团队。再进一步讲，即使西安的团队找到并建立起来，只有一个点也没办法做到规模，结果也是亏损，所以一个城市必须要超过三个点，这样人员才可以得到合理的分配，企业也才能分担团队的管理成本。

WE+重点要做的就是把团队建立起来，并要有种子团队在里面，前期这半年、一年先要培育，后面就开始扩张了，每个城市先在中心区域扎根做大，再围绕着这个中心扩散出去。第一阶段的布局是最难的，进入第二阶段，每个分部都会自己扩张，相对而言就容易得多了。WE+目前完成了第一阶段，有些城市已经进入了第二阶段，比如在上海现在已经有11个点了，在北京有4个点，在这种情况下就会继续在城市里扩张。WE+扩张的重点还是北上广深这样的一线城市。

2.选址指标：经济、人文和教育环境

WE+在考虑布局这16个城市的时候，有三个判断指标：第一，要看这个地方的经济水平，GDP的考量是基础，地方有钱才有人去做生意；第二，要看人，看这里的人是不是勤奋，有没有上进心，是不是愿意做生意，这一点很重要，我们称之为企业家精神，这个精神与当地的人文环境有关；第三，要看创新，看这里的大学的环境。

WE+面向的是中小企业，而不是创业企业，这个定位与业内其他企业有点不一样。之所以不要创业企业，是因为创业很不稳定。创业企业也叫草根创业，创业人员都很年轻，比较有闯劲，但是没有经验，所以它们的存活率不是特别高，另外，创业企业也负担不起中心地段的房租。WE+希望更加稳定的企业进来，所以进来的团队90%是15个人以上，很少有5个人以下的。因为15个人以上的团队相对稳定，后续会降低获客成本，以及减少中间的空档期。

3.拿地策略：初期靠股东，后期看规模

通常来说，在面对外部竞争的同时还要把核心地段的物业拿下来，就意味着付出更多的成本，而WE+的标准是：不管在任何地段，如果成本不低于市场价的20%就不拿。这里就有一个问题，在中心城市和中心地段通常没有这种价值洼地，那WE+又是怎么做到低价拿贵地呢?

这要分为两个部分：在初始阶段要充分地利用股东的资源，在后期要靠企业的规模效应。WE+的股东有上实集团，有美国柯罗尼资本，可以说拥有比较多的地产界资源。上实集团本身作为一个国有企业，它的号召力比较强，在好的地段通常能获取更好的资源。股东在起步阶

段可以给企业提供支持，但后面就要靠要企业的规模效应。举例来说，WeWork在美国提供的服务类似于批发零售，某个业主的某块地有20%的空置率，假如WeWork提供20%的让利给这块地，租期为五年，就相当于为业主抹平了这个空置率，所以业主愿意出租。对于业主来说，这笔账是划算的，否则这块地空在那里一两个月，业主的钱亏得更多。所以，联合办公发展到后期比拼的就是规模效应、品牌效应。

4.完善评估：大数据完善选址系统

当公司有了规模，有了自己的系统，随着项目在各地数量的增加，公司对选址的把控能力就越强。以星巴克为例，大部分的星巴克店都赚钱。星巴克在评估一个地方是否适合开店的时候，评估的参数会更多，这依靠的就是规模效应产生的大量的经验。

为什么这个地方会赚钱，就要分析其中的原因，要不断地总结修正，项目开得越多，指标参数就越多。WE+现在的评估模型比以前要复杂得多，它会考虑一些以前没有考虑过的因素，这是WE+的大数据逻辑。一个公司要壮大，大数据管理系统一定要不断地完善，所以说WE+至今只做了60%的工作，还有40%是要通过规模化来不断地完善，完成经验的积累。联合办公本身就是一个新业态，没有一成不变的方式，大家都在摸索，而且中国有这么多城市，差异化很大，所以只能不断地完善管理系统、评估系统，不断地加强人员的培训。这个过程没有捷径可以走，只能靠一步一步踏踏实实地做。WE+在规模扩张的同时，对成本的控制，对评估系统的完善都是一丝不苟的。

WE+不怕与WeWork这样的国外企业公平竞争，因为在国内，WE+拿地和议价的能力更强，成本也控制得更好。而WeWork的竞争力在国外，国内只有在上海、北京等地有点优势。因为离开了目标客群就没有优势，所以很少看见外国的商业创新模式直接进入中国就能做得很好的。

四、运营：破解市场化难题

规模化是一个一个项目做出来的，在实际的运营过程中，一定会面临许多问题，比如怎么解决扩张所需的资本投入？在发展速度快，向全国扩张的时候，怎么让内部管理为这种快速扩张提供支撑，怎么把团队优势完整地复制到众多新的项目上？怎么实施标准化，怎么在品质和成本之间找到平衡，又兼顾不同空间的个性与共性？怎么应对市场竞争？针对这些难题，刘彦燊讲述了WE+的运营之道。

1.紧控资金链，足够维持6个月到1年

规模化最大的危险在于盲目扩张——走得太快，资金链容易断裂。如果每个项目都在烧钱，最后就会出现问题，所以资金评估很重要。刘彦燊常常对自己说的一句话就是：你有多少菜就煮多少饭。所以在扩张的时候，要考虑资金链状况，不要盲目扩张，一定是确保资金足够维持6个月到1年的时间，这段时间里如果不赚钱还可以继续调整。

正常来讲，一个空间6个月以后出租率就能达到80%，除非一开始的商业判断是错的。到目前为止，WE+在选址方面做的商业判断还是比较准确的，而且一直没有往外围扩张。现在很多联合办公遭遇了失败，就是因为它们布得太偏了，比如说从北京市中心扩张到顺义区、通州区，这没有意义，因为在顺义区、通州区办公的人数毕竟相对较少。政府提供各种补贴吸引联合办公进驻，这也不是长久之计，企业经营还是要回归市场经济的。

虽然本身是做投资出身，但WE+还需要加强融资能力。刘彦燊说：“规模对融资会有一定的帮助，另外，融资要看自己本身，以及市场的风向；投资总会有金额的增减变化，企业要做的是保证自己能生存，活下去很重要；但是在市场形势好的时候，WE+会进行新一轮的融资，

补充后面的“弹药”，目标是要做到联合办公行业的前三名。”

2.培养预备队，用培训快速储备人才

让团队的能力跟上扩张步伐一直是联合办公企业最大的挑战之一，在这个问题上，WE+跟所有的公司都一样在摸索解决之道。WE+有自己的培训系统，通过过去大量的空间实践，它也获得了不少经验，逐步建立起一整套的管理系统。这个系统目前不一定能做到100分，但这是一个经验的积累。随着项目实践的增加，经验也逐步积累起来，做得越多，系统就越完善。现在这套管理系统已经具备了60%的基础，剩下的40%还要不断地增加和完善，在推出不同产品的同时也会产生新的管理系统。内部的管理系统不是WE+最大的挑战，因为WE+从一开始就特别注重这个系统的打造。关键是人员的管理，特别是对于年轻人，如何培养一个独特的企业文化，对他们有号召力，如何对他们实施既有黏性又有效的管理，又能激发他们自己内心的创造力和动力，这些对一个传统的管理人来讲非常有挑战性。

刘彦燊说，在过去，没有太多的人员管理问题，员工的流动性不是太大。现在的经济环境不一样了，年轻人没有过去那么多顾虑，不愿意干就离开，并不是什么大事。但是，刘彦燊说：“现在这帮年轻人比我们那代人有更多的想法，所以这永远是一个平衡，对企业来讲，既要让他们有效地去执行企业的战略任务，又要给予他们足够的空间，让他们发挥自己的热情。我现在还在摸索，我的团队也在摸索，但是这肯定是我们最大的挑战。随着公司的不断发展，规模越来越大，这个问题会越来越容易解决。”

规模能解决很多问题，也包括培训。要想让团队发展跟上规模化的脚步，必须拥有足够多的预备队，而要培训出这么多的预备队，就必须要有足够多的空间，达到一定的规模。比如有30个空间参加培训，

每个空间培训2个人，那么就有60个人组成人才梯队；如果只有一个空间，要培训出这么多人需要巨大的资金和时间成本。如果有50个空间，每个空间培训一个人的成本会低很多；假如只有5个空间，要培训50个人根本做不到。

3.团队本地化，脱离自己开店的模式

WE+在二线城市发展时，大部分会有本地的合作伙伴，它们相对对本地的情况更加熟悉。当规模效应出来以后，就开始做收购合并，寻找、合并有影响力的团队，收购当地有能力的管理团队，这是WE+现在做的事情。WE+已经开始慢慢脱离自己开店的模式，因为主要的城市已经完成布点，规模已经差不多了，现在更多考虑的是如何加快成长的速度。未来WE+会实施很多的合并和收购计划。

WE+现在做得最强的地方在长江三角洲地区和华北地区，WE+于2017年3月在华南并购了酷窝，这样WE+在全国的布点就有四十几个，其规模一下就做到了全国领先。WE+在全国同时拥有了南、北的资源，接下来就可以谈一些其他的收购，比如在成都有个团队不错，规模不是很大，只有两个空间，于是WE+在成都成立了一个合资项目，把这个团队并到WE+团队里来。如果只在单个城市或几个城市中布局设点，谈合作就要往返于全国各地，效率很低，如果能覆盖全国，在全国中心城市都有布局，效率就都会很高。

4.家具搞定制，尝试产品标准化

目前，联合办公行业还没有完成整套标准化样本，但WE+已经着手开展相应的配套活动，就是要打造出一个标准化的产品。WE+准备在下一个空间里做这样的尝试。

WE+现在跟一家大的家具厂谈合作，合作方式是不要现成的家具，

而是共同设计一套针对联合办公的家具。这种定制化的家具设计出来就是WE+的一个标准化产品，而且这个产品不只是自己用，别的空间也可以用。因为联合办公的工位相对会窄一点，WE+知道什么样的产品适合这里，工位的面积、长度怎么设计最合适，空间走线应该怎么走最方便。定制的家具分为高、中、低三个等级，即800元以下、800~1 500元和1 500元以上的，不同等级就用不同的家具，形成标准。标准化的好处就是能把品牌元素显现出来，以后不管是哪个企业进驻，每张桌子上都有WE+的标记，这样就会让客户觉得WE+与众不同，是一家有规模的公司。

接下来，WE+要把这个标准化的产品全面地复制、扩张，实现从1到100，比如后面设计的空间还包含隔断的标准化，这样施工的时间会缩短，成本会降低。复制的方式既有标准化的，又有个性化的，在公共区域的设计上会有各地不同的特色，但是家具、隔断肯定是标准化的，比如在成都，款式可能比较小资一点，青岛的款式比较商业化一点。目前，WE+的办公家具的标准已经做出来了，桌子、台面要什么样的都有明确的要求，WE+就按照这个要求，跟家具厂合作。现在很多家具定制要两个月，这样会耽误很长的时间，如果是标准化，家具厂只是开模而已，很快就能做出来。标准化会降低成本，提高效率，这又回到规模的问题，如果只有一两个项目，只要几十、一百套家具，制造成本会很高，谁也不会跟你谈定制，而一旦达到一年需求量有几千套、几万套，家具厂便有合作意愿了。只有绑定了利益，才有合作的基础。

WE+希望通过合作最终打造出一个平台（单纯甲方、乙方的合作模式意义不大，WE+的量很大，跟谁合作都一样，WE+要考虑的是后续的工作），在这个平台上，有几十家体验店，它们向WE+提供各种规模化的产品。所以，WE+在选择合作伙伴时主要看三个方面：第一，要有足够的实力，可以平起平坐；第二，在这个行业要有足够的经验；第三，要有足够的想法，真的想做这个事情。满足这三点，双方就可以进行合作。

5. 空间多元化，打造AR/VR、匠人等个性产品

联合办公不止是一个地产模式，它还是“地产+互联网”的模式。做互联网模式有三个关键点：流量、留存、转化。流量大小取决于规模，规模不大就没有流量。线上流量都掌握在百度、阿里巴巴和腾讯等公司的手上，而WE+考虑的是企业进来之后有多少流量关注了WE+，有多少流量可以转化为WE+的商业模式。留存就是怎么通过社区、活动、增值服务来提高用户的黏性和品牌忠诚度。品牌忠诚度很重要的一个来源就是物理空间，而流量是从空间而来的，规模大就有流量。在企业进来之后，还有几个重要因素需要强调：一个是个性的空间，这个物理空间的布局、设计、走线、公共区域是不是合理，家具怎么搭配，这个是设计方面的内容；另一个就是管理、运营能不能通过空间去吸引人，能不能通过服务、社区、活动去留住人。目前WE+有三个不同的品牌，满足不同的细分市场：第一个是WE+传统的品牌；第二个是WEPLUS Lab；第三个是华南的酷窝。WE+通过App实现空间管理智能化，包括访客、快递、门禁等，借此也能很准确地收集每个用户、每个空间所需要的质量、流线和习惯，并不断地完善数据系统。

WE+做的第一个空间在上海新天地旁边，它的空间不是很大，所以WE+做了一个非常简单的设计，这个空间叫彩虹空间。上海金钟空间是中国台湾的设计师（他是第一个诚品书店的设计师）来设计的。还有杭州双城国际的空间，广州的289创意园，都具有不同的特点。在上海浦江漕河泾开发区，WE+做了一个增强现实/虚拟现实（AR/VR）主题空间，在这个空间里面有四个多功能的仪器或者说是特殊功能的办

公室，进来的大部分是与AR/VR游戏有关的团队。另外，WE+现在开始做商场的空间，因为互联网的出现打破了人们生活、商业、办公的界限，现在所有的商场都面临着很大的压力，即面临行业的转型。WE+在上海富都广场的四楼打造了这样一个匠人空间：它有咖啡厅，有作物/城市匠心等国内一线匠人品牌，这里面40%的空间是匠人的作品展示区，有培训、体验、零售等内容，另外60%的空间是在后面的联合办公区。

6.激活生态圈，网剧、活动都要搞

WE+一直注重实体经济的把控、互联网的思维和新媒体的推广，2016年年初，WE+跟入驻的团队西西里打造了一个网剧叫《笑创水浒》，14天的点击量是1.2亿次，在全国的网剧排名中位列前三名，同期的竞争对手都花费了几千万元的制作成本，而WE+的制作成本只有300万元。

截至2017年6月，WE+已经举办了600多次活动，有2万人次参与活动，15%的活动是自己发起的。在2015年的时候，WE+觉得人气很重要，每个星期都有很多活动，后来WE+觉得活动的质量非常重要，活动不在于多，更多的应该是小而精。

7.算好经济账，控制住成本

运营是一项长跑运动，企业运营的空间一旦扩张到50~100个，甚至几百个的时候，等到一切都沉淀下来，在3~5年之后最主要的还是比拼项目的运营，看项目的出租率和资金的回报率。所以，企业一定要算好经济账，把成本控制住，才能谈长期盈利。在不断进行产品迭代的过程中，成本的控制很重要，WE+每做一个空间，都会总结成本应该怎么控制。

中国与美国不一样，WeWork当年在美国针对的是自由工作者，WeWork超过50%的入驻率都是由这部分群体贡献的。自由工作者的预算是3 000元/月租一个工位，WeWork租给他们3 500元/月，又提供免费饮品和社交环境。因为可供自由工作者选择的本来就不多，他们的人数也不多，所以他们可以承受高一点的成本。但是在中国的联合办公空间里，入驻成员中99%不是自由工作者，而是公司，而公司的决定权在于老板，老板重点考虑的是成本。因为联合办公属于共享经济，所以WE+的计算方式很简单：

传统的办公空间是每人12~15平方米，如果租金为10元/平方米·天，成本就是每月3 600~4 500元。联合办公一个工位大概是7.5平方米，如果一个工位每月的租金不超过3 600元，租户从成本上是可以接受的，而且还节省了装修成本和时间成本。这样来看，不仅租户受益，WE+也能获利（按照上述计算方法，联合办公的租金能达到16元/平方米·天，抛去空置率，租金也能达到15元/平方米·天）。

8.夯实执行力，凡事亲力亲为

国内也有很多联合办公空间、众创空间，不少人是从知名房地产企业中出来独立创业的，他们有资源，也同样在各地扩张。面对这种竞争对手，WE+靠什么赢得市场？

WE+认为，其实这是针对一个市场的竞争，最重要的是看团队的执行力——这正是WE+的优势所在。因为在资源上大家都差不多，一开始谁也不敢说稳操胜券。像那些从知名房地产公司高管职位上退下来独自创业的名人，他们的一大优势就是具备很大的社会影响力，他们的一举一动，都会吸引很多关注，这是WE+所不具备的。如今创业者的创业模式跟以前已经完全不一样了，以前作为一个创业者，事情不用管得那么细，但现在所有的事情都要亲力亲为。刘彦燊说自己是一个非常愿意管事的人，可以一天24小时、一个星期7天都待在公司，对每个项目的选址都亲自过问，从而使团队形成了很强的执行力。这不一定是好事，但是作为一个创业者，在创业初期一定要把这个基础打好，要形成系统，并且要形成团队的竞争力。

五、裂变：在规模化过程中衍生新的模式

2017年上半年，WE+已经初步形成规模，在市场上站稳了脚跟，而且规模会越来越大。

在美国，联合办公占总体办公体量的10%~15%，在中国上海占比还不到1%，因此，联合办公还有很大的发展空间，继续增长是必然趋势，更重要的是会裂变出新的模式，比如说WE+现在做的私人定制、大企业定制。万变不离其宗，所有新产品、新模式都是基于大企业的服务及影响力而建立的，是为了更好地服务于中小微企业的业务发展及经营需求的，只有大企业才能支撑起相关垂直领域的产业链条，为中小微企业提供更多的成长及服务机会。WE+的一切工作基于服务，最终也将回归服务，从服务中获得价值及收入。

1.平台做孵化，入股并分离服务团队

作为联合办公领域的领头羊，一定要对联合办公里面的功能有很深的体验，只有这样才知道什么样的设计是合理的。举个很简单的例子，海底捞没有上市，但是在它的平台上支持了四家上市公司，有送配料的、做家具的、做餐厅设计的。如果没有这个平台，这些公司将很难生存，但有了这个平台，它们的相关产业就都可以快速壮大。WE+也在考虑这个问题，如何基于联合办公平台衍生其他内容，包括硬件和服务。

WE+现在准备参股一个小的设计团队，要把设计施工这一块作为

空间硬件服务独立出来，成立一个机构，这个机构不止为WE+的平台服务，还可以为别人服务。另外，WE+的IT团队通过软件结合相关硬件的大量实践，不断地完善空间管理系统，随着IT团队和管理系统的不断完善，WE+也考虑让这两个部分独立运作。WE+的销售团队也想把一部分业务单独分出去，变成一个业务单元，能够自负盈亏。这些都是裂变的形式。

所以，联合办公要考虑在做出规模之后，怎样在这个平台上衍生出其他的商业模式。WE+在每个产品线上都参点股，每个产品线都有WE+独立的团队，这些团队通过WE+这个平台不断地壮大，相当于WE+通过这么多的裂变来扩张。

2.模式可落地，由办公衍生新的商业模式

目前在联合办公行业，大家对收入有两种观点：第一种观点认为做出来的很多增值服务，本身没有办法直接获得收入，最终目的是提高租金水平，就是通过服务来提升客户的满意度、舒适感，最后来提升租金；第二种观点认为租金是一部分，增值服务收入也是一部分，应该尽可能地扩大非工位收入的占比。

刘彦燊认为这两者并不矛盾，但是第一种方式想通过增值服务提高租金，这个操作空间很小，租金只有6%~12%的差距，做得不好的赚得少或者亏钱，做得好的赚得多点，但是不会大赚。第二种方式有比较大的想象空间。联合办公的想象力在于它要衍生出多种商业模式，而这个平台本身可能不是特别赚钱，但是它生成了新的商业模式，创造了新的收入来源。刚开始，联合办公提供给中小企业的服务只是解决财务、法律等问题，这些所谓的增值服务都不是重点，未来的重点是将这个物理空间衍生出新的商业模式。在人工智能及物联网的发展过程中，智能办公将是继智能家居后的下一个风口，但智能办公场景的发掘及建立仍

未摆脱传统模式，所以需要新的需求来引领。移动办公场景需求、云端服务方案以及线上线下的结合，将发掘出智能办公脱离传统意义的场景并引发新的需求及解决方案。这一趋势必然基于联合办公空间及人群，将是一个不容忽视的潜在的赢利点。

商业模式够大才有想象空间，如果不够大，就没有信服力。规模上来了，分摊能力就强，对客户的吸引力也能更大。举例来说，一个客户进驻了WE+的上海项目，那么它在WE+进驻的全国16个城市都可以使用WE+办公空间。全国化、规模化的布局比单一城市布局要有优势，这对客户也有极大的吸引力，所以无论是成本的控制，还是将来的产品模板对客户的吸引力，归根到底还是规模效应的问题。所以，WE+考虑的是如何颠覆原来的模式，而且这种颠覆是可以落地的，不是天马行空。

前面提到，WE+现在跟一个大的家具厂合作，做一个线上的平台。再想远一点，如果WE+这个平台可以继续完善壮大，办公家具、沙发、杯子都可以卖，那么WE+就真正变成一个线上的商业平台，比如说这个平台有3万人，大家都可以通过WE+平台进行销售获得提成，相当于这个平台突然多了2万~3万个销售人员，这才是有意义的非租金收入。

展望：快速形成完整产业链，提供全球化无缝办公体验

WE+与酷窝合并之后，双方的线上线下平台已经全面打通，在全国16个重点城市中已经统一物理空间与空间服务。WE+酷窝还与YOU+国际青年社区达成了战略合作，引入WE+Living的概念，联手打造共享生活（Co-living）新业态。此外，WE+酷窝与芬兰航空强强联手，将通过会员积分及福利互换的方式，使会员共享双方的专属福利，实现高净值会员的资源流动。

刘彦桑认为，在联合办公行业，只有规模化的联合办公平台才能够真正地体现连接和生态圈的价值，衍生更多创新的商业模式。通过和国内外知名机构的合并、合作，WE+可以快速地形成商业、办公、公寓的完整产业链，打开全球化办公无缝连接之门，未来也会让行业的护城河更加稳固。

第九章　氪空间：致力于成为联合办公服务佼佼者

氪空间是36氪旗下以联合办公为载体的创业服务平台，2014年成立之初为孵化器形态。经过几年的发展，氪空间与大量优秀的创业项目建立了非常密切的联系，其中有些企业逐渐壮大，孵化器的模式已经无法承载它们的需求。因此，2016年起，氪空间开始转型做收费的联合办公空间，希望真正提供标准化的、以空间为载体的一系列企业级服务产品，同时将“孵化器”作为空间服务的一项内容保留下来，继续帮助创业企业快速成长。对此，氪空间总裁钟澍先生（如图9-1所示）进行了深度解读，为我们剖析氪空间的破局之道。

图9-1　氪空间总裁钟澍先生

一、看市：需求补缺，抢占先机，解除中小企业办公之痛

从办公物业的发展阶段来看，初期的重点是空间，因为空间是办公的载体和基础，在城市化的过程中，或者说在过去这十几二十年中，写字楼实现了从0到1的发展，空间的硬件品质逐步提高，现在已经趋于极致。传统意义上，写字楼之间比的是位置，外立面、幕墙、大堂、电梯的豪华程度，以及梯速，这些全部是硬件，都是冰冷的、与空间相关的内容。

如今，大家已经不仅仅满足于空间本身。新生代的创新创业型企业、独角兽企业，比如摩拜单车、今日头条，还有氪空间的母体36氪，它们的创始人都是85后，公司员工的平均年龄就是27、28岁，公司的需求已经不仅仅是面积了。

每个联合办公企业吸引的客户群体都不太一样，在未来持续发展的过程中，每个联合办公企业都需要有明确的文化定位、客群定位。氪空间未来的客群定位就是那些迫切需要服务的中小企业，氪空间需要从各个方面为它们降低成本，给它们提供便利。

1.需求补缺，切中中小企业三大痛点

联合办公这个圈子很小，大家紧密地团结在一起，比如P2、方糖小镇、WE+、无界空间、梦想加，大家的合作都非常紧密。氪空间希望联合办公可以从传统市场里切一块蛋糕，让一部分在传统写字楼里无法获得满足的人，搬到联合办公空间来。要做到这一点，关键是要搞清楚联合办公和传统空间的区别，找到中小企业在办公方面的痛点。

（1）组织结构变化快，空间需求难预测

现在企业的组织结构变化太快，使得组织的决策者没有时间、精

力关注核心业务之外的事情。15年前的小公司只能做一种生意，开一家店，要想做更多的事情基本上是很难的。现在社会的信息流通方式发生了变化，随着技术的不断发展，组织变得越来越灵活，单个人都可以通过技术手段在家里做互联网营销。现在一个有8个人的设计公司其实规模也不算小，一年可能会有几千万元的产值，一个8个人的景观施工公司一年可能有两三亿元的产值，它们也不知道自己一年以后的规模会如何。大型的、互联网型的组织，或者说以互联网为核心技术手段的那些公司，比如时趣互动、明道软件，发展速度更快。这些公司的组织弹性非常大，没有办法预测自己未来空间的需求变化，无法确定到底租多大面积，无法控制装修成本，所以没有办法跟传统写字楼打交道，只能选择联合办公空间。

（2）按需定制，迅速增减工位

联合办公是按需定制，可以迅速地增加或减少工位，这就解决了中小企业核心的痛点，满足了公司发展的弹性需求。

假设你要创业，比如成立一个五六个人的咨询公司，如果没有房地产行业的朋友，可能就只好上网找办公楼，然后打电话咨询。假设你租了一套50平方米的房子，然后要跟业主签合同，要做设计、装修、买家具，还要布网络、买水、买电、装点绿植。这个成本对于几个人的公司来说是很高的，表面上你租写字楼只花费4元/平方米·天，但是实际上运营成本非常高，包括管理成本和投入的精力，而且你还可能找不到合适的办公室。此外，租房子可能要押三付三，一年起租，但一开始你并无把握企业能存活一年，更不知道一年后是可以发展到100人还是变成了两个人，当公司规模变小时，多余的空间有可能会扼杀公司的赢利能力，所以传统写字楼无法满足新生代公司的发展需求。

（3）按租期灵活摊销，降低财务成本

从财务角度来看，一个中小企业的平均生命周期是18~20个月，有的中小企业只是为了做一个项目而成立，这笔交易做完公司就解散了。比如在中关村，经常是几个人做一个项目，可能就是给某一个公司做软件外包，或者开发一个硬件，这个项目开发完成后进行收益分配，这时公司就解散了。按照传统的会计准则，固定资产的摊销是5~8年，如果用2年的时间摊销这些资产，中小企业难以忍受，因为这些摊销会吃掉利润。如果入驻联合办公空间，使用6个月就只摊销6个月，财务成本就会降低。从表面上看，入驻企业支付更多的租金，但是从企业生命周期的角度来看，节约了大概20%的成本；从联合办公空间自身来看，比如说4元租过来，折合坪效可能是7元、8元。这对租户和联合办公空间来说是个双赢的结果。这样的话，联合办公模式有着旺盛的生命力。

2.抢占先机，在不明朗的时候切入新兴市场

联合办公企业一定要在市场情况不明朗的时候切入进去，然后试图在里面成为领军人物。如果联合办公的行业形势已经明朗，大家都看到行业的前景，并且已经产生了具体的模式和做法，行业龙头也形成了，这时候再进去就为时已晚。当然也有后进入者取得不错的发展，比如小米做手机，亚朵去做酒店，但是难度系数很高，成功的概率会很低。氪空间是在乱阵中第一批进入联合办公市场的，也是行业中融资规模较大的，团队量级也比较强，这就使得氪空间在2016年站到了行业第一梯队。

3.更关注人，用服务让空间升值

联合办公其实是做未来办公市场的运营商，计价单位是工位，工

位的背后是人。氪空间会更多地关注人，而不是传统意义的空间。氪空间的产品会更多地关注空间的舒适度和便利程度，比如说设计一个会议室，每一样设置都恰到好处，让使用者在空间里感到非常舒适。所以说，联合办公是一个服务，它是基于空间的服务。假设有两个不同的空间，一个是5A写字楼[①]，一个是准5A写字楼，如果在准5A写字楼里面提供精细化运营的话，年轻人会更倾向于选择这个准5A写字楼。氪空间在中关村创业大街有一个工业风的联合办公空间，大家都非常喜欢在里面办公，旁边是某知名公司的5A写字楼，但大家不愿意去，就是因为不喜欢传统写字楼的氛围。氪空间总裁钟澍说："现在，今日头条在我们武汉的空间里办公，未来会有更多像这样的公司加入氪空间，这是一种趋势，这种趋势是从贴心的服务开始的。"

从传统的办公空间到内容提供商，氪空间不是为了提高物业价值而做这些服务，但是这些服务最终提升了物业价值，而且是大幅地提升，这是一个发展的方向。

二、卡位：用产品做基础，借助资源建立壁垒

因为中国各种类型的企业层出不穷，传统的办公模式根本满足不了它们的需求，所以联合办公行业肯定能做得很大。中国的大企业、国有企业一般都有自己的物业，对于特别大的企业，政府会提供土地给它们自建，比如说京东、阿里等，但是对中小企业来说，只要从传统的办公市场里切出5%的份额给联合办公企业，就可以支撑很多家百亿元市值的联合办公企业。联合办公并不是改变、颠覆过去的办公楼和写字楼

---

① 5A是指智能化5A，包括OA（Office Automation，办公自动化系统）、CA（Communication Automation，通信自动化系统）、FA（Fire Automation，消防自动化系统）、SA（Security Automation，安保自动化系统）、BA（Building Automation，楼宇自动控制系统）。

市场，而是让过去的一部分群体选择这种模式，它只是过去写字楼模式的一种有效的补充。

氪空间面对的可能不止是办公领域的竞争，还有多维的、多业态的竞争。如何形成自己的竞争优势，如何打造联合办公行业的护城河，如何通过服务让空间发挥更大的价值，是氪空间要想清楚的关键问题。

1.产品卡位：空间个性化，解决不同类型企业的痛点

联合办公行业门槛很低，但是想做好也不容易。氪空间在起步的时候，是凭借产品的打造能力、社群生态和资本能力来建立联合办公竞争的壁垒。氪空间是以桌子作为入口，关注用户对空间的体验，并以此来打造符合用户需求的智能硬件、软件结合的产品。

氪空间针对不同区域有不同的产品设计方案和产品形态。氪空间里有移动办公桌、开放工作区和独立工作区，典型案例是南京梦幻城社区。设计是联合办公领域的必需品，好的设计是满足于人的设计，满足于组织形态的设计，而不是纯粹的富丽堂皇的装修空间。空间设计要专注于人和中小企业的特点，所以联合办公的设计方对中小企业如果没有做过深度的研究，很难设计出一个特别好的联合办公场景。氪空间去全球各地的联合办公项目考察过，包括欧洲及美国、日本等地，研究会员区、非会员区、接待区、封闭工位、开放工位以及活动怎么做，思考怎么提升空间坪效。

氪空间通过对入驻企业及市场需求的跟进和调研，从纯粹的敞开式到“相对的开放和封闭”企业，针对不同发展阶段的企业推出个性化的空间产品，更贴合市场需求。氪空间针对初创企业、中小企业和大中型企业对办公空间的不同需求，推出了三类空间细分产品，分别为轻

享空间、专享空间、尊享空间（如表9-1所示），解决了三种不同类型企业在办公空间维度的痛点。

表9-1　氪空间三类空间细分产品

产品	客户定位	租赁形式	增值服务
轻享空间	1~20人规模的初创企业	按工位数租赁，租期灵活	各类创投服务为主
专享空间	20~50人规模的中小型企业	以整租为主，但同样具备空间的可伸缩性	公共区域的各种配套服务
尊享空间	50~100人甚至更大规模的企业	定制化整租	一站式空间解决方案和公共空间代运营服务

钟澍说："我们永远觉得现在的空间不够完美，我们也有足够的动力和能力让它变得更好。"从2017年6月以后，氪空间的会员持有会员卡可以进入全国任何一个氪空间，可以共享更丰富、更大的空间，以及享受任何其他传统写字楼难以提供的服务。

2. 资源卡位：嫁接36氪海量创投和媒体资源

联合办公企业有两类，一类是从线下往线上走，比如开发商做的，或有开发商背景的人创业做的，还有一类就是从线上走到线下。从线上往线下走的企业，它们可以快速地跟顾客产生共同语言，容易沟通，但需要一个好的产品；从线下往线上走的企业，线下产品做得还可以，空间设计得不错，但是它们跟客户沟通起来有障碍。这是两种气场，两种文化。氪空间来自36氪，36氪是一个媒体公司，它触碰的是未来的独角兽企业或者领军人物，氪空间也是基于36氪才能跟这些企业更快速地融为一体。

36氪是氪空间的母公司，也是国内知名互联网生态创业服务平台，由36氪媒体、创投以及氪空间三大业务板块构成。氪空间能够直接享受36氪主营业务带来的大量服务资源和积累的社群资源，为入驻的创业公司提供专业的服务。

在过去五年多时间里，36氪服务了17 000多家创业企业，并帮助了4 000多家公司完成了下一轮融资。目前，36氪线上平台已经汇集了超过82 000多个创业项目，整个市场上80%的优质创业项目汇集在这里。同时，36氪还建立了由国内排名前15的顶级投资机构组成的联盟，从而为这些优质创业者的成长提供更好的融资支持。

36氪媒体作为中国主流、权威和影响力极大的互联网新商业媒体，成为多数互联网企业对外发声的“第一站”。在36氪曝光的企业中，有90%是首次曝光；有获得报道的80%的公司反馈，36氪媒体给它们带去了巨大的流量，并为它们的进一步融资打开了新的通道。

3.模式卡位：吸引政府和资产所有者，价格更优惠

氪空间的服务模式对前端获取物业也有帮助，比如在上海徐家汇的核心区域谈一栋物业的时候，如果你带来的客户都是一些商贸公司，不会受到欢迎，但是如果你带来的客户是新兴的互联网创新创业公司，从政府端到物业所有者，包括园区运营者都特别高兴，因为联合办公企业做的事情和服务的客群与别的企业不一样：物业的所有者可能会考虑长期经营的稳定性，一个有长远眼光的物业所有者更愿意将楼租给联合办公企业，它们也愿意接受更低的价格；氪空间也能给地方带来良性的发展，这是地方政府乐意看到的，政府很欢迎。因此，氪空间可以作为地方政府的招商引资项目，这是氪空间独特的模式带给物业所有者和地方政府的价值。

三、盈利：工位收入定生死，增值收入保盈利

从开发商的视角来看，一个办公物业80%的收益由地段和产品决定，另外20%的收益来自服务，但是氪空间反其道而行之，选择服务作为市场的切入点，这个背后的原因是什么呢？

业内关于服务变现有两种做法：一个是联合办公服务的最终目的是提升租金和续租率，空间的服务收入最终转化为租金；另一个是空间收入+增值服务收入。氪空间对这两种做法并没有倾向性，工位收入是基础，它决定了企业的生死；而非工位收入是衡量一个联合办公企业很重要的指标，没有额外的增值收入或者服务性收入，这个企业就不会长久。

衡量一个联合办公企业成功与否的标准不在于它的规模，而在于非工位收入占总销售的比例，如果一个联合办公的企业非工位销售的比例能够超过20%，这就很不错了。空间的服务不会提升租金水平或工位的价格，因为工位价格跟产品体验相关，你服务得再好，也不会直接提升工位价格。因为做决策的是B端，用户是C端，企业经营永远是将降低成本放在首位，会在让员工能接受的前提下降低成本，所以第一个做法很难实现。业内普遍采用的还是第二种做法。

目前氪空间普遍采取长期租约的方式获取房源，通过空间、社群、服务等各个环节的运营，形成联合办公的“自循环”状态，与入驻企业共同成长壮大。

1.工位收入定生死

相比传统写字楼，联合办公的租金构成比较单一，只有工位费，但对于入驻企业而言，就不需要再额外地花费水电、物业、装修等一系列费用，它们整体可以节省40%的成本。所以，氪空间的入驻率一直

很不错，开业社区平均入驻率超过94.2%。

影响工位收入的要素主要有三个，即工位数量、入驻率和租金水平，所以要保证足够的工位收入，就必须要解决三个问题：如何拿更多的项目，如何吸引更多的客户，如何提高单位租金。

（1）圈地：进入一线城市，及未来可能成为一线或准一线的城市

联合办公的选址原则是城市的核心地段且交通便利。国务院发展研究中心等几个大的机构和36氪联合做了一个氪指数，用来评估中国的创新创业，氪空间根据这个指数来判断要进入哪些城市。另外，氪空间在做选择时有两个非常重要的考虑因素：一个是联合办公所进入的城市，另一个是所进入城市的商圈。氪空间进入的是北上广深一线城市，目前在北京有8个社区，在上海有9个社区。除了这些一线城市外，还在苏州、杭州等城市也有布局，因为这些城市未来有可能成为一线或准一线城市。在氪空间的城市定义里面，广州可能是比苏州排名靠后的城市，因为广州聚集的是传统商贸和流通产业，它对未来新兴事物的感知没有苏州这样的城市敏感。氪空间在北京的分布是中关村、望京和东三环西路这样的商业核心区，2017年才尝试性地走进丰台，每一步走得都很慎重，因为丰台、海淀和朝阳的文化是三种完全不同的文化。同样，氪空间在南京会选择珠江路，在深圳会选择南山，在广州会选择IT产业园。以上是氪空间选择城市和区域的标准。

氪空间认为，如果以现在的眼光回顾过去10年或者15年，如家、锦江之星、格林豪泰这些经济连锁酒店在北京、上海、广州、深圳拿的物业，没有一个是拿错的，即使当时拿错了，现在看来都不错，因为它们卡对了位。如果它们当时在长沙、西安这些城市拿物业，现在看来并没有获得高增长、高收益。

另外，一线或准一线城市能够满足联合办公要求，可供选择的物

业也足够多。现在一线或准一线城市大量核心地段进行商改办的腾退，另外，电子商务的发展改变了城市格局，改变了城市的规划形态，很多城市中心的综合体变成了仓库，这样就有大量的物业腾退下来。从2016年下半年开始，整个写字楼的空置率在提高，这个时候哪家企业也不能把楼腾退掉，联合办公企业也不会。当你判断未来的办公不动产市场具有上升的趋势时，应该大量地跑马圈地，但并不意味着某一家企业能垄断所有的房源，因为这个市场太大了，就好像从大海里舀了一碗水，接着舀也不可能把大海舀干。

（2）拓客：线上线下相结合，自有渠道找客户

客户怎么来，怎么转换为收益，这是重要的经营问题。氪空间的招商主要依赖于自有渠道，线上线下相结合，把传统中介作为一种补充，这是其独特之处。

传统写字楼市场其实滋养了一些中介和代理机构。物业所有者通过委托中介来出租写字楼，交易完成后中介收取10%~15%的佣金，这是物业所有者的痛点。举个例子，假如这个写字楼平均出租价格是10元/平方米·天，企业的平均生命周期是两年，每个企业需要花一个月的时间去找楼，再经过两个月的装修期，还要付一个半月的佣金给中介机构，再加上一个空档期，所以平均测算下来，当一个写字楼的平均出租价格是10元/平方米·天的时候，实际上的收益只有7元/平方米·天左右。过去信息市场不发达，信息不对称，所以租赁双方要依赖中介，但是现在信息透明，氪空间可以很轻易地获得物业的出租信息，就相当于以7元/平方米·天的价格从物业所有者手里直接把这个楼整租下来，租10年、20年，物业所有者的既得收益不变。

对于C端，氪空间可以通过自有渠道（包括线上和线下）获得大量的顾客。线上：从类似于58同城、闲鱼、赶集这种渠道获得顾客，还

有一种是通过技术方法让别人搜索到氪空间；氪空间还可以共享36氪的项目数据库，充分地了解这些新兴创新企业，知道它们的需求点在哪里，这也是氪空间的核心优势。线下：2017年氪空间开始运转呼叫中心，在客户打电话咨询之后，呼叫中心能够快速地告诉他在哪个地方、哪个城市可以租到合适的办公室，做到快速解决问题，快速信息分发。

当然，氪空间的产品体验会使得顾客更倾向于选择它，或者这个空间所形成的社群会产生溢价。比如说从事电脑芯片的销售公司在10年前可能选择海龙，它的租金更高，但销售情况会更好。氪空间就吸引了这样一类创新创业的群体，它们往往会为此付出溢价。2016年氪空间有一个项目叫极牛，极牛的创始人是新浪微博的原首席技术官（CTO），他做的这个项目就是互联网技术的外包服务，他是国内的技术高手。同时空间里另外一个团队也是做一个类似于软硬件结合的产品。有个技术问题，这个团队里的五六个人研究了几个月都没有解决，他们后来请教极牛的创始人便很快解决了问题。这个团队负责人说："我们就像武者一样练了10年的武功，突然遭遇瓶颈，然后来了一个高人给我们打通任督二脉，瓶颈瞬间就被打破了。在氪空间就会发生这样的故事和场景。"

（3）提租：改造提升坪效，主力店拉高整体租金

WeWork能够把4元坪效提升到20元坪效，氪空间也有类似的机制来提升坪效，比如氪空间在中关村有个物业，用4元租下来之后做了一些装修改造，一个工位大概是5.5平方米，每个工位的销售价格大约为1 800元/月，坪效就从4元变成11元，增加了7元，其中包含了物业费、网络费、水费、电费等大概2元的运营成本。

类似于一个商圈有5万平方米的商业，需要有一个像沃尔玛、家乐

福那样的主力店，氪空间就相当于一个写字楼或园区的主力店，比如园区以4元/平方米·天的租金租给氪空间，可以用6元/平方米·天的租金带动其他物业出租。

2. 非工位收入保盈利

与WeWork等从联合办公起家的企业不同，氪空间最早定位的是孵化器，因此孵化服务是其最有竞争力也是最容易创收的部分。在增值服务方面，氪空间还有媒体报道收入、创业者社群活动门票收入及企业级服务分成等。

（1）系统盈利：云端联网，四个维度提升客群价值

在线“选座”，空间布局早知道。氪空间建立了一个全国云端控制平台，客户可以通过网站看到空间布局，每个空间会用建筑信息模型（BIM）技术建一个模型，像电影院选座位一样，客户可以直观地看到未来坐在哪个房间，动线怎么走。这种方式是传统空间做不到的。

全国联网，会员共享国内公共区域。氪空间的云端控制服务平台系统实现了全国联网，会对会员进行一些权限的设定。氪空间的空间设计是两进式：打开第一扇门是前厅，前厅有咖啡区、零售区、公共休闲区，穿越第二扇门是内部静态办公区域。只要是氪空间的会员，利用会员卡可以打开任何一扇氪空间的门，走进去用同样的无线密码，享受同样的布局，使用当地会议室和北京的总部进行远程连接。全国任何一个地方的氪空间会员都可以进去。这是全国一张网的会员体系，这样会极大地增加会员的黏性。很多商旅人士不喜欢在酒店里办公，氪空间能够给他们提供想要的办公区域。

权益扩展，会员订酒店更优惠。氪空间还赋予了会员其他的职能，举例来说，氪空间的会员就是亚朵酒店的会员，如果消费者在携程上订

亚朵酒店的房间，假设房价是600元一天不含早餐，那么通过氪空间来订的话，同样是600元一天但含早餐了，因为酒店方把原来需要付给中介渠道的15%的佣金返利给消费者了。大企业有行政部可以谈协议价，但是中小企业没有，氪空间里面有很多的中小企业，于是氪空间就把会员功能做延展，实现三赢：对氪空间来说可以发展会员，对亚朵来说提高了入住率和收益，对中小企业来说以更低的价格享受了更多的服务。氪空间在会员服务上逐渐地延展功能，包括与酒店、机票服务商等的合作。

会员互通，提供面向企业与个人的客户对商家（C2B）服务。马云提出了新零售的概念就是C2B。氪空间内有两个产品，这两个产品都是C2B的场景的缩写：一个是面向中小企业，氪空间将会员之间相互打通，比如企业从北京入驻，可以享受全国连锁的会员服务，同时还可以享受氪空间的会员体系；另一个是面向中小企业的个人，针对这些人，氪空间提供会员式的服务，为他们解决衣食住行等各方面的问题。

（2）孵化盈利：对接创投体系，成立创投基金

氪空间为初创公司提供贯穿其整个生命周期的服务，从团队的孵化、第一轮融资，到产品上线后的首次报道，以及再融资、跟踪报道等。氪空间依托36氪的四大业务板块（股权投资、投融资顾问服务、36氪媒体及36氪研究院），能够给创业者提供一个可追溯的服务闭环。未来，氪空间还可能成立自己的创投基金，继续壮大自己的品牌，形成一个产业链。

有很多好的项目，可能之前连公司都没有，团队只是两三个人，氪空间会对这类团队进行孵化。孵化是专门的创投服务领域，在孵化的过程中，优秀的项目会被选进氪空间。项目被选进来以后，氪空间会对

接中关村80家风险投资联盟机构，让这些项目进入投资者的通道。中小企业最需要的是钱，氪空间帮助它们融资，然后用国内的孵化器模式帮助它们对接创投体系。氪空间在2016年11月5日组织了互联网创业节，吸引了大量的互联网企业和相关人才，企业可以在创业节期间找到合适的人才。

（3）内容盈利：通过培训课程、社群活动获取收入

其实人们在某些时候愿意付出高溢价跟其他人在一起，并不是因为服务，而是因为这样一批人聚集在一起形成社群，这种社群的属性产生了较大的黏性。每个联合办公企业都应该给自己贴一个文化的标签，提炼企业背后所对应的关键词，比如氪空间的关键词就是"创新、创业、年轻人"。氪空间通过聚集创业力量，提升了空间的价值。

目前的国内联合办公品牌有两类：一类是从线下往线上走，就是有空间缺内容，目前还在往里面填内容；另一类是从线上往线下走，就是有内容缺空间。它们有的没走好就倒下去了，主要原因就是缺乏时间和资本的支撑。氪空间与众不同的地方是先有内容，建立一整套的服务体系，用深度的内容去服务企业，比如公开课、Open Day（开放日）、每个星期五晚上的CEO Time（首席执行官时间）、每个周末要做的CTO Talk（首席技术官报告）以及定期和硅谷的技术连线。过去两三年的业绩验证了氪空间的深度内容服务能力：顺丰把企业内部创新创业的孵化体系外包给了氪空间；恒天然乳业把中国区创新创业的服务业务也外包给了氪空间；中国联通也与氪空间达成战略合作。

氪空间提供的深度内容在互联网中产生了一些深度的链接，同时对入驻的中小企业或者中小项目的CEO和创始人会提供标准的服务。比如氪空间的Open Day活动，一个城市一年会做很多场Open Day。这

种活动类似项目路演，台下坐的是投资人，创业者依次上台介绍自己的项目。氪空间通过Open Day这样的活动可以聚集城市很多创新创业的项目。氪空间还有创业的培训课程，和上海交大深度合作建设创业学院的实训基地，氪空间通过这些专业体系向年轻人传输能力。未来大的联合办公品牌会往培训方向发展，因为这种培训会形成一种高黏性的社群，比如进过中欧国际工商学院（CEIBS）的人会被贴上CEIBS的标签，进过黑马创业营的人会被贴上黑马社群的标签，进过氪空间的人会被贴上氪空间的标签。

氪空间从2016年5月开始办活动、办培训，现在开始产品化了。创业者在氪空间通过CEO Time、导师分享会、集体团建等活动结成社群，在合作中创造更大的价值，通过这些社群活动达成合作的项目已经占到氪空间的60%。虽然这些事情对空间运营的影响现在还看不出来（毕竟操作时间还很短，已有的样本和变化不足以反映过去所做的事情产生的影响），但是肯定对氪空间的品牌有非常积极的作用。

（4）服务盈利：提供专业和便利性服务

客户希望企业提供的服务是加量不加价，但企业做这些事情不能亏本，怎么使二者达到平衡呢？要使这些服务增加利润的贡献比例，比如提供极致的网络体验，每100元的服务收入中可能利润是80元，毛利特别高；再比如20元的咖啡，成本可能只有3元，但口感比星巴克的要好，它的利润就很高。

对于B端客户，大企业有人力资源部、行政部、法务部、公关部、财务部，五脏俱全，遇到棘手的问题还可以找外面的咨询机构合作。而中小企业只有几个人，只能专注于自己的核心业务，需要人力资源、法务、工商执照、报税等方面的服务。氪空间会嫁接行业内专业的机构，帮中小企业来做这些事情，中小企业能够在氪空间享受比外面更优惠的价格。对于C端客户，比如会员可以通过氪空间订亚朵酒店的房间，可以享受免费早餐等，这些对氪空间来说没有成本。氪空间通过撮合交易，让无论是B端还是C端的用户，享受了方便和优惠，这个是氪空间的信息通道起到的作用。

除了嫁接第三方服务平台之外，氪空间自己也会提供一些与客户的便利性相关的服务，比如提供咖啡。这是非常简单的事情，但是这种服务提高了客户的便利性，客户会因为便利性而付出额外的服务费用。

中关村创业大街新开了一个零售店叫便利蜂，便利性极高，消费者自己拿手机扫码，然后自助结账，不需要跟任何人打交道。这种便利性是可以提升价格的，比如一盒巧克力，沃尔玛卖10元，它那里卖12元，贵20%，毛利水平很高，但是顾客能够接受从10元涨到12元；再比如一罐可乐卖2.5元，冰镇可乐卖3元，这个顾客也很容易接受。与便利蜂一样，氪空间会让客户很便利地获取需要的服务。

四、管理：激活90后团队，实现快速扩张

再好的商业模式都需要有配套的管理措施，通过有效的管理手段，企业能够让每个员工都按照既定的思路和计划去做事。

氪空间核心管理团队融合了互联网、地产、酒店管理等背景和经验，这种经验使得氪空间在联合办公行业有自己独特的优势。氪空间员工的构成综合性较强，高管团队有地产、酒店和互联网三类背景，这也使得氪空间的系统、会员、产品体验等与其他联合办公企业产生了差异化——类似于亚朵酒店、香格里拉、四季酒店，它们相互之间是有差异的，这种差异化会使得它们对应的目标顾客群体不太一样——氪空间的目标群体更年轻、更活跃。这就涉及对现在90后团队的管理问题，这个事情也让很多企业头疼。

1.90后为自尊而独立，更强调信任

以前，年轻人在找工作时，父母会说“你们领导喜欢你吗”，但现在90后的年轻人找工作，父母会说“你喜欢你们领导吗？不喜欢就回家”，这是两套不同的逻辑。以前是被迫的独立，是为了生计而独立，现在的90后是为自尊而独立，体现出更强的独立能力。此外，90后接受的教育水平更高，又处在这个快速发展的时代，他们有着更强的能力。

90后的特质决定了他们值得被信赖。钟澍说：“这两个星期我一直跟核心管理团队在说信任的力量。信任是可以产生极大的力量的，比如在《血战钢锯岭》中，在最后的战斗开始前，那个卫生员如果不上去大家就都不上去，他给大家带来的就是一种信任的力量。”

2.不从行业内部招聘“种子群体”

氪空间不喜欢从行业内部招聘“种子群体”，而更多的是跨界招聘，因为氪空间认为自己做的事情是突破传统，突破自我。首先，以现在年轻人的学习能力，他们只要通过一个星期的封闭训练就可以掌握基本的房地产专业知识，这些知识是可以培养的，而能力是先天带来的。其次，“跨界群体”来了之后，氪空间会给予其充分的信任。再次，氪空间定期会有一些活动，比如说每周二早上10点召开一个全国视频连线的晨会，每天早上9点半有一个全国运营的日会，这些活动就是为了解决“跨界群体”日常运营的困难。

钟澍说：“对于这样的群体，我们第一要信任它们，第二要帮助它们解决困难，第三要为它们创造价值空间。它们不跟你谈条件，不在意你的工资，它们真是为了实现自己的价值而来的。如果你找到这样的群体，它们被激励起来，价值就是无限的，所以氪空间现在招聘的基本是这样的群体。”

3.城市合伙人计划，实现快速扩张

氪空间具有很强的创投服务基因，此前依靠其科技媒体资源和投融资服务聚集了一批黏性极强的创业者人群，这些人和氪空间后续合作的意愿非常显著，他们对36氪的品牌价值也格外看重。目前氪空间的很多入驻企业都来自前几期孵化的项目，其中有一些项目已经扩张到二三百人。

在2016年4月氪空间的两周年战略发布会中，氪空间公布了它的“城市合伙人计划”，试图通过与当地产业园、孵化器和众创空间合作的方式，在氪空间的品牌下开展办公空间服务类业务，共同拓展市场，快速完成布局。三个月内，氪空间就与北京宝蓝股份旗下TA众创、上海交大新慧谷科技产业有限公司、浙江火炬生产力中心、创客坞（厦门）投资有限公司、陕西中海惠泽大学生创业孵化中心等达成城市合伙人意向，签约合作面积达30万平方米。

展望：做联合办公服务佼佼者，将极致进行到底

目前，在联合办公这个行业里，氪空间具有自身突出的优势：第一，空间产品迭代快，它已经有了1.0、2.0、3.0、4.0产品；第二，开发出比较成熟的线上系统；第三，线上线下系统能有机结合；第四，在非工位收入方面做了很多尝试，并取得了一定的成果；第五，在行业已经具备较高的影响力，现在很多企业特别对氪空间进行了研究，包括空间怎么布局，门单向开还是双向开，玻璃用多大、多高，房间为什么不用投影仪，类似于这些设计细节。

钟澍说：“我们当然也在学习，我们不能骄傲自大，每个空间都有自己的优点。有一些特别小而美的联合办公空间，它们的融资规模在1 000万元左右，只有3~5个店，但在产品的细节上做得特别精致。”

下一步，氪空间可能更关注产品的各种细节，让自己的产品标准化、可预期。把产品细节做到极致来提升用户体验，这种做法并不会增加成本，反而会降低成本。钟澍最后用一句话总结了氪空间的发展方向，就是：提高品质，降低成本，满足客户。

第十章　方糖小镇：共享空间的社群运营楷模

方糖小镇是一家以社群为基础的联合空间服务商。目前联合办公行业对社群的认识表现在两个方面：一方面，大家都看到社交的重要性，认为社交是新型办公、居住产品不可缺少的元素；另一方面，社群运营对于空间扩展、赢利模式到底有多大的作用，业内对此看法不一，甚至多有诟病，不少人认为社群运营处于初期阶段，还没有解决从0到1的问题，社群运营多是赔本赚吆喝，根本无法变现。

方糖小镇以社群为核心切入联合办公领域，在不到三年的时间里快速扩张。其社群运营并没有因为规模的扩大而丧失自控力，反而在线上线下都搞得有声有色，对提升客户黏度和出租率起到很好的作用。除了对行业趋势有准确的判断外，方糖小镇在社群的建设、运作以及如何与空间运营有效结合等方面都有独到的见解和做法。方糖小镇创始人万里江先生（如图10-1所示）对此进行了深度解读，为我们剖析了方糖小镇的破局之道。

图10-1　方糖小镇创始人万里江先生

一、挖需求：新型办公的核心内涵是社交

很多人觉得做联合办公既能赚钱，又很时髦，但他们大多数都没有想清楚为什么要来做这个事情，怎么做下去。方糖小镇将自己定位为一家以社群为基础的联合办公空间运营商，服务的目标客户群覆盖大企业、中小企业以及蜂巢式企业，但服务的主要对象还是中小企业。方糖小镇选择了科技、媒体和通信（TMT）创新创业人群作为核心服务人群，坚持走“空间+服务+社群”的商业模式，通过平台的力量，集中优势资源，挖掘好的创业项目，深化创业服务。

方糖小镇把社群作为整个商业模式的核心和基础，基于以下三大原因。

1.现象：互联网让企业变得更小

万里江认为，企业规模正在经历从大到小的转变，这是企业未来的发展趋势。

（1）互联网向社会和生活全面渗透

万里江认为，互联网可以和火、电、蒸汽机等并列为人类伟大的发明，这些发明被不断地深入应用，推动了一个又一个时代的进步。人类因为开始钻木取火，才进入了原始社会；有了电，才进入到工业社会；有了蒸汽机，才激发了大规模的工业革命；有了互联网，整个人类社会才进入智能时代。

互联网的发展并不是简单地产生了很多互联网公司，纯互联网公司的出现只代表了互联网对人类影响的10%，还有90%的影响是互联网渗透了社会生活的方方面面。互联网的作用与电的作用相似，电刚刚被发明出来的时候，大家觉得它挺好，因为电灯大大地改善了照明条件，就提供发光发亮的功能而言，电灯已经是伟大的发明了。但是，

谁也没有想到在电灯之后，电渗透了生活的方方面面，从交通工具到笔记本电脑、手机，等等，如果没有电，人类社会不知道会变成什么样。

万里江说："以前我们觉得互联网公司很厉害，互联网思维很高大上，但其实互联网远远不止这些，它像电一样能够渗透我们的生活、工作，包括商业社会的方方面面，未来它就是一个基础设施。我们身处这样一个伟大的时代，将会有数不尽的和互联网+有关的创业公司诞生，它们在改变着这个世界，所以起码在未来10年，创业是不会停歇的，这是我们做方糖小镇创业社群的第一个基础。"

（2）互联网提供充足的信息和生产工具

互联网也改变了公司的组织形式。在工业时代，首先，公司追求的是规模化，比如要生产杯子，规模要达到10万件才能上生产线；其次，公司追求标准化，因为规格一致才便于大规模快速生产；最后，人的分工越来越细，每个人只做同一个动作。以前的工匠不是这样，他们要亲自完成产品制造的每一道工序，三四个月才能做好一个杯子，做出来的杯子，每件都不同。但是，在信息社会（互联网社会），情况发生了很大的变化。第一，互联网提供了充足、即时的信息。过去很多时候你之所以不能做，是因为信息不对称，别人知道而你不知道，如果你也掌握了相同的信息，可能也能做。第二，互联网提供了生产工具，每个人通过互联网都能做很多事。

万里江举了一个自己的例子："我原来是财经报社的记者，当年离职的时候有几个选择，可以去公关公司就职，或者去一家大公司做公关总监，但从来没想到自己办一家媒体公司，觉得根本不可能。那个时候就是工业社会的思维，认为媒体公司是一个大型的组织，需要很多的资源才能组建起来，但是今天要做自媒体是很容易的事，而且如果能够做得好，影响力迅速就显现出来。”自媒体视频脱口秀《罗辑思维》主讲人罗振宇原来也是媒体出身，现在他的自媒体运营得很成功，影响力超过了很多传统媒体，就是因为网络能够给他提供充足的生产工具。传统的媒体包括采编、广告、印刷等要素，而自媒体仅仅需要来自互联网的采编信息；自媒体广告可以通过谷歌联盟、百度，或者其他很多新媒体营销公司来发布。所以，互联网社会发生了很大的变化，自媒体给大家提供了各种生产工具，一个人或者几个人就能办成以前一个大公司才能办成的事，这就导致了大公司在消亡或者变小，小团队在不断增多。

2.需求：新生代办公环境的六大变化

今天的新生代对办公环境的需求变化主要体现在六个方面。

第一个是重叠区域　传统办公区的功能是固定的，但是方糖小镇是多功能的，用户可以在这里开会、办公，方糖小镇的空间里甚至还举办过运动会。方糖小镇的体育设施不是放在一个专门的区域，而是穿插在公共空间和走廊的各个地方，即所谓的重叠区。

第二个是无分配座椅　某世界500强公司为了避免一部分家居办公（SOHO）员工因为孤独而离职，采取了一个做法，比如有100个业务人员，只需要常设50个工位，然后利用自己研发的App，当员工需要回到公司的时候，在App上下一个订单，就像值机或者选电影票一样，选定座位之后直接刷卡，回来之后就坐在这里。这种方式在未来能帮助大公司节省成本、增进社交。

第三个是可移动办公桌　这是很多互联网公司现在的做法，大的互联网公司往往会孵化一些新的业务，然后组成一个小的团队。团队有四五个人，如果这四五个人还在原来的部门就不便于交流。一个很好的做法就是把办公用具和电脑移到一起，团队的四五个人就能在一起办公。

第四个是智能办公 办公室里有很多智能办公的技术，可以预定会议室、工位，包括在自助超市里面买东西。

第五个是工作、生活、娱乐无边界 在方糖小镇的空间里，最受欢迎的是睡觉的地方，每天都有人排队。方糖小镇还有一个心理咨询室，也非常受欢迎。联合办公为什么会想尽办法做这些事情呢？因为如今的员工和以前不一样了，如今的员工工作压力太大，不仅工作时间长，而且要求效率高，所以他们需要把生活和娱乐融入工作之中。

第六个是绿化和环保 方糖小镇请了世界著名的绿色建筑设计师在浦东机场建了三个机场内的垂直森林，楼上楼下就像一个小森林，它提供了一种可以满足办公和休息的条件。

3.本质：需要办公室的根源是需要社交

从人类的发展历史来看，在农业社会最重要的是生产资料，谁有土地谁有优势；工业社会掌握原材料的人最强势，石油、煤炭、铁矿石都是基本的原材料，因为大规模的工业生产需要这些东西，掌握这些就等于掌控了经济命脉；但到了信息社会，这个事情发生了变化，没有这些东西一样能做到很强大，比如腾讯没有土地和石油，阿里巴巴也一样没有，它们最重要的资源是员工。员工之所以与天然资源不同，就是因为每个员工都有主观能动性，他们是能被调动起来的。

（1）服务业除了人之外还要有办公室

网络带来了很多便利，人们很容易通过网络获取信息和生产工具。但是在信息社会如果要开公司，还要大量地招募员工，之后就是要找个办公室。农业社会的人们不需要办公室，进入工业社会以后，在工厂里面建几个楼就是办公室。如今的办公室已经不是传统的样子了，它要符合自由职业者、小团队、小公司甚至一些新兴的创业公司的需求。这些小公司、小团队对今天的办公室形态已经不满意了，也许它们自己都没觉察到。

万里江说：“联合办公就是这样的新形式，我们现在给大公司比如给美团做定制版本或移动办公，我们的设计理念是你只要持有一张我们的卡，到我们全国各个项目都可以移动办公、会客。除此之外，联合办公也许还有其他的形式，但它究竟是全部开放工位，还是一个一个房间或者别的样子，这些物理的形式并不重要，关键是它能不能满足这些用户的需求。”

（2）人因为“同好”“同链”聚在一起

网络的出现，让人们的办公变得非常简单和方便。过去人们办公一定要去办公室，因为文件都放在办公室，接听和拨打电话也必须在办公室。但今天人们就算是坐在马路边上拿个手机也能办公，因为现在有很多的移动办公软件。从这个角度来说，一个只有两三个人的小公司在家办公都可以，为什么还要办公室呢？人们除了对新型办公有物理介质的要求外，内心更有一种社交的需求，这就是方糖小镇做社群的原因。今天的办公室或者新型的办公室还存在两个功能：一个是知识的传承；另一个是社交的需要。这两个功能让物理空间有存在的意义。

第一，知识的传承很重要。有些东西需要面对面的沟通和交流才能获取，光靠自己从书上或网上学习肯定不够，比如了解一个公司的规章制度和上下级关系，或者怎样形成一种内部协作的力量往前走，都离不开办公室，因为办公室是一个知识传承的适宜场所。

第二，人们有社交的需要。一个人工作太孤独，所以他还需要一个能够提供社交的办公空间。由于网络的出现，办公空间不需要那么固定，或者说这样一种传统的办公室变得不那么重要，人们选择办公室的范围更广了，再加上今天的90后更讲究自由，他们有权力选择去什么样的办公室。他们选择的依据有两种：一个是选择“同好”，就是他们喜欢谁，愿意跟谁一起办公，或者说一群有共同的兴趣爱好和价值观的人，愿意待在一起办公；另一个是选择“同链”，就是他们同属一个产业链，商业上存在协同关系，比如是生产链的上下游，所以他们就愿意待在一起。万里江说：“仅仅靠硬件无法招揽客户，我们要先解决人们头脑里的认知问题。认知改变命运和观念，有了观念的先期植入，客户自然就会选择你的产品。在这种情况下，我们就需要建立社群。”

二、做社群：先连接再共创的C2B模式

在确定以社群为切入点之后，接下来的问题就是社群这一块怎么做起来？现在很多人做社群，但是最后发现好像没什么价值，不知道怎么变现。社群这部分要做一些什么事情才能吸引人，怎么去解决变现的问题呢？

原来的传统办公室是中间一个走廊，两边完全隔开。相邻办公室的人或许互不相识，或许因为某些事发生过争执，他们的认知也有很多障碍。人需要一定程度的聚集，但是不一定希望和旁边的人坐在一起，只是过去没有选择。如果可以选择和谁在一起办公，再来做事情就非常轻松，所以企业做大了之后就愿意接受定制办公，大家就可以根据共同的兴趣、爱好以及共同的业务在同一个区域里移动办公。方糖小镇的出租率在行业里是较高的，其实也没有什么神奇的办法，就是因为在社群运营方面做了很多努力，不同的是别人都在“果”上用力，而方糖小镇是在“因”上着力，事半功倍。

方糖小镇做社群有几个核心点：第一，社群一开始不能太商业；第二，一定要强调社群里面的平等关系，要去中心化，每个人都是这个蜂巢的连接点，他可以连接别人，别人也可以连接他；第三，一定要发挥这个社群的力量，所做的每件事都应该是社群自己“生长”出来的，

而不是组织者刻意策划的。

在2014年年底，方糖小镇用空间的方式把大家聚合在一起，在这个基础上根据客户的需求开始做联合办公，比如为中型企业提供创意办公空间，为大型企业提供定制空间。方糖小镇是先做社群再做空间，所以本质上是C2B的模式。

1.原则：先连接，再共创

社群因为一些共同价值观而聚集，大家基于一种非功利性的目的聚集在一起，有了情感的互相慰藉。因为创业很孤独，又因为在组建社群的过程中能够产生一些共创，所以方糖小镇社群的基本原则是“先连接，再共创”。

方糖小镇创造了很多相互连接的机会，通过不同的方式让大家建立连接，比如入驻的客户自己放了一些书在这里，可以以书会友。大家可以随意取书，在书上可以写一些名字或者其他内容，看完了放回去，借此产生相互的交流和沟通。有了这些连接以后，自然会产生一些共创，共创的形式可以是合并成一家公司，也可以相互之间交换新的想法或者合作。最后通过大家的共创，形成社群的集体决策，比如这个社群到底应该怎么管，大家应该共同遵守什么样的规章制度。有了这个决策以后，大家就会愿意共处一个空间，因为社群的组建过程就是大家在不断地互相筛选，那么兴趣相投的人会聚在一起形成多个社群，最后沉淀下来的社群一定是各种同好、同链的关系。

方糖小镇聘请在各行业有丰富实战经验的领袖企业创始人，作为创业导师，为创业者提供创业指导、经验分享等。此外，方糖小镇成立合作社，为创业者提供注册、法务、财务、人才招聘等优质配套服务。方糖小镇还与第三方机构，如人人财务、和仕咨询、金柚网、锐智人才、彩虹律师网等合作，不仅定期地为创业者安排咨询会，更不间断地提供专业知识讲座，为创业者构建一个无忧创业、社群协作的系统环境。

2.方式：一开始不能太商业化

创业者是孤独的，他们其实非常需要抱团，但是他们又会像刺猬一样，怕抱得太紧了互相有伤害。这跟我们生活中交朋友不一样，因为创业者会担心自己的想法被别人学去，会有很多顾忌，所以做社群一开始不能太商业化。

万里江打了个比方，假如人们在某个社交场合认识了，都抛开自己的社会身份，那么能不能交往完全就看脾气秉性是不是合适，大家都没有那么多顾忌。但是如果主体变成两家公司就不一样了，双方会相互试探，担心泄露自己的商业机密，怕自己的核心技能被对方学会，还怕对方会挖走自己的优秀人才。万里江说：“以前我做园区的时候就遇到过这种情况，开发商一直在跟我们学习，好像要跟我们合作或给我们投资，最后却没有和我们合作，还挖走了我们三个人。所以这个原则很重要——一开始不能以非常商业的形式做社群。”

从2012年开始，方糖小镇就是以公益的形式做社群，不收会费，每次办活动也不收钱，每次活动都是社员自己来做义工，都是大家自愿捐助。因为不涉及商业机密，所以大家可以把顾虑完全放下来，而放下来以后就会袒露更多的真性情，也愿意有更深入的接触。

3.组织：去除等级，所有人服务所有人

社群不能有等级观念，这里面不能有一个非常明显的核心人物。所以方糖小镇强调的是“三所有”原则，即所有人去服务所有人，所有人向所有人学习，所有人支持所有人。万里江说：“不管你有多大的名气，到这里都是平等的，我们强调每个人都有优势和特点，每个人都

能用他的优势和特点为其他人做奉献，这一点很重要。”很多人最后把社群做成了粉丝群，粉丝群里有一个或几个明星，大家狂热地追捧他，群体围绕着明星而存在。一旦明星出现了问题，大家就散了，相互之间的交流便没有了。这种粉丝群不是方糖小镇要的社群。

方糖小镇的社群之所以能得到广泛的发展，是大家都觉得在这里自己是主人，都具备不可或缺的能力，在这里都可以奉献自己的力量，大家之间的帮助也非常多。社群由此也产生了很多的形式，这些都不是方糖小镇策划出来的，它是自然而然产生的，当然它未来还会有很多形式，这都无法预料。例如，方糖小镇有一种高端社群叫“私董会”，大家在几个月或半年的时间里义务地帮一家公司，从商业模式、人才发展到融资，大家开很多次深度的会议帮助这家公司，直到它融到资或者走出困境，开始各方面的成长，“私董会”就散了。一开始，方糖小镇完全没有想到会出现这种形式。此外，大家还众筹了几家公司，发展得也非常好。这些完全是自发自愿的，而不是策划出来的。方糖小镇采用完全公益的方式，所以社群发展得很快，在全国十几个城市有7万多名会员，中国台北、美国硅谷及意大利都有方糖小镇的会员。

4. 机制：定期组织线下活动增加亲近感

方糖小镇每年有1 500多场活动，有50个大的微信群，有30场千人大会和一个App，能够让社群成员相互联结，然后产生共创和自治。

方糖小镇的每个空间都由客户组成一个自治委员会，然后有一个总的自治委员会。方糖小镇在全国所有联合办公空间里率先推出社区的自治公约叫“我们”，其中包含一些管理标准和退出机制，如果在一个空间里，有多于一半的委员认为该企业应该出去，公约就会自动生效。在日常运营过程中，社群成员会一起商量和讨论空间究竟应该怎么做，比如喜欢什么样的人在这个空间里服务，觉得什么样的Wi-Fi最好，这个办公室应该是什么样的，所以方糖小镇的空间和一些众创空间就不太一样。一些众创空间里面颜色特别重，大红大绿，显得特别多彩，而方糖小镇的空间就比较素净，因为大家反映五颜六色比较适合办活动、开展览，如果要长期待在这里，想安静地工作，环境还是素雅一点比较好，这样办公的人能够更加集中精神。这些就来自于方糖小镇客户的心声，这对于社群是很关键的。

很多人在做社群时总觉得缺乏互动，如果组织者没有抛出一个话题，群里就几乎没人说话，相互之间平时根本不交流。万里江认为：做社群不能光有线上活动，必须线上线下相结合，因为没有线下面对面的沟通，人们很难产生亲近感。如果互相之间只是合作者或者网友，可能很多事都是公事公办，但如果私下里一起吃过饭或者一起出去旅游，就能够形成朋友般的感情。所以，做社群要兼顾线上和线下，如果社群里面都是公司董事长、CEO等高管，那么第一步不是要把他们连起来，而是想办法卸下他们的社会身份。

为了让社群更有温度，方糖小镇为入驻的客户量身打造“方糖例会”、“方糖下午茶”、“方糖夜谈”及“方糖拓展”等活动模块。另外，方糖小镇联合中国最优秀的创业者社群WorkFace，希望通过合作能够建成中国最大的创业者社群聚集地。下面以方糖例会和千人大会为例，看看方糖小镇的社群活动是如何操作的。

（1）每周都有方糖例会和线上10问

方糖小镇在社群运营过程中有一些固定的机制，保证每次活动符合社员的胃口，因为只有和社员保持频密的往来，才可能知道他们喜欢什么，例如，方糖小镇会在固定时间搞一些活动，比如每周三有方糖例会，每周一有线上的10问。

方糖例会就是每次定一个主题，确定主题的主讲人，让大家在线上自愿报名，然后线下参会。在线下参会之前，社员先在线上针对主讲人提10个问题，通过10问让大家对主讲人有所了解，同时对主讲人来说也是一次宣传的机会，通过宣传来提高大家参与的积极性。这种方式让参会的人参与性、目的性更强。万里江说：“我们平常有很多这样的活动，我作为公司的创始人，也是社群的一分子。我们每个月会有一次开放日，在社区和一些创始人交流，然后每个月有一次创始人的晚宴。我们只有一个人来专门负责社群，他主要是做一些联络、服务之类的工作，策划和组织主要靠大家，通过这些活动就能把大家紧密地连接起来。”

（2）每季度组织不同主题的千人大会

方糖小镇除了每个月办一次创始人的深度连接，每个季度还有一次千人大会。这1 000人的参会者来自几个部分：最小的群体来自在方糖小镇空间里办公的人；大一点的群体来自社群，因为社群里的人数远远大于在空间里的办公人数；第三个群体是外面一些认同方糖小镇理念的人（他们通过千人大会也会加入社群中，未来也可能成为这里的办公人群）。

万里江强调社群的线下活动一定要主动去策划和组织，每次千人大会都要设定主题。比如方糖小镇做一个商业相亲大会，策划好之后就开始召集义工，义工全部来自社群（他们可能是某家公司的CEO或者联合创始人、高管），然后由他们自己选出义工团团长，再分成若干小组，包括现场接待组、摄影组、策划组等，每个小组有组长，每个组长就带着组员分头开展活动，最后大家把这件事情办成了。因为他们亲身参与活动，而且本身也是消费者，他们知道社群里的人具体想要什么。这种方式使大家参与的积极性高，成本又低，效果很不错。

这些活动有的是收费的，比如方糖小镇举办的城市定向越野赛，社员和外面的人都可以参与，对参加者收取一两百元的费用。有一次，城市定向越野赛的路线是沿着上海的地铁二号线，因为方糖小镇的社区大部分分布在地铁二号线的地铁上盖或周边，其实这相当于让参加者到自己的社区里面走一趟，这也相当于方糖小镇做了一次价值很大的广告，既节省了营销成本，还收取了一定的费用。

5.变现：通过社群提升空间出租率

有人说，方糖小镇把社群做大是为了从中赚钱，万里江表示这个说法不对，他认为第一不要指望社群赚钱，社群应该像土壤一样，它自己并不结果，而土壤之上的树木才会结果。这就是目前方糖小镇做这个社群的初衷，它并不在于通过社群直接赚钱，最主要的是通过它来提升空间的出租率，提升客户的满意度。当然，社群未来也可以是其他类型，但是现在只把落脚点放在空间上。

万里江说："我们要想通过社群赚钱，要一步一步来，比如先建立一个社群，大家基于这个社群来我的空间里办公，在办公过程中我再把他们粘得更紧，在这个基础上再开展多种多样的服务。服务也是基于他们在这里办公之后才有的，而不是直接由社群产生。运营之初不要直接从社群里赚钱，这样会破坏社群的基础。社群一旦带入了很多功利性就会降低黏性。"在社群创立的三年后，方糖小镇开始承接、运营其积累下来的大量社群资源，开展了大量的社群活动，让这些创业者无论是在方糖小镇的空间内还是空间外都能获取人脉资源、商业机会。这让方糖小镇的品牌宣传和营销成本大大降低，同时也是方糖小镇与其他从零起步的联合办公空间的核心区别。

除了社群方面的积累外，方糖小镇在快速扩张的过程中，一直保持着总体出租率接近90%的行业高水准，强大的营销能力也是其维持这一水准的重要原因。方糖小镇从项目签约开始，就已经在做销售，前期准备周期非常长，这样可以确保方糖小镇在开业的时候就至少有70%的出租率。

三、保增长：高效运营实现有质量的增长

在互联网社会，联合办公企业在运营过程中需要解决很多量的问题，比如：怎样获得竞争优势，获取合适的物业；社群在小范围运营时相对容易，但当其规模达到上百个时，组织和管理能力能否跟上；社群规模扩大之后怎样保证产品的有效复制，空间扩大后又怎样保证出租率，等等。

1.占领核心，在一线城市低价拿地

方糖小镇的布局策略有点像开发商，要做区域深耕。思路想清楚了就不会乱布点，也会避免出租率不高等问题，而准确、低价地拿地又保证了成本在可控范围之内。

（1）以上海为根据地布局一线城市

万里江说："必须扩大规模，没有空间的扩大就谈不到其他。"所以方糖小镇现在也在不断地布点，目前还不是全国扩张，虽然北京、成都都有项目，但是目前的主要目标还是在上海。方糖小镇在上海已经开业和进场施工的社区有25个。在一个城市做到遥遥领先，聚焦一线的核心区，这是方糖小镇的基本策略。

2017年方糖小镇的重点是北京，这是一个城市一个城市开展的根据地战略。此外，方糖小镇的线上业务也会逐步开展，这样方糖小镇就会突破线下物理空间，哪怕企业没有入驻方糖小镇的物理空间，方糖小镇也能为它们提供服务。

因为布局准确，运营时才有把握，才能知道客户接受的范围，才能精确地控制成本，而且在一个城市做得越密集，知名度就越高，也越

容易扩张。如果一下子在全国布点，那么每到一个新的城市都要重新做宣传和拓展，对于一个不是纯互联网的品牌来说很难做到。

（2）严密测算控制拿地成本

方糖小镇的创始团队在空间界和传媒界可谓有深厚的积累：CEO万里江有丰富的文化创意园区的运营经验；首席运营官（COO）曾在南方报业传媒集团从事采编工作八年多，掌握了丰富的媒体资源；首席开发官（CDO）曾在国内多家知名连锁酒店集团任拓展总监，拥有强大的谈判能力和土地资源。因此，在多数空间受到租金上涨而陷入危机的大趋势下，方糖小镇依旧可以拿到业内相对便宜的地段，这与方糖小镇掌握的资源优势和谈判能力是分不开的。

此外，方糖小镇有一支非常完备的拓展开发团队，还建立了比较立体的信息来源，包括网络、中介、政府渠道、国有企业。方糖小镇对每个项目的情况都有比较严密的测算，它不跟随市场价格，也不认定业主报价，而是根据内部的测算来倒推其能够承受的价格，严格地控制拿地成本。

万里江认为，目前多家企业竞争一个位置的情况并不常见，因为联合办公行业的竞争还没有特别激烈。这个行业有这么多人在做，但是行业空间特别大，方糖小镇和别人正面竞争的时候很少。其实，联合办公行业共同的对手是那些传统的办公楼和传统的商务中心，因为联合办公行业要改变人们对于传统办公楼的观念，让人们接受新型办公形式。

2.定位精准，产品细分提高出租率

目前，联合办公行业因为门槛不高，进来的人越来越多，大家都在降价。为了解决扩张之后每个点的获客、空置率问题，方糖小镇曾经做过低端产品，但现在的策略是避开红海，定位中端客户。

市场上的产品可以分为高、中、低三类，像裸心社、WeWork做高端产品，方糖小镇主要做中端产品。很多人都在做红海的低端产品，低端产品对应的客户数量极其巨大，但是价格敏感，变化非常快，价格战不可避免，所以方糖小镇不做；中端产品对应的客户数量比较多，相对稳定，客户有一定的支付能力，愿意消费升级；高端产品的利润很高，但是对应的客户数量比较少。所以方糖小镇选择的是先做中端，未来可能会往高端延伸。基于此，方糖小镇就占据了优势：首先是面对的客户数量够大，规模扩张不是问题；其次是中端产品能保证一定的质量，客户对价格没那么敏感，他们要选择一个性价比高的产品。所以方糖小镇主打的是性价比。方糖小镇先对客户进行细分，形成了三大产品线，再通过标准化模板在市场中进行快速复制。

（1）三大产品线满足不同企业的需求

方糖小镇逐渐摸索出了三大产品线：中小企业—共享、大企业—定制、蜂巢式企业—移动办公。比如，方糖小镇会提供一个毛坯的环境，让用户在大社区范围内进行创意办公，用户可以不要自己的前台、共享前台和会议室。方糖小镇曾经给新美大定制了将近1万平方米的空间，解决了多部门分布在不同区域的痛点。方糖小镇服务人数最多的是以办公场所为单位的中小企业，通过物理空间、办公服务、第三方服务、社群的四类共享，实现社区内封闭互联，产生乘法效应。目前方糖小镇在上海的联合办公空间，每个空间有接近90%的出租率。

此外，业内常用的辅助手段方糖小镇也在用。万里江认为，一个商业模式最好是包容式创新模式（比如包容原有的线下营销、中介和口碑），而不是颠覆式创新模式。在口碑方面，方糖小镇已经建立了比较强的优势。在应对空置率问题方面，方糖小镇的核心能力就是精准的中端客户的定位，其他基本手段和大家差不多。

（2）两套标准化模板按需复制

为了保证规模快速扩张以后不会出问题，方糖小镇已经形成了两套标准化的模板，其中一个是森林系列，可以根据每个地方的实际情况选择复制，包括别人来加盟都是按照这个标准来做的。另一套标准化的模板是测算表格，方糖小镇有一个详尽的测算表格，这个表格涵盖了各方面的内容，根据测算就能知道某个位置是否合适。

3.灵活定制，一张卡走天下

方糖小镇在全国网点开展移动办公业务，为繁忙的商旅人士提供私密、安静、方便舒适的机场移动办公和休息空间，并为需要高度灵活办公的人群推出了移动办公卡“Mobile Office”（MO卡），希望未来实现“一张卡走天下”。

移动办公业务和互联网公司定制业务是方糖小镇A轮融资后的主要发力点。针对人员快速增加、业务跨界快的公司，方糖小镇可以为它们提供办公室定制服务，让它们以最灵活的时间安排、最灵活的人员布局，以最快的时间在全国指定城市、指定地点拎包入住。方糖小镇为美团、大众点评网在互联网+生活社区定制的办公室，开启了大型互联网公司办公室的定制先河。

4.混搭跨界，共享优势快速扩张

随着经济增长放缓以及受到电子商务的冲击，传统实体零售企业面临巨大的考验，创新变革是迎合市场发展的重要手段。联合办公与零售业的合作，不仅共享优越的地理位置、人流，而且可以创新性地实现集办公、卖场、活动为一体的“前店后场”零售业创新办公试验区，打造Office-plus的混业生态。方糖小镇发布的三家新门店：位于兆丰广场四楼、中山公园地铁上盖的方糖小镇上海总部，位于星游城、上海体育场地铁上盖的徐家汇文娱社区，位于金鹰国际购物中心的零售创新试验区，均为“体验式商场+办公”的混业之作。除了与零售商业的混搭外，方糖小镇还计划推出方糖小镇 × 浦东机场、方糖小镇 × 美漫英雄（IP[①]孵化产业）、方糖小镇 × 暖澡堂（The Beast高端花卉品牌，以女性创业者为主的花的空间）等多种业态的混搭方式。

方糖小镇还与连锁酒店品牌开展跨界合作，目前已与其天使轮领投方华住集团签订了一项战略合作协议。通过该协议，方糖小镇有望借助华住集团强大的线下酒店资源“铺开”自己，实现快速扩张。例如，未来方糖小镇会在全季酒店中设置其办公点，以用来服务更多出差的、灵活办公的方糖小镇客户及华住酒店客户。目前，华住集团已经在全国拥有2 000多家门店，覆盖从中低端到高端的全系列酒店类型。对比而言，这种商业模式较二房东模式更轻，方糖小镇自己不用投入租金成本，仅承担品牌运营方的角色。这种模式与很多国际连锁酒店品牌的做法类似，对于方糖小镇来说，它能够通过提供附加管理服务来获利，同时可以依靠华住集团大量的线下渠道快速复制扩张。对于华住集团来讲，方糖小镇的服务是其酒店办公服务的补充，进一步提升了其服务质量和议价能力。

5.升级系统，用IT系统大量代替人的工作

初创企业在向全国布局的时候还会受到各种各样的管理、内控方面的挑战。方糖小镇从一开始就有明确的方向，一个初创企业不能一下子把摊子铺得太大，应该先集中在一个城市好好发展。这也是一种清晰的自我认知：清楚自己的能力所在。

---

① IP是用户情感的承载介质，它可以是文学、音乐、动漫、影视、游戏等领域的内容或产品。

方糖小镇本身的管理涵盖线上线下：内部在深度使用阿里巴巴的钉钉管理平台；专门聘请了一个携程的高级总监来担任公司的技术总监；有一个30多人的技术团队来负责面向客户关系管理的IT系统。虽然方糖小镇目前还不算大公司，但是一开始它就重视信息化建设，通过IT技术的不断更新、迭代，逐步减少人为的因素。万里江说："我们原来一个店有三个人，现在降为两个人，就是通过IT系统大量代替人的工作，最后只要一个人就可以完成了。"

6.收集数据，细分用户进行服务分发

方糖小镇基于社群的强大功能可以进行更多的数据挖掘：后台是一个完整的信息化系统，前台是一个撮合社交的App。另外，方糖小镇里面聚集的是互联网和互联网+人群，方糖小镇针对这些有价值的人群，收集两大类数据。

第一类是行为数据，通过服务号和App来收集。方糖小镇会有行为数据留存，包括打进来第一个电话，以及带看、签约、进入到空间里的每天的日常行为数据，在后台都能通过App或者IT系统来收集。

第二类是办公的服务数据。线下流量入口提供的只是一个基础，在这个基础上，方糖小镇提供企业发展的服务，比如说营销、技术、财税、工商注册等各种服务。在做服务的过程中，方糖小镇可以积累大量的办公服务数据，包括他们在里面什么时候关灯，什么时候使用各种办公设施等。通过这些数据，最终形成一个个分发平台，通过平台整合相关的服务。

万里江说："因为方糖小镇对用户有非常深入的了解，通过大数据的分析和模拟，就知道服务应该分发给谁，和谁进行对接，没有前面的基础，服务没有办法做。另外，不管是线上平台还是线下平台，最终会形成一个商业社交平台。"

展望：未来形成中小企业生态圈，相互协同，共同发展

对于未来，万里江希望方糖小镇变成一个规模庞大、值得信任、面向中小企业的生态圈。在这个生态圈里面，从社群连接到办公租赁、企业发展，再到个人的各个方面，能够形成一个完整的闭环。在这个闭环上，可以找到有共同价值观的人群，大家互相帮助，就能够形成很好的协同效应，共同发展。每一个小公司在这里都能够享受大公司的优惠或服务：它想独立的时候，就是一个“特种兵”；它想连接的时候，能够变成一个“巨人”。

| 第十一章　共享际：用社群激活空间的生活方式发明家 |

中国房地产领域的创新已经在各个方面如火如荼地展开了。特别是在大城市和潜在发达城市中，城市更新和共享经济更是蕴藏着巨大的能量。先行者都在思考如何将这两者与创新相结合，产生新的模式和产品，抢占未来的战略高地。基于大趋势和大机遇，毛大庆在2015年12月发起成立了优享创智，旗下主打的第一条产品线名称为“共享际”（5Lmeet）系列。共享际用空间承载精神，连接内容。

在深层次的共享中，内容是层层递进的，由共享办公延伸到教育、居住、美食、艺术、健康、娱乐、社交等方面。现在的人们需要便于交流、亲近自然、放松休闲的空间环境，消费心理也从满足基础需求上升到自我实现。作为时下最新生活方式实验室，共享际就是想通过独特的“空间架构”和厚实的“内容IP”来达到“情感共振”，积极引导消费升级。让空间与内容、产品与社群之间产生融合，让企业和大众感受到宜居（livable）、互联（linked）、开放（liberal）、有生气（lively）和生态的（landscape）多元化体验，这也正是共享际的模式内涵。对此，共享际创始人毛大庆先生（如图11-1所示）进行了深度解读，为我们剖析共享际的破局之道。

一、混合催生创新，用新内容满足精神需求

用户变了，对象变了，企业的内容和服务也要跟着发生改变。毛大庆说：“我从万科离开之前和离开之后分别创办了共享际和创客工场，实际上做这些事从一开始就有相应的计划。”2014年，毛大庆在纽约的一个月里，跟随郁亮（万科地产董事长）调研美国投资界对房地产的新

图11-1　共享际创始人毛大庆先生

业务模式，拜访了42家投资机构。在拜访的过程中，没有人关注买地卖房子，他们关注的基本都是金融创新、金融产品、资产和资本的结合，还有轻资产的运营模式。在那一个月里，毛大庆第一次看到了什么是共享办公，当然远远不止是共享办公，还有共享会议、共享教育、共享医疗、共享教室，它们被统称为Co-business（联合经济）。所有投资机构推荐的这些都跟新内容产业有关系。当时中国还没有人提及共享经济，但其实这些业务的种类告诉我们，大家都在空间内容当中用着共享经济的思想，也思索着新的内容。

毛大庆正在做的就是为房地产和运营提供新内容，也在考虑联合居住。从优客工场衍生到共享际，所有的步骤都是在不断地创新房地产内容制造产业。共享际现在相当于内容的整合人，它必须懂得未来的这批用户要什么样的生活方式。这也是未来房地产业发展的新趋势。

1.技术进步，再次改变连接方式

技术是推动变革非常重要的因素，今天所有的共享经济、共享产品都是人类技术进步的产物。人类社会的大飞跃都出现在一次重大的技术发现之后，比如1831年法拉第制造出世界上第一台发电机，之后的半个世纪里成千上万的人围绕着电进行创业，1870—1910年产生了许多重大的科技发明，无论电灯、电话、飞机、涡轮增压器都是在这40年中被发明出来的。第二次工业革命以电器的广泛应用最为显著，电颠覆了人们的连接方式，改变了生产要素的组合，改变了生产关系，改变了人和企业、人和人之间的关联。

今天，人类社会又到了一个飞跃的时代——一个连接方式发生改变的时代。移动互联网是一种新的科技模式，自移动互联网的诞生至今，已有成千上万的年轻人围绕着互联网创业，包括2000年中国的第三次创业浪潮的到来。在连接方式和技术的改变之下，人们的思考模式发生了变化，人们都不知不觉地被互联网改变了很多。人们已经被信息牢牢地绑定，也被这种连接方式牢牢地绑定。

技术进步在改变着人们的思考方式和要素组合。为什么会出现共享办公？为什么会有共享单车？所有的这些其实都是技术进步的产物。移动支付的到来，纸币时代的逝去，也是技术进步的产物。技术是推进人类社会进步、商业前进的第一大要素，最终会推动社会和文化的进步。

2.放大差异，多样性×文化智力=创新

这些年出现了许多特别有名的学院和组织，还有三个特别有意思的词：混沌、混序和混合。比如李善友的混沌大学，李文的混序俱乐部，还有在美国特别流行的混合文化。总而言之，会混才能有创新。硅谷现在风靡的一堂课叫作“混合下载文化智力”，企业能不能创新就要看看团队有没有文化智力。今天的创新全部要跨界、要融合，这是未来企业做任何商业模式创新必须思考的路径。

文化智力的驱动、文化智力的知识、文化智力的策略、文化智力的行动，这些是考虑一家企业是否具备创新能力的根本。以前企业考查人主要看智商（IQ）的高低，后来又增加了情商、财商等，但是现在创新企业要看人的创意智商（CQ），企业需要有文化智力的人。创新企业和传统企业在管理上有颠覆性的不同，大公司、传统企业特别讲究对领导的服从，上下级需要保持高度一致。今天，创新企业要的是敢于放大差异、在差异里面总结创新的能力，要的是把差异进行混合找到创新点的能力。

硅谷最近的一个观点是：多样性 × 文化智力=创新。今天的社会一定得有多样性才可能有创新，要创新就要鼓励多样性，鼓励差异化，不同才有可能产生创新。但是有了多样性也不一定能创新，因为没有文化智力的人就不可能把多样性列出来。无论是联合办公还是联合居住、联合社区，大家都特别希望混合，特别希望社交，特别希望混合社群，这个背后的驱动力才是这些新业态产生的真正灵感来源。

3.消费升级，从满足功能到满足精神饥渴

今天的消费升级路径非常明确，就是从生存型消费向享受型消费的升级，从传统消费向新兴消费的升级，从物质型消费向服务型消费的升级，从单点型消费向网络型消费的升级。这四个升级背后的推动力都来源于消费者。

（1）定义新中产阶级，形成独特的消费人群

新中产阶级近年来成为社会上一个公认的社群，也是未来房地产特别要关注的用户群体。新中产阶级具有这样几个特征：30~40岁，受过高等教育，有一套所在城市的房子，也有一辆10万元左右的汽车，有非常丰富的物质以及心理的安全感和归属感；生活方式其实已经从物质消费转向多元化的精神消费，不再注重奢侈品，不再比名包名表，比

的是健康的生活方式，比如经常比游泳、马拉松、铁人三项和爬山，比的是谁更有创新意识、谁更懂得未来的知识。这些人在社会上形成了一个独特的消费群体，这群人是房地产新消费模式特别需要关注的人。这个群体今后还会纳入“00”后以及更年轻的消费者，今天想做模式创新的企业或者想做未来新商业的企业特别要关注他们。

（2）从功能商业到精神商业，精神消费变成刚需

四个升级也导致人们从追求功能消费转向精神消费，企业所做的任何产品都要在某一个领域、某一个角度解决用户的精神饥渴。在精神商业年代，满足消费者在精神层面的刚性需求是企业生存和发展的必备条件，这在房地产领域有着特别深刻的意义。未来那么多房子和空间，应该用什么新内容来满足新兴消费群体的需要呢？这需要每个人跳出原来的思维方式。

功能商业是传统时代的商业，比如开个购物中心、建个俱乐部或会所都是为了实现某个功能，经营者着眼的都是功能，却没有真正关注过人的精神需求。毛大庆说：“我出生在经济和物质匮乏时代，从小关注的就是这个物件实惠不实惠、好用不好用，但是如今的90后，他们更关注这个物件有没有意思，只有这个物件能打动他们，他们才会去追随。这就是为什么今天社群思维、IT思维会成为商业领域最重要的思维。功能商业在向精神商业演进，这是今天房地产创新特别需要了解的大趋势。”在精神商业时代，所有优秀的企业都有着共同的追求目标，就是真正实现品牌的人格化。企业品牌一旦实现了人格化，就会迅速地定位用户的精神刚需，吸引原本对企业产品不感兴趣的用户，通过满足客户不同层级的需求并与客户建立独特的有效连接，为企业创造生存空间。

二、培养社群思维，基于社群创造新商业模式

无论是什么企业，想创造一个全新的商业模式，都要回答两个问题：一个是能否把商品融入大的连接系统里面去；另一个是能不能用商品制造新的、立体化的连接系统。如今是“精神为王”的时代，无论是IP、连接系统还是社群思维，其根本是精神商业，而精神商业时代的企业的赢利模式，其根本是能够产生一种强大的精神连接，形成一种精神层面的载体——社群。

在这样的背景之下，精神商业会成为新的商业模式，成为所有人去寻找创新的一个方向，那么谁是精神商业的孵化器？那就是社群。所有的企业和创新模式会不会做IT，能不能产生企业的客户社群，是关系到它们生存和发展的非常重要的课题。以前王石、董明珠这些人做一家企业、培养一个品牌要用几十年的时间，今天的优客工场，一两年就成了大IP，这是时代的特征。老一辈企业家说这样的IP没有沉淀，几年后可能就死了。毛大庆认为并非如此，他认为关键的是这样的企业能不能将商业模式IP化，这才是如今考验每一家企业和创始人非常重要的内容。

在精神商业时代，成功的企业将会具备一系列独特的能力：能够打磨出自身品牌的精神内核，打造出极具穿透力和凝聚力的品牌IP；能够不断地为用户贴上精神标签并反复强化；能够将用户群打造成一种真正的精神联合体；能够激发它的用户社群并产生巨大的传播能量，势必将会比功能商业时代的成功企业更加优秀、强大（因为它的最大能量是连接的能量）。社群成为商业的孵化器，社群的真正价值是让企业在资源有限的情况下找到生存之道，构建牢不可破的用户关系。

1.先打造用户社群，持续进行人格化演绎

社群经济的精神属性是什么？“精神为王”的时代已经到来，人对精神的追求成为主流，社群思维是这个时代最高段位的思维方式，所以社群经济的精神属性是人本经济、人性经济和人格经济。“怎么打造社群，怎么找到社群，这是在互联网时代做商业模式必须要了解和懂得的。”毛大庆说。

（1）社群思维是最高段位的思维方式

社群真正以人为本，任何人精神层面的需求都无法离开社群。社群思维正是在这种情况下诞生的。在“精神为王”的时代，社群是人的必然生存方式和生存载体，而社群思维则是人的最高级别、最有效的思维方式。

社群思维和社群经济是这个时代非常重要的课题。毛大庆说：“大家都特别了解一个项目叫作阿那亚，万科在它的旁边做了一个项目，比它的位置还要好，当万科卖6 000元/平方米还很吃力的时候，阿那亚以18 000元/平方米的价格被一扫而空，这让我觉得不可思议。其实阿那亚就是做了一个非常完善、护城河式的用户社群，它以中产阶级的孩子为切入点创建了一个非常独特的用户社群，它对这个社群抓得特别准。”阿那亚的成功就是社群的成功。社群思维是后互联网时代思维，它比互联网时代思维高阶得多，是迄今为止商业领域最高阶的思维方式。

（2）搭建社群的渠道就是连接和交互

搭建社群的渠道是连接和交互，空间是社群投射的载体，消费是空间在物理方式上让社群连接起来的商业手法，因此，共享际的社群在连接过程中形成的共同价值观是其强调的产品精神逻辑和内涵。

在“精神为王”的时代背景下，共享际要搭建的用户社群是在共

同积极价值观体系下的“精神联合体”和“利益共同体”。价值认同可以跨媒介存在，所以才有IP对关联产品的价值转移（如元素授权），这时候用户买的不是产品，而是精神体验。共享际自创立以来，持续搭建社群生态，通过社群带来的高势能产生负成本连接，以此让共享际产生新的势能。

精神时代的需求变更促使共享际不断地去打造有效的用户社群，不断地践行人格化商业（品牌人格化和魅力人格化），不断地通过用户社群来引爆传播和塑造品牌，不断地进行营销推广和品牌宣传，从而用更低的成本获取用户和留存用户。企业品牌一旦实现了人格化，用户就会从不闻不问变为主动参与，从不理不睬变为真心热爱。

（3）要给用户带来创造力、存在感、幸福感

在做一个新的商业模式的时候，你要考虑如下三个问题：是不是能够给你的用户带来创造力；是不是能够让用户产生存在感；用户是不是能够感受到产品里面的幸福感。这些都特别关键，下面又有六个词诠释这三个重要的问题，即新鲜感、成长感、安全感、重要感、连接感和贡献感。这六个词在做联合办公社区的时候已经给人鲜活的感受：用户在联合办公社区里面每天会感受到新鲜感；用户在工作时感到成长感，因为周围的企业都在成长，用户每天会被这种成长鞭策；用户在社区里面会感觉到安全感，因为这是一个互相背书的群体，会带来强大的信用和信任背书；用户还会感觉到自己的重要感，因为每一个人都是别人的服务商、供应商或者是客户；当然，最重要的是用户在这样的一个大社群里面能够感觉到连接感和贡献感。

毛大庆在走访客户时发现，互联网公司的员工和传统公司的员工有很大的不同，互联网公司的员工非常缺乏归属感，因为公司是移动的，散布的，可能昨天才500人，第二天就变成了1 000人。这些互联

网公司特别难发展企业文化，也没有时间做企业集群管理，所以联合办公社区成了它们特别好的附着物，因为员工在一个物理空间里面有团队感，能够和很多别的企业在这个平台上发生连接。原来这些互联网公司散布在各个地方的居民楼和小区，现在有了联合办公社区把它们集中在一起。这样就能够让用户在联合办公社区里面感觉到连接感和存在感，对这一批年轻人和年轻企业来说至关重要。

2.再创造新模式，基于用户社群的C2B

怎样才能够成为社群？“首先只有形成共同的基本价值观，才能形成精神联合体，然后达成利益共同体，我想这是在连接的时代大家必须要去理解的。当然在用户社群之上，未来会产生更多新的商业模式，比如C2B模式。”毛大庆说。这方面马云谈得很多，他认为当企业拥有用户社群后，跨界延伸的能力增强，即使跨界也无须亲力亲为，因为企业可以通过集合用户的需求倒逼供应链，对产品或服务进行反向采购，同时企业也拥有较强的议价能力。谁有更强大的社群，更能够集合社群，未来就会在产生的新的商业模式中占得先机。

随着中央推动城市的房子从原来的销售模式变成各种各样的租赁模式，开发商就不再更多地研究房子的产权，而是更多地研究房子的使用权。租赁的人多了，就会产生更多的共享模式，不仅仅是共享办公和共享居住。由于房子是用来住的，不是用来炒的，将来能不能学会经营房子是中国开发商要面对的重大考验。

（1）聚集三甲医院的医生做共享医疗

共享际在北京创办了一个新品类，即共享医疗空间。共享际把很多医生和诊所的经营者聚集起来创办了一个共享的诊所空间，现在这里有47个诊所，里面的医生都来自三甲医院，他们在外面多点行医。共享际把医生的闲余价值集中起来，形成了一个医生的集群。现在这个共享医疗空间已经拿到了行医执照，除了不能做手术之外，可以开处方、办门诊。这个产品可以在各个城市进行推广，把当地的名医通过共享空间集结起来，那就可以开一个小医院了。这些都是由于需求端的推动而产生的。

（2）瞄准“新老人”做共享养老

中国还有一个很大的消费蓝海，主要涉及的是1966—1974年出生的人，他们从2026年开始将进入快速的老龄化通道，他们将成为养老消费者。当我们在谈养老地产的时候，已经注意到，他们对养老产业的诉求已经不是他们父母那一辈的诉求了。为什么前些年做养老产业那么难，我们定义的客户都不来？因为那一批老人不愿意为养老花钱，即使有钱也不想花。但是，现在这批“新老人”肯定需要养老产品，因为他们大多是独生子女的家长，肯定需要养老社群；将来中国的这批人老了以后都希望有尊严和有品质的养老，一定需要精神消费。“新老人”产业是中国未来的一个巨大的蓝海，共享际仍然可以利用社群经济、精神消费、大量的房地产空间产品制造出共享产品。

（3）选择百名创始人申办首家共享大学

目前，共享际的平台里将近有2 000家公司，当达到3 000家公司的时候，就很容易找到100家公司的优秀创始人和领军人物，这些人都是教育者和知识传播者。未来的大学应该在联合办公社区里面，因为共享际能把这些人集中起来，让他们教你新的逻辑和新的商业模式。这些人有资格掌握未来产业的发展方向，而不是高校里的那群教授和学者。所以共享际准备向教育部申办中国第一所共享大学，它不仅要作为知识教育的分享者，还要做学历教育的贡献者。

三、打造超级IP，重新定义生活方式

社群生态的运营逻辑，归根结底是四句话：产品即场景，分享即获取，跨界即连接，流行即流量。共享际的路径是：先塑造人格化的品牌，孵化小众社群；再到内容爆发引爆产品，制造流行文化；最后定义生活方式。共享际任何一个产品的生命周期和制造周期，其实都是围绕这个产品路径图去发展的。当然，重构体验、重构价值、重构连接，这是永远要做下去的事情。

具有社群思维的新商业很好地延展了"空间运营+内容运营"的边界。共享际想把自己打造成商业社交体系下的超级IP，成为商业社会新的连接符号和话语体系。每一个生态系统都自带IP，并能形成很大的传播能量。通过在社群生态链上的搭建与维护，共享际已经实现了资源吸附，每个依附于共享际的品牌，都在这种生态环境下迅速地成长，最终实现品牌的溢价。通过口碑传播和信任背书，在移动互联网去中心化链式传播的过程中，社群思维深度发酵，最终真正地衍生出一种完全被赋予人格化的闭环商业社群价值观。深度的用户关系是塑造魅力人格化的土壤，而实现深度用户关系的唯一载体是用户社群。社群思维助推企业品牌实现魅力人格化，是通过推动企业构建用户社群来实现的。

1.孵化IP，让流量高效变现

互联网时代的核心是超级链接，每个链接之间的信息流动就是流量。这种超级链接有三个关键词：节点、链接、数据。在东四·共享际里面，每一个IP里的元素都是一个高质量的节点，每一个节点都会与成千上万的粉丝形成高黏性的链接，而这些链接反过来又会使信息采集和传播的效率得到极大的提升。

（1）共享空间IP化，搭建品质生活平台

共享空间的IP化是一种双赢的模式：对于IP持有方来说，与共享平台合作可以借助包括场地、财务、法律、人力、运营等在内的商业运营资源，可以更快更好地帮助IP落地与发展；对于共享平台来说，IP不仅可以填充内容，其所携带的领域内垄断地位还将为共享平台带来与其他空间的差异化。共享际依托IP，把形形色色的空间体验汇聚在一起，可以打造出一个独一无二的空间。可以说，IP运营是共享际完成“品质生活内容大平台”这一定位的最优解决方式。

共享际目前已有教育、餐饮、体育、音乐等产业进驻“品质生活内容大平台”。与共享际达成合作的企业都具有商业的新概念，倡导生活的新感觉，它们是：星烁体育旗下运动饮料品牌百淬以及冰球训练场，维康金磊MTV（音乐电视）集装箱主题酒店及线下Live Show（现场表演）和录音体验工作室，时尚大V（微博上活跃着大群粉丝的用户）庄雅婷领衔的文艺生态“文艺加萌”，昆尚传媒旗下昆仑决世界格斗赛事平台，创作型音乐人许飞的音乐类生态“许飞吉他私塾”，蛋糕界的“米其林”MissC Boutique，全极限检验VR类生态的酷熊科技，等等。共享际还计划吸纳更多创新、有趣的行业加入这个平台。

（2）让IP发生共振，零租金带来大收益

共享际开发了一个新的项目，将一个酱油厂进行改造，在改造后的空间里，上面有29套小公寓，下面有一个联合办公空间，它们全部都是会员制联合办公，中间有15个IP。这个项目运营到40天的时候，门口的人流探测器探测到的人流量为29 000多人次，为什么有这么大的流量？一个2 300平方米的楼，其实这个流量大多来自那15个IP。共享际对这一层楼一分钱租金都没收，但是这一层楼的收益比上面的公寓和下面的联合办公还要好（因为共享际跟这15个IP采取的是流水分成的

模式）。这些IP有各自的用户社群，他们天天在一起开会，研究如何通过各自的社群给大家带来客户。这一层楼同时能够容纳一两千人办活动，每家生意都很火。因为大家都可能互相成为客户，所以IP能够产生叠加共振，这个时候共享际还担心什么租金。这就像马云现在打造的新商业，还有亚马逊现在打造的新商业综合体，统统都是零租金。互联网人的思维就是零入口。

2.引爆内容，产生自带话语的势能价值

共享际通过一系列高质量的内容引爆产品，从而制造出一种品牌文化。当这种文化被认同、跟随、模仿的时候，它自然而然地就成为生活方式和价值观的定义者。当一个品牌能够连接到用户的精神层面并影响到用户的价值观时，就有机会满足用户的精神需求，就有机会满足用户的创造力、存在感和幸福感这三种精神刚需。

目前，共享际已签约落地东四、郭公庄、顺义三处项目，规模有大有小，从市区到郊区，资源储备规模超过20万平方米。以东四·共享际为例，这个2 000多平方米的场地聚合了联合办公、创业加速器、最美胡同星空公寓等元素。同时，作为多种生活方式的线下体验空间，这里还入驻了外国人主理的美食孵化器、网红法式甜品咖啡店、自助健身房、高黏性读书社区、24小时无人超市、Pop-up（快捷式）浮游之岛、露天电影院、最美橱窗及跑步服务站。东四·共享际使空间内容相互交融连接，制造出更多的体验场景，让有趣的斜杠青年（来源于英文slash，是指不再满足“专一职业”而选择拥有多重职业和身份的多元生活人群）在此遇见同类，享受生活。

东四·共享际有一家高黏性的读书社区——未读Club（俱乐部）。这是一个没有书架的阅读空间，而且每周只推荐一本书，但它在线上的粉丝量是数以万计的，这个俱乐部就变成了这些粉丝的线下活动场所。

每逢周末，未读Club都会针对它当周推的那本书开展主题读书会、小市集、观影会、生活美学课等有趣的活动。你可以听到名家高手的分享，也可以交换购买一些小的手工作品。活动内容涵盖生活、文学、科普、艺术等多个领域，每次聚集而来的粉丝都会将这个40多平方米的地方挤个水泄不通。离用户越近、与用户黏度越高的厂商越有价值，因为这些高黏性的粉丝会形成很大的传播能量。粉丝们有口碑和信任背书的转发，通常会形成二次甚至三次传播，在很短的时间内会覆盖数万“同类”，形成真正的精神共振。

在共享际的顺义项目里，在这个由厂区改造的、20万平方米的超大空间里，有7D互动影院、VR体验馆、动漫主题乐园、孵化基地、MTV集装箱主题酒店、展览基地等各类新奇好玩的业态。

3.空间再造，要始于颜值、敬于情怀

从不动产到城市空间的再造要注重三个内容：从客户理念的变化催生消费需求的升级，消费需求的升级引发空间内容的变迁，空间内容的变迁推动城市空间的再造。

（1）产品创新的20字箴言

空间的价值和体系是什么？好的空间产品一定是：始于颜值，敬于情怀，活于社群，久于共赢，归于文化（20字箴言）。

第一是始于颜值。一个好的产品不性感、不吸引人，再好的内容也表达不出来。毛大庆说：“这次我到美国专门走访了Google（谷歌）和Facebook（脸书）的设计师，它们的设计师根本就不是学设计的。现在美国有的大学增加了一个新专业，叫作空间心理设计专业，这个专业讲求的是从用户的心理感受设计空间产品，学习用什么颜色、植物、光感、气味让用户产生愉悦。Google和Facebook的产品都是这样设计出来的。今后的用户是以精神需求为主，如果不能打动他们的内心，怎么

让他们买单？过去的设计是老板定了一个产品，执行者整理出一份设计任务书，把设计任务书发给设计院，设计院再进行设计，然后找人根据设计图进行施工或生产。设计师只是画图的。但今天我们说设计师是了解产品的精髓的，这完全是反过来的过程。”

第二是敬于情怀。今天的产品如果没有情怀就没有市场。无论背后是什么商业模式，是REITs还是资产抵押债券（ABS），还是后面衍生的商业价值，哪个不讲情怀？因为没情怀就没有任何意义。

第三是活于社群。没有社群哪里有用户的黏性？没有黏性谁帮你去传播？没有传播哪有人会投资这个产品？

第四是久于共赢。久于共赢一定要基于社群之上的产品，只有这样，所有的用户在空间里面才会产生共赢的价值。

第五是归于文化。产品一定落脚于人的文化追求，这是今天进行产品创新特别要注意的思想脉络。

（2）善用新技术，增强情景体验

东四·共享际由系统云端智能控制，一个App搞定“预约公寓、订工位、订场地、预览社区活动、交纳租金和水电费、线上交易、会员交流、开门开柜”等，外加刷脸门禁，实现社区无纸化。在2017年年中开业的“奥森·共享际”里面，新技术则更上一个台阶——项目将实现全智能化的人性控制，每一个房间能根据“共享客”的需求进行个性化的设置，从登记入住到温度、窗帘颜色、无线网络和娱乐中心屏幕，甚至闹铃声音的风格以及天花板灯光的颜色，都可以通过iPad实现控制。

4.生态融合，为生态系统提供新生活方式

引爆内容，制造文化，这背后隐藏着独到的商业谋略。共享际所做的是将存量资产升级改造为集“居住、办公、娱乐”为一体的空间，提供安居、乐业、娱情等共享服务，同时寻找、吸引有潜力的生活方

式类初创企业，通过深度股权参与及加速孵化，向初创企业提供“核心团队搭建，核心成员辅导，上下游资源整合、拓展，组织设计及战略落地，资本市场对接”等增值服务，让它们发展壮大。

毛大庆说：“共享办公只是一个入口，终点其实是在共享生活上。占领了办公领域之后再慢慢地去占领居住领域，最后去占领消费领域，把这三个领域融合在空间里，才是我要做的事情，也是我要做的共享社区。”共享社区对原来商业综合体的颠覆是把简单的地产逻辑、空间逻辑，变为空间和人的连接，企业跟企业的连接，资源跟资源的连接；视角转向为用户思维，把原来的租户变成未来的用户，把原来的招商变成了IP的组织和发现。这是共享经济的从业者真正要学会的本领。

共享际更长远的目标是生态圈的有机融合，在每一个项目中实现商业、产业、孵化和“互联网+”四大生态圈的天然连接和贯通。其中，商业生态圈搭建共享平台，使得产业生态圈有地方可以扎根，并吸引潜力企业，确保孵化的成功率；产业生态圈则为商业生态圈和孵化生态圈提供内容；孵化生态圈提供的资源可反哺产业生态圈，也弥补了商业生态圈收入渠道过于狭窄的缺陷；“互联网+”生态圈是资源与信息的整合者，帮助其他三个生态圈更好地运作。这样，就真正地将共享空间培育成全新的生态系统，让系统内的成员以新的生活方式，愉悦地生活。

展望：继续增加连接，共振才能产生最好的商业模式

共享际以高品质空间为平台，结合生态运营理念，把客户社群打造成在共同价值观体系下的精神联合体和利益共同体，让社群经济、精神商业和分享经济的本质充分展现，推动城市消费升级。共享际还在继续做更多的连接，希望和共享经济的其他人发生更多的共振。连接是无

限的，越连接越有价值，共享空间彼此也会产生价值。

共享际希望能够让更多平行世界的人产生社群、产生连接、产生互动，产生最好的商业空间。最好的商业空间就应该照应人和城市的发展，落脚于情感与文化，这是共享际接下来在创造新商业模式的过程中需要不断思考的内容。

第三篇

综合篇

第十二章　高和资本：盘活商业资产的大金融家

当前，商业地产发展遇困，国内部分城市商业地产供大于求、同质化严重。在盘活存量的问题上，商业地产亟待创新。高和资本无疑是这个领域的翘楚，已经创造了诸多业界第一。

- 中国第一只（也是最大的）人民币商业地产基金，中国商业地产基金领跑者。
- 知名机构超400亿元投资，合作伙伴包括国开金融、华融融德、首开集团、太平保险、江苏银行、工商银行、平安信托等。
- 国内商业物业资产证券化的推动者和重要投资者。牵头国内第一个交易所商业物业抵押贷款支持证券（CMBS）研发和落地：高和招商—金茂凯晨资产支持专项计划，发行债券40亿元，占3.3%的融资成本；牵头国内第一个脱离主体信用的商业物业抵押贷款支持证券/商业物业抵押贷款支持票据（CMBS/CMBN）世贸天阶；获准在交易所和银行间发行的CMBS和类REITs产品达195亿元。
- 与江苏银行联合发起200亿元商业物业证券化投资基金。

高和资本认为，商业地产的最终目的是将人的专业能力、商业地产的金融工具及经营能力耦合在一起，走出一条新的发展道路。在盘活商业地产存量的实践中，高和资本以基金作为杠杆，撬动资金进行收购，以资产证券化打通资产退出的渠道，再用资产管理和运营实现资产的精装修和价值最大化，形成“收购+资管/运营+证券化”的创新模式。只有让这个模式形成闭环，不断循环，才能让商业地产活起来。那么这一切的背后运用的是怎样的谋略？对此，高和资本执行合伙人周以升先生（如图12-1所示）进行了深度解读，为我们剖析高和资本的破局之道。

图12-1 高和资本执行合伙人周以升先生

一、模式背景：根据市场变化不断演进

高和资本在商业地产这一领域创建了独特的“收购+资管/运营+证券化”模式，这是基于创始人背景、市场、金融等多维度要素发展的结果。

1.创始人基因：商业地产+金融

职业经理人创业首先需要的是专注，其次就是专业。高和资本在创立的时候就为要做的事确定基调，这个基调和创始人的个人背景有着紧密的关系。高和资本董事长苏鑫是商业地产出身，而周以升是金融专家，所以他们共同发起了一个房地产基金。高和资本的创业团队在商业地产领域具有很强的优势，也很有定力，在发展中摒弃了一些选项，比如不做融资类和住宅类的项目，只在商业地产领域耕耘。

2.行业巨变：资产、主体、融资三方面发生转变

中国房地产行业已经发生了三个巨变。

第一个是基础资产变了。房地产行业过去以住宅开发为主，现在商业地产变得越来越多。从住宅开发到商业地产的转型，其实是中国宏观经济转型的一个缩影。传统住宅是通过银行和个人不断地加杠杆，不断地周转，属于投资驱动型的粗放的增长模式。而真正的商业地产，基础资产是理性的，它产生的金融产品也是理性的金融产品，杠杆比较温和，要靠经营去渗透，属于消费驱动型的内涵式的物业增长模式。在2015年年中到2016年年中，住宅的去库存非常成功，然而对商业地产没有任何用处，所以必须有新的方法来应对。

第二个是参与主体变了，从以开发商为主体向资产证券化进行转变。净资产收益率（ROE）是开发商关注的重点，实际上它是由周转、毛利和杠杆三个因素叠加驱动的。2016年，ROE节节下挫，说明传统的模式已经不可行了。而资产证券化有可能塑造一个新的商业模式，它有两个大的作用：第一，它有望比传统融资获得更好的条件；第二，作为权益性工具，比如私募基金类工具，它可以盘活存量的资产，让大量的存量物业周转起来。

第三个是资本化场景变了，从间接融资向直接融资转移。所谓的去库存、盘活存量，其实就是三个事情：第一是要能快速地复制经营能力，从而实现社会化、网络化；第二是要有资产支持的融资工具；第三是能够引进长期的社会化股本。直接融资和间接融资对比，直接融资的规模、利率水平在正常情况下一定是要低于间接融资的，因为直接融资可以挂牌转让，是标准化的、流动的，同时它可以把不同风险的品种卖给不同的人。2016年年底，中国房地产证券化差不多有1 000亿元的规模，商业地产规模为750亿元到800亿元，其中包括私募REITs、租金

收入、CMBS，等等。

3. 前期市场：存在巨大的套利机会

中国的商业地产要做起来很难（不能照搬美国和新加坡的模式，它们的模式退出通道不清晰，买一个楼之后不知道卖给谁），但是，中国的商业地产有其独特的地方。比如家居办公（SOHO）在商业地产这个领域确实走出了一条路，虽然在外部看来其销售结束后不管后端运营，大家对这种模式多有诟病，但是它能做成也是有其深层的原因的。

（1）资产升值提供退出通道

SOHO把楼卖给那些高净值客户，散售给这些人的定价可能是30倍的毛租金，而整体收购按照5%的资本化率、20倍现金流来计算，相当于获得了15~16倍的毛租金利润，直观上看能够在整体收购和散售之间实现套利。在过去，商业地产的最佳退出通道就是市场，让安全性资本来接手，这些安全性资本就包括一些高净值客户、资源型客户。更深层的原因在于，这些人配置资产对标的是银行存款利率。2009—2012年，大部分银行理财产品的渗透率并不高，老百姓对标的资本收益就是存款利率，比如银行存款利率是1%~2%，而商业地产的毛租金收益率达到3%，还不包含物业升值，这是非常好的投资。在这样的背景下，很多人买商铺、办公楼，这成为中国的一个独特现象。即使没有证券化市场，也有类似的一个IPO市场，这也是一个大的动因。资产升值相当于给商业地产提供了一个很好的退出通道，使得商业地产的定价不比证券化市场差。

（2）资本喜欢散售的商业模型

从基金的融资端和资金端来讲，资本喜欢的商业模型是一个很清晰的散售模型。

中国所有的机会型融资工具都是从住宅开始投入市场的，两三年就有现金流退回来，而且能很快地把本息还完，在这种情况下，散售型肯定容易募资，整售型就比较难，因为整栋楼很难找到买家。这种销售型的模式反倒是让银行、信托公司慢慢地进来了。高和资本第一个真正的并购贷款是在2012年实现的，是由国家开发银行投资的。周以升说："以一只有限合伙的基金去申请并购贷款，当时银行根本不理我们。因为并购贷款本身就是政策性很强的品种，它涉及的是地产行业，还是商业地产，再加上它的主体是一只有限合伙的基金，普通合伙人（GP）是几个人，既没有资金，也没有很强的信用背书。以资产支持做融资在那个时点大家都不认同。"在这种情况下，散售还算是一条路，别人还愿意给钱，这是一个很大的背景。周以升坦言："这个商业模式要完成闭合非常不容易，因为在散售的过程中，出租要做好，租约还要清晰，然后以租约来定价。租赁经营和销售环节两边是错配的，对销售和租赁的要求都非常高。"

4.后期市场：套利减缓，证券化起步

周以升认为：从来没有某一种投资一定要用某种模式的说法，金融的演化是以市场的前提条件、政策、金融工具为边界再进行设计的过程。

（1）安全性资本弱化，套利减缓

如果说前期套利比较容易，那么到后期整个场景可能会发生了两个变化：一个是被动的，另一个是主动的。被动的变化就是传统的这批高净值客户，安全性资本在弱化，弱化的原因是原来的投资人在消减。另外就是投资人在主动变化，理财渠道越来越多，如果能买到收益9%的信托，为什么一定要买商业地产？一些人慢慢地感觉到投资商铺收益并不划算，进而减少投资。这时候商业资产定价要比高峰时候的30倍

租金少很多，套利空间就很小，这表明散售套利模式已经面临着市场的压力。

（2）中国证券化开始起步

中国的证券化是从2014年中信启航开始起步的。那时候有一个大的背景是证券化的备案制，业内人士觉得政府要鼓励证券化市场。沿着证券化市场这个发展道路，好像REITs曙光在前。周以升说："在那个时候，我们还是愿意相信这个市场的趋势。在这样的情况下就要调整商业模式，调整的方式就是往整售和证券化的方向走，在管理方面要有非常强的创新能力。这时候就要打造自己的资管和运营能力，打造自身的特色和核心竞争力。"所以高和资本也选了一些产品线，比如改造老办公楼，这相对来讲比较容易入门。调整商业模式比较具有挑战性的事情是市场判断，它后期的运营管理相对来说没有那么复杂。

二、模式内涵：改造+资管，从证券化突破

在当时的大背景下，套利是商业地产模式产生的一大基础，但这种模式确实也存在很大的问题。它的问题不在于模式本身，而在于它的运营管理没有提升起来。后来高和资本进行了很深的反思，认为要在现实和应该做的事情之间达到一个平衡，应该做的事情就是要管理，现实就是要套利。

REITs的模式使老百姓都可以参与到商业地产的投资当中，当然管理是由专业人士去做。高和资本的模式也会对物业进行统一管理，当然这个管理不会像REITs那样精细（包括融资等环节，REITs完全是自主做决策），高和资本只是侧重运营方面的管理，这个做法在前期被证明是非常成功的。

高和资本的模式是切中商业地产的一个痛点，前期把握套利的机

会，后期又把资管能力加进去，实施资产精装修，然后大力突破资产证券化，这一整套模式的设计是循序渐进、逐步完善的。

1.核心：转换业态实现高溢价

高和资本后来发现，更大的套利机会存在于业态之间的转换。首先，高和资本在主动思考；其次，市场也出现这样的机会，包括酒店改办公楼，当时也有项目落地；再次，一些社区型的商业地产，管理没那么复杂，高和资本也可以进去；最后，就是公寓，这一块也有套利机会。

周以升说："我们靠业态之间的转换来实现高溢价，依靠的是一系列能力的组合，包括重新定位的判断能力、改造能力、出租运营能力以及证券化的能力。"做改造和做开发不一样，开发只要把图章盖完，按图施工便不会差太远，但是改造没有一个清晰的流程；另外一点是改造的边界不清晰，包括改造成本、改造周期、融资安排都得认真考虑，就像打开一个陌生的盒子之前不知道里面装的是什么。转换业态带来的利润的振荡幅度也很大，租金可能只差5毛钱，但利润额可能相差巨大，这对企业的判断能力和执行能力要求非常高。所以，高和资本后来就转向了靠资产管理能力，靠整体出售的业务模型来获利。在这个过程中还有一个前提条件，就是要找到一些可以长期错配的资金，因为这种模式周期更长，而且退出的不确定性更大，需要资本的耐力更强。所以高和资本从2012年开始就进入机构市场，在其他人还在做个人融资的时候，高和资本就转变为以机构投资为主了。周以升说："我们前后做了两只基金，一只基金注资15亿元，另一只基金注资30亿元，包括后来我们和华融融德以及一些保险公司的合作，都是把机构资金引入到这个市场里，这样的商业模式终于完整了。"

2. 内容：资产精装修+城市更新

高和资本的模式有两个相关联的创新理念和内容：资产精装修和城市更新。

早期，高和资本面向投资人对商业地产的配置需求，创出“资产精装修”的理念。资产精装修类似精装修的房子，精装修的房子可以拎包入住，让人省心。投资人投资高和资本的写字楼产品就相当于拎包入住，因为装修改造、物业管理等都由高和资本来统一完成。另外，高和资本还可以提供一些金融方面的支持。

城市更新则是站在整个城市生命周期和产业的角度来思考地产金融业务。城市更新是对城市中某一陈旧区域重新进行设计、投资建设，以全新的城市功能区替换功能性衰败的物理空间，使之重新发展和繁荣。城市更新一方面是对建筑物等硬件设施的改造，另一方面是对生态环境、公共空间、文化风貌等软性环境进行改造与提升。另外，城市更新还可以通过激活建筑、升级产业来创造就业，增加当地税收。

3. 运作：关键点是融、投、管、退

高和资本基金运作的关键点，可以分为以下四个部分。

第一是融，就是融资渠道要非常广泛，涵盖了信托、银行、第三方理财、私募等各种融资渠道。

第二是投，就是投资要谨慎，要在做好市场的判断、基金结构设计、税务筹划、法律风险把控的基础上，再去投资。

第三是管，实际上就是投后管理。高和资本整合了最优秀的资源，比如收购一个项目之后，施工单位、设计单位要整合，工程管理公司要整合，出租需要外包，销售也需要外包。高和资本用市场化的方式找到这些细分行业中的强者，然后进行统一管理，达到最好的效果。

第四是退。基金最大的问题就是退出，而高和资本有主动退出的能力，有房地产销售溢价的能力，所以基金的收益由高和资本自己来决定，而不像是其他做财务投资的基金，项目由别人来操控，自己无法控制风险。

4.方向：盘活商业地产，探索并主动推动

高和资本确实在主动管理阶段找了一些对标，但并没有设定某一种直接对标的标准，像凯德、铁狮门等模式都有可供参考的地方。商业地产的出售无非就3~5个场景，比如证券化、保险资本购买、自用客户购买，或者散卖，就看哪一种更有可能，这个要想清楚。商业地产有一个大势判断和政策的边界，需要不断地摸索。

周以升觉得中国的边界很不一样，如果要对标的话其实就是如何盘活存量。高和资本做的所有事情都是围绕着一个点——怎样盘活商业地产。这里面有两个关键：第一个关键是在这个过程中要去摸索“水温”；第二个关键是“让它发生”（英文叫“Make It Happen”）。中国的商业地产行业还不太成熟，所以就需要有这样的勇气或者有这样的前瞻性：让它发生。不能等到市场证券化大潮到来的那一天才去推动它，而要在这个市场里面，通过有影响力的人去打开这个闸门。

要盘活商业地产，要么经营能力强，要么有金融工具（比如把它证券化），要么就融资（比如股债结合）。高和资本具备这样的条件：首先，在早期的运营阶段可以做一个轻资产公司，这是一种商业模式；其次，也可以走像凯德和铁狮门那样的重资产模式，收购物业然后改造，国外有很多基金也是这么做的；最后，就是证券化。在美国的一个证券化市场，REITs有10 000亿美元，CMBS有6 000亿美元。10 000亿美元的市场里面有非常多的投资机会，因此，高和资本也有

着类似的投资机会。根据目前中国的特点和自身的演变情况，以及市场的“水温”、自身的能力、竞争对手的概况，高和资本逐渐形成了自己的打法。“将来能走到哪里，我们并不知道，但是我们会不断地推进。”周以升说。

5.盈利：四个环节都能赚钱

一般来说，赢利方式有三种。一是时机套利，即通过前期购买旧物业，待周边整体价值升高后再行出售、出租，以获取时间套利。二是改造套利，即通过对原有物业进行升级改造，让品质得以升级，创造出更大的利润空间。比如原来为乙级、丙级写字楼，升级改造后为5A级甲级写字楼，能获得更大的租金收益。三是资本化套利，通过证券化、整体出售或者散售等灵活的退出机制来获得资本收益。以上三种赢利方式在一个项目中可能会综合存在，用以解决项目存在的复杂问题并尽可能地获取最大盈利。

高和资本到底能在哪几个地方赚钱？第一部分赚的是整体折扣省下的钱，高和资本因为是整体收购，批发价小于零售价。第二部分赚的钱是通过市场波段操作所获的盈利，就是在市场的低点进去，高点出来，进行波段操作所赚的钱。这个就要靠基金管理公司敏锐的判断力。实际上在操作过程中有可能只是把握一个趋势，不大可能每次都踩到市场的最低点和最高点，只要在这个附近就可以了。第三部分赚的是销售溢价，因为高和资本有出色的营销能力和证券化能力，卖的价格比别人的高，比如这个写字楼市场价格只能卖50 000元/平方米，高和资本可能卖到53 000元/平方米。第四部分是通过在前期的基金结构设计当中利用好杠杆，又有效地把控了风险，所赚的钱。高和资本的四大赢利点如图12-2所示。

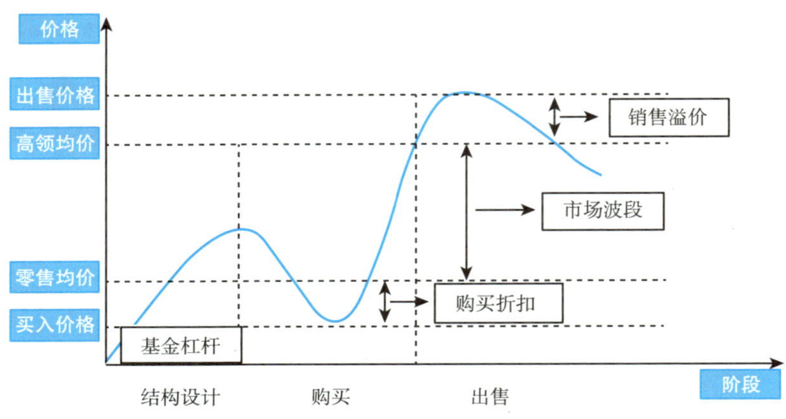

图12–2 高和资本的四大赢利点

三、模式运作：收购+资管/运营+证券化的闭环

高和资本现在形成了“收购+资管/运营+证券化”的独特模式，要让这个模式顺利运转并实现闭环却非常不易。这里面涉及每个环节关键节点的把控。那么高和资本具体是怎么做的呢？

1.收购：找到被低估的资产，善用金融工具撬动巨额资金

基于规避风险的考虑，高和资本更倾向于收购资产而不是土地。因为一个项目从买地到最终建成，要3~5年，如果基金退出的时间刚好碰上了市场低点就有可能亏损；收购的资产，其土地的价格并没有实质性的下降；资产还有一个好处，即经过改造可以升值。所以高和资本倾向于购买资产。

（1）定标准：价值低估或有价值提升潜力

高和资本前期瞄准的正是一线城市和准一线城市核心区域的物业。在高和资本看来有两个原因：第一个原因是一线城市的投入产出比高，资产价格增速快，需求旺盛，便于后续退出；第二个原因是核心区的旧

楼越来越抢手，其实楼未必值钱，贵的是土地价格。商业地产的核心就是地段，这类资产抗跌性非常强，而且持有成本相对低、风险小，升级改造还能获得超额收益。

早在2012年10月，高和资本斥资7.9亿元成功并购了位于上海南京西路静安寺商圈的中华企业大厦。高和资本的此次收购可以说是在合适的地点、合适的时间以合适的价格完成的经典案例。

首先，该写字楼所处位置是上海南京西路顶级商圈的核心位置，东邻静安寺，西邻1788国际中心，北邻百乐门，南邻会德丰国际广场。周围超甲级写字楼、购物中心、五星级酒店、著名景点林立。

其次，它找到了收购的窗口期。当时一线城市频繁面临楼市调控，很多商业地产公司处于观望状态，这本质上不是供需关系的逆转，市场更不可能崩盘。此时是收购的一个窗口期，抢在这个时候收购，便获得了抄底的机会，未来增值空间非常大。

最后，此次交易物业面积约2.6万平方米，交易金额为7.9亿元，收购价格为每平方米3万多元。在这样的位置，这一收购价格是较低的，原因在于：该写字楼建筑年代较早，规划设计等方面也有待改进，同时由于管理运营不善和租客的轮换，这座曾经的纳税“亿元楼”，其纳税能力在不断衰减。

（2）找资产：自下而上和自上而下

高和资本做了一个很重要的事情，就是它建立了资产和投资者的连接。连接的关键问题就是怎么找到合适的资产。在早些年找到一个被低估的资产有着较大的机会，但是近年来资产价格已经暴涨。那么高和资本在收购时会考虑什么因素，怎么找到目标资产呢？周以升认为还是要看投资逻辑，就是商业地产能把租金做到什么程度，收益能力怎么样。具体来说，高和资本寻找资产主要有两种方式：一个是自下而上，另一个是自上而下。

第一个是自下而上，就是从所处的环境中，凭借原有能力顺势而为，寻找机会。这个模式一定要把增值能力发挥出来，或者是把整个系统的整合能力发挥出来，因为看上去是买楼这么简单的一件事，但是拆分开来会发现这个产业链非常细腻。能够把一个收购做好不简单，不是说有钱买了就行，而是需要很多的能力。首先是谈判能力，能根据市场和投资者的情况调整价格。其次是风险把握能力，每次谈判、每个条款的讨论都是风险定价的过程。最后，在并购的过程中，还有一些交易能够体现品牌溢价能力，特别是20亿元、30亿元这样的大交易，有些基金进不来了，没有几个企业参与，所以品牌溢价能力也很关键。当然，这个背后可能跟自身资源有关系，比如一个机构很知名，另外一个机构不知名，可能后者会被质疑没有能力，而被质疑的机构往往要证明自己，就会出更高的价格，或者是多拿一些定金，等等，这就体现出品牌的价值和长期的积淀优势。

第二个是自上而下。周以升认为一定要站在行业整合的角度来投资。投资是为了把蓝图拼成一个最美的图案，所以这时候就看你的拼图能力有多强，资源聚合能力有多强。这些能力有可能是你自己的，也有可能是外来的。基金的好处在于开放性比较高，在行业整合的每个环节高和资本都可以开放，比如高和资本的HiWork、Hitalk都经营得很好。行业整合对租户确实有帮助，现在去外围整合资源已变成很流行的做法。

周以升觉得家居行业是受互联网冲击相对惰性的行业，如果要投消费场景，要么是把互联网和物流结合在一起投物流地产，要么就是布局对互联网冲击比较惰性的行业——家居行业。周以升发现这里面有一个痛点，很多二线城市的家居商场没有任何的流动性。周以升说：“有时候我们看到一个投资机会，想的是我们能不能把它做到最好，如果我们不能做到最好，那么能不能找一个公司把它做到最好；如果能找到的话，我们就把这个公司找来一起合作，比如高和资本和红星美凯龙合作，因为红星美凯龙在家居行业有经验，我们就让它来做。”在这个过程中，高和资本之所以能够打动红星，一方面是靠信任和专业能力，另一方面是与红星战略的契合。如果是通过基金来合作购买，高和资本可以把证券化能力和并购能力组合起来，原来赚的是经营的费用，现在经营能力提升，还能获得一部分物业升值的收益，让资产管理规模不断膨胀。

（3）设杠杆：实现“小马拉大车”收购

找到优质物业后，如何用尽可能少的资金做成大生意，是需要解决的一个关键问题。一般来说，直接收购物业需要大量资金，靠自有资金很难撬动。高和资本收购中华企业大厦就是一个经典的案例。高和资本与国家开发银行形成联合体，通过设计好的交易结构，利用娴熟的金融手段，实现“小马拉大车”。就该项目而言，高和资本很巧妙地用了两层杠杆。

第一层杠杆，在信托计划层面。高和资本以其控制的天津畅和为平台，国家开发银行旗下的国开金融以其控制的国开元融为平台，双方设立合资“元融畅和”作为基金管理人，然后指定相关方作为信托计划的一般级委托人（实际承担劣后责任）向信托计划出资，以1∶2的比例募集信托计划优先级资金。

第二层杠杆，在交易层面。在信托计划设立之后，元融畅和作为GP与信托计划作为LP共同设立基金，然后以约1∶1的比例向上海高开锦发放并购贷款，再次加杠杆。

在该项目中，高和资本通过与国家开发银行系统的紧密配合，顺利地匹配了三类不同风险偏好的资金：一个是来自机构和高净值个人的高风险高回报的股本；二是来自信托公司的中等风险的夹层基金；三是稳健的银行贷款。高和资本以较小的代价实现了收购目的，较好地利用了金融杠杆，这个案例很经典。

2. 资管+经营：价值最大化，提升投资收益率

有人说高和资本最核心的能力，或者重要的发力点是其前端的投资和后端的证券化。周以升认为外部有误解，高和资本真正花精力的是中间段，即资管和运营。

（1）资管是大脑，运营是四肢

资管和运营是两个概念：运营是经营指标，比如今年预算是多少，租金要到多少；资管是站在资本的角度来考虑，比如楼宇改造的方案，入口大堂放在一楼还是二楼，这些肯定不是由运营来决策。但是从投资的角度来看，投资就是要算租金的动态变化，还有工期、成本、形象以及退出的可能性，所有的这些都要做测算，要确定接下来应该往哪个方向走。资管是一个很细腻的过程，是一种综合决策模式，它就像一个大脑，运营是它的手臂和四肢，所以说资管和经营非常重要，却容易被大家忽略。周以升说：“其实我们在行业内经常呼吁要注重资管，它是真正形成价值的手段，它直接关乎承接的投资收益率能不能实现。”

资管能力对于经营团队和并购团队非常重要。比如收购的时候一般由并购团队去做，并购的时候需要有一个假设条件，即租金收益，但是租金收益最终是由经营团队来完成的。经营团队要保证指标的完成率，一旦完不成指标，经营团队与并购团队便会互相推诿，这是一个非常难处理的问题。解决这类问题要靠资产管理者，就是需要有一个人去拍板，来决定能做什么事情。在高和资本，苏鑫的核心角色之一就是资产管理者，周以升主抓投资，另外还有资深的运营合伙人主抓其他方面。高和资本要求大家共同担当，但在各种情况下都要有人决策，比如

当前端的投资有压力时，需要有人决策，在运营阶段的跟踪、管理中也要有资产管理的人持续监控。此外，没有任何一个项目是相同的，它们都是按照原来的计划来展开，如果中间有些条件发生了变化，资产管理者可以去调整，这样才能让资管+经营这个模型真正落地。

（2）定位要准确，找到最有可能掏钱的人

高和资本刚买下中华企业大厦的时候，旁边楼的租金水平都在4元/平方米·天左右。通过运营，中华企业大厦的租金达到7.5元/平方米·天。价值要体现到运营上，重要的是定位要精准，你要找在这个领域里面最有可能掏钱的人。出租、招商、销售等环节都对收益率有影响，关键的定位定好后，要知道面对的是什么样的客群，卖的过程就是找到这个最有可能掏钱的人的过程。如何能更快找到，或者在谈判的时候怎么才能谈得更深刻一点，这凸显了定位的重要性。周以升说："运营不是单纯地每天通过销售把价格做得多高（当然这个很重要，这个恰恰是高和资本擅长的），高和资本的运营依靠的另一个重要的元素是销售文化。"

（3）资产精装修，实现投资收益最大化

在收购中莎广场后，高和资本首次提出"资产精装修"的理念。在做商业地产的过程中，高和资本发现小业主的利益取向不一样会引起恶性竞争，导致租客良莠不齐、资产贬值、商铺空置率较高，进而导致资产价值整体贬值，这也是高和资本提出"资产精装修"理念的原因。简单来讲，资产精装修是通过一系列的管控措施，帮助新业主培养稳定的租户，尤其是大品牌租户。资产精装修对租客品质和整体租金能起到推动作用。

资产精装修是针对市场上出售型商业不动产无统一管理、无统一运营而导致租客良莠不齐、资产贬值所提出的一种理念。资产精装修的宗旨是通过资产管理提升租金水平、租客品质、物业品质，并提供金融

服务，从而实现客户投资收益最大化。资产精装修理念有四个关键点：第一，投资人在购买产品后，高和资本首先与其签署资产管理协议，进行规则上的约定，然后由高和资本委托招商公司统一招商，统一出租，统一报价；第二，设置准入门槛，拒绝小散客；第三，引进物业公司；第四，为投资人提供流动性安排。

以高和资本收购上海中华企业大厦为例，收购完成以后，高和资本对其进行大规模升级改造和业态调整，使其达到国内甲级写字楼的标准，并将中华企业大厦重命名为高和大厦，以及重新进行销售和招租。

第一步，提升楼宇硬件环境。写字楼办公空间一般由租户自己装修，装修的重点在外立面、公共区域和基础设施。在收购中华企业大厦后，高和资本对其外立面、公共区域、楼宇硬件等方面进行提升和改造，所有硬件设施均符合最新配置标准。此次改造的重点有以下方面：

- 室内大堂、电梯厅、其他楼层过道展开精装；
- 电梯内控及外呼按钮将更新，四台电梯将调整为两台高区电梯，两台低区电梯；
- 玻璃幕墙更换为更节能环保的新幕墙；
- 卫生间，整层投资的按照统一精装交付，散售楼层按室内精装交付；
- 升级室外景观园林和咖啡厅。

第二步，产品定位和业态调整。高和资本敏锐地察觉到所在区域写字楼的空档，将大厦改造成南京西路最好的国内甲级写字楼，弥补了该区域的空白。

第三步，改善运营和服务质量。为了改善运营和服务质量，高和资本更改了物业管理单位，引进了第一太平戴维斯作为物业顾问。

高和资本通过“资产精装修”对旧楼进行改造，让“新楼”逐步呈现，以形象及品质提升带动了租金的上涨。中华企业大厦的收购和升级改造之后，其租金从4.0元/平方米·天跃升至7.5元/平方米·天，被誉为上海写字楼市场租金增长最快的项目。

3.证券化：以类REITs或者REITs方式退出，以CMBS作为融资工具

“收购+资管/运营+证券化”链条上的另一个关键环节就是证券化，即以什么方式退出，什么时候退出。实施证券化就要能精准地判断将来的趋势。CMBS是一项融资工具，而类REITs是基金阶段性的退出工具，而公募REITs将是最佳的退出方式。

2005年，周以升在高盛集团的时候参与了香港第一个REITs领汇的上市，做完之后他就想在内地能不能实行REITs。经过研究之后他发现做不到，因为债的融资成本通常超过10%，而物业收益率只有7%~8%。作为投资人，没必要来投股，投债就可以了，所以这个市场不存在权益性的REITs，这在一些高利率、快速增长的新兴市场都是如此。在这种情况下，投资者不成熟，所以很难形成一个REITs的成熟市场。这和地产、金融的发展阶段以及投资人的教育背景都有关系。很多新兴国家的REITs做不出来，原因很相似：在这些国家，REITs作为一个稳定的投资品种不太适合，因为市场还没有发展到那个阶段。那么，长期股本是怎么形成的呢？它并不是自然形成的，如果有一个债能给到超过10%的收益率，就没有人投股，所以，一定要把债“杀”到一个低值，强迫人们必须投股。投资人是这么一个逻辑，金融创新的大的逻辑也是如此。

（1）融资工具：CMBS

CMBS在中国有巨大的发展空间，未来可能达到60 000亿元的市场规模。弱主体强资产的CMBS是一个方向，这也是高和资本一直在行业里面呼吁和推动的工具。

CMBS实际上就是将一个或者一组非标的商业物业贷款加工为分级别的标准化债券的金融技术，也就是把一个贷款变成一个债券的过程，这个过程需要很多主体参与。CMBS是成熟市场商业物业融资的重要工具，以美国为例，CMBS占商业物业融资总额的20%以上，是商业物业融资成本的基准。高和资本过去几年积极推进CMBS在中国的落地，终于在2016年8月牵头国内第一单交易所CMBS“高和招商—金茂凯晨资产支持专项计划”，发行债券40亿元，融资成本为3.3%，创造了历史，同时也推开了市场的大门；高和资本也在积极推进“脱离主体信用的CMBS/CMBN”，其在银行市场已经获得突破性的进展；高和资本通过结构创新，世贸天阶项目公司债券被评为AA+债券，树立了商业物业证券化的一个新的里程碑。

CMBS作为一个直接融资工具，将会降低商业物业的融资成本，将为私募基金等权益型投资人提供低成本的杠杆，而好用的杠杆正是REITs出现的重要前提。

（2）退出机制：做类REITs或者REITs

对于存量物业改造来说，重要的制约因素包括资金来源及退出机制。当整体收购改造完成后，物业得以升级，资产价值得以提升。同时，通过改善运营管理，租金水平得以提升。在资产价值和附加值得以充分体现后，就面临物业如何变现的问题，目前行业一般有以下两个处理方式。

第一个是整体转让或散售。对于存量物业改造来说，中国的资本市场毕竟还不成熟，大买家数量有限，而高和基金的存续期一般在四年左右，所以多数无法资产证券化的物业项目只能退而求其次将楼宇散售。高和资本收购中华企业大厦就是采取散售退出的方式，与高和资本当初的收购均价32 114元／平方米相比，中华企业大厦对外散售的均价超过50 000元/平方米，价格的提升幅度超过了55%，这使得高和资本获得了巨大的增值收益。

第二个是类REITs等证券化模式。类REITs（或者叫私募REITs）的结构不复杂，分为两档：A档是优先级，B档是次级的基金。通过引入投资人来收购物业，原始的投资人物业就退出了。新的投资人面向市场，然后在管理人的管理下持续地运营。当然这个过程需要交易所的审核无异议函，也需要中介机构的配合。

高和资本后续还会探索并购基金与类REITs的紧密结合的方式，作为退出通道。在此之前，高和资本也做了多元化的退出尝试，高和资本在2014年甚至将商业物业与互联网金融结合，与阿里巴巴合作把高和蓝峰大厦的几层楼结合在一起，变成一个所谓的私募REITs。面对中国证券化的现状，在高层的支持和业内的推动下，周以升相信REITs曙光在前。

到目前为止，中国还没有大规模地出现真正愿意直接买物业权益的投资人，现在能投资的物业也不多。高和资本这样的私募REITs有了很多年的积累，它能逐渐把投资人引进来，当投资人对私募REITs有所了解后，他们才敢投资。另外，私募REITs还涉及投资人成熟度的问题，这个问题需要和利率环境、宏观形势、投资人配置等结合在一起，接下来需要做的就是投资者教育。当然，因为目前中国没有成熟的REITs市场，物业升值改造的红利主要为基金LP等高净值人群所有，无法惠及普通人。

（3）盘活存量的逻辑：CMBS与类REITs构造行业生态

中国的商业地产融资基本上是通过间接抵押贷款、银行贷款，以及一些非标准化债权资产来完成的，最后以很高的成本退出。和美国相比，这个中间的息差很宽。高和资本为什么做CMBS呢？因为CMBS是一种债项融资工具，在商业地产里面占比很大。中国也应该有这个产品。周以升说："当时我们就想这个问题，为什么中国不可以有CMBS呢？大家都去关注REITs，但是我觉得应该是CMBS先成熟起来。当然前期也要有一些探索，要有一定的指引方向，比如类REITs已经有人做了，它会在过户的载体里面变成一个所谓的REITs。在做CMBS的过程中，需要跟监管层沟通，还需要做教育，做路演，让投资人接受，也让客户接受。"

CMBS，特别是不依赖主体信用的无追索权的CMBS的发展将会使商业物业的融资效率大大提高，融资成本进一步下降，并有望实现业主持有物业的"正杠杆"。通过持有物业的"正杠杆"，才能够吸引权益类资本进入商业物业投资市场，这是REITs产生的前提。同时，债项工具的低利率实际上也将大量的资金从债项投资挤入权益类资本，使REITs从估值角度具有了普遍复制的可能性，最终才能使商业物业真正实现从"僵化的孤岛"走向"星辰大海"，获得可观的流动性。

上述"债项—股本"小生态系统的形成，将会整合和孵化更多的运营公司和过硬的运营能力，最终形成"债项—股本—运营管理—资产管理"大生态。这个生态的形成，将使盘活存量成为可能。

值得注意的是，权益型投资人的形成不是等待的结果，而是一个持续且艰苦的推动、教育、磨合的过程，需要业内卓越的资产管理人通过一单一单的产品，展示其专业能力和品牌推动能力，逐步使投资人建立信心，并最终引导投资人进行大规模配置。只有穿过寒冬，才能迎来春天，不能一味地等待。

展望：做商业一定要向资管角度转变，证券化才是正确的存在方式

周以升认为，开发商做商业必须向资管角度转变，没有别的选择。

这个市场处于一个演化的阶段，不能说一定是开发商胜出，或者说一定是基金公司胜出。这个市场涉及人才、机制、运气，以及对周期的判断等很多因素，存在很多变数。但这个市场一定是多元化的，因为它是一个“超级市场化”的市场。开发商、金融机构、独立的第三方都要不断地适应这个市场才能继续生存。

周以升说：“商业地产正确的存在方式应该是证券化市场，它存在于资产管理机构中，还有一部分在保险机构中。而现实情况是，目前商业地产大多处于从原始权益人往后过渡的阶段。”

| 第十三章　艾佳生活：用共享经济打造互联网大家居生态圈 |

众所周知，装修行业涉及的环节多、周期长，各方的利益关系也比较复杂，很容易导致纠纷，利润也日渐稀薄。此时，艾佳生活提出用共享经济来构建互联网家居生态圈，通过整合优质地产、品牌家居、品质家装、优秀设计、金融服务、物流安装服务等资源，为客户提供“省心、省钱、审美”的优质“全品家”服务，真正满足“把样板间搬回家”的市场诉求，实现多方受益、无人受损的共赢效果。

艾佳生活想用互联网技术来改造相对惰性的家居家装行业，这种模式看上去很好，到底能不能实现呢？对此，艾佳生活CEO潘定国先生（如图13-1所示）对家装行业和互联网进行深刻剖析，解析模式内核，从战略规划层面到具体执行层面，深度解读艾佳生活是如何利用共享经济来打造大家居生态圈的。

图13-1　艾佳生活CEO潘定国先生

一、做定位：让客户在房屋交付当天能开伙做饭

传统家装行业产业链冗长，存在客户置家过程烦琐复杂、装修效率低下、后期维权不仅成本高而且难度大等诸多痛点。艾佳生活通过分析家装产业链各方痛点，逐步确定了自己的定位，为后续商业运营模式奠定了基础。

1.现状：产业链各方无法消除的痛点

（1）开发商：费钱费工，难度大

在地产1.0时代，大量的房子都是毛坯交房。到了地产2.0时代，精装房成为主流。对于开发商而言，存在几个痛点。

第一，工期慢，费钱费工。开发商选择做精装房虽然顺应了市场需求，但是在时间上要延迟半年交房，财务上无法快速周转，牺牲了财务成本。此外，由于不专业，或者精力不聚焦，为做样板间而导致开盘延期的不在少数。

第二，单一的硬装标准往往会丢失很多其他需求的客户，而做精装修，又没有竞争力。

第三，精装管理难度大，资金沉淀时间长，售后服务痛点也很多。以样板间为例，样板间与实际交付给客户的房子相差甚远，无法做到与样板间一样，容易引发客户投诉，在行情下行的时候经常发生退房风波。此外，花费了不少费用的样板间无法变现，许多时候可能还要降价出售。

第四，从完全不做精装到做精装，需要不断地学习，这在时间和成本上都是一种消耗。

（2）业主：不能“拎包入住”，自己装修太麻烦

很多楼盘都声称能做到“拎包入住”，实际上根本无法实现。即使购房者购买的是精装修房，也需要采购家具等软装配饰后才能住进去。如果购房者买的是毛坯房，自己装修更是费时费力。在装修前，购房者要先托朋友、找熟人，分析、筛选装修公司，确定装修公司后，至少要选28种辅材、8种主材、35项基础工程施工方案，这些都需要通过验收才能交付。当硬装结束后，购房者至少还需要再陆续购买52件家具或配饰，至少要到80多家店铺和将近100人讨价还价，购买近200个商品。这样，装修施工周期就接近六个月。以上工序不仅耗费了大量的人力、物力，而且在一线城市还要支付一笔不菲的房租费用。

（3）装修公司：难以获取合适的客户

装修公司最大的痛点在于难以获取合适的客户，主要有以下三怕。

第一，怕在一个城市客户太少，业绩不能保证。如果一家装修公司一个月没有300套房子的装修业务量，那么就上不了规模，装修价格就降不下来，在竞争中就没有优势。

第二，怕客户太分散。在一个楼盘装修10套房子，和在10个楼盘一共装修10套房子，仅在材料和工人的调动方面，成本就相差巨大。

第三，怕做个性化软装。软装需要满足不同客户的需求，这就意味着必须面对各种麻烦，很可能最后一算账是亏本的。但是如果不提供软装服务，那么就意味着要放弃一部分市场，在竞争激烈的市场环境下，这无疑是一笔很大的损失。

（4）家具厂家和经销商：钱都被卖场房东赚走

电商冲击了很多行业，但唯独对家居卖场的冲击不是很大，原因

很简单：家居产品是需要到现场“感受”的。这个“优势”其实也是家具厂家和经销商最大的痛点，比如一套沙发成本价是4 000元，出厂价是5 000元，卖场成交价是12 000元，家具厂家只赚取1 000元，而经销商看似赚取7 000元，但其中5 000元都用来支付店铺租金、销售人员工资等，加上运费和各种消耗，家具经销商也所赚无几。窗帘等家居厂商的境遇也很相似，卖场租金以每年15%乃至更快的速度上涨，窗帘等家居厂商的利润也越来越薄。

2. 定位：聚焦痛点，打造“全品家”，让用户在收房当天能开伙做饭

在艾佳生活看来，目前大部分开发商提供的“毛坯房”或“精装修房”都是半成品，只是为购房者提供了一个“房子”，而不是真正的“家”。基于家装产业链上的群体无法消除的几个痛点，艾佳生活一直在思考：能否像购车一样拿到钥匙就可使用，让客户收房当天就可以入住呢？现如今，艾佳生活根据客户的需求，已经实现了收房当天即可开伙做饭的功能。

如果说毛坯房是住宅1.0时代的产物，其主要依托土地红利，精装房是住宅2.0时代的产物，其主要依托产品红利，先进的企业开始研究户型、产品，那么艾佳生活要打造的就是住宅3.0时代的“全品家”产品，依托的是服务红利，这是中国地产的“春天”。在住的领域，为了解决客户家装痛点，艾佳生活将硬装施工与软装搭配、物流安装、售后服务等产业链上的各个环节整合优化，利用互联网共享经济，打造大家居生态圈。只要客户选择了“全品家”产品，装修置家所面临的一切烦心琐事都迎刃而解，最大化地提升了客户置家体验度。

二、建模式：提取滴滴公司和苹果公司的成功基因

让我们思考一下，像微软、英特尔这样的IT产业巨头，在个人

电脑（PC）时代垄断整个行业，但为什么在移动互联网时代它们没有往日的辉煌呢？传统企业的创新都是沿着自己成功的轨迹，不断地进行创新和迭代优化，但始终是在自己的轨迹上发展，很难有所突破。这种沿着自己的轨迹的创新被称为“连续性创新”。所以像微软、英特尔这样的大公司，能把握一个时间段的成功，但很难把握另一个时间段的成功。

发展特别快的公司却不是这样的。这类公司要么是在技术上实现颠覆式的突破，要么是在商业模式上实现颠覆式的突破，从不同的纬度、角度和方式对原来的行业或产业进行创新突破，如苹果公司。艾佳生活从2015年正式运营，到现在一直保持快速增长，正是因为其采取的不是传统的连续性创新，而是颠覆式创新。艾佳生活把用户端和服务端之间的产业链条进行重构，但是并没有改变市场供需，在装修领域，也没有产生突破性的尖端新技术。“其实我们更多的是把产业链条上大家的分工和协同进行重新构建，这是我理解的颠覆式创新。”艾佳生活CEO潘定国说。

艾佳生活在落实颠覆式创新的过程中，以互联网文明为指导，同时借鉴了滴滴公司和苹果公司这两家互联网企业的成功经验，打造出独特的艾佳生活模式。

1. 以互联网文明为指导

人类文明的发展经历了从农耕文明、工业文明到现在的互联网文明三个阶段（文明的演进过程如图13-2所示）。在大家居产业中，也正在进行从农耕文明到工业化文明，再进入互联网文明的阶段。艾佳生活的使命在于帮助与推动产业发展，促进从农耕文明进入工业文明，并最终进入互联网文明。

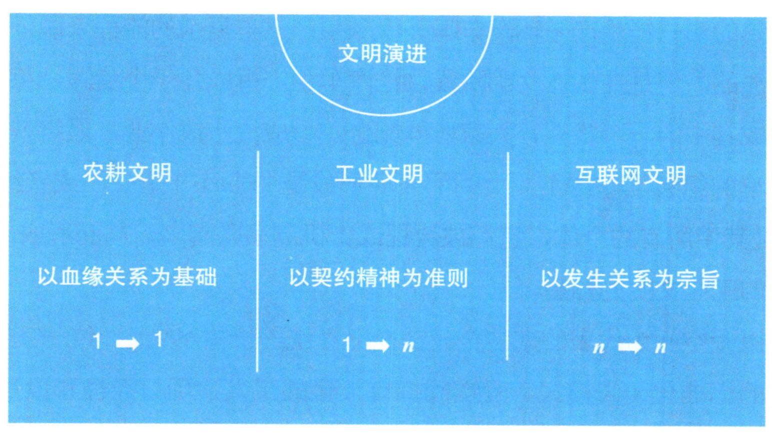

图13-2　文明的演进过程

（1）农耕文明：以设计师为核心的一对一服务

农耕文明的装修模式，可以简单地理解为以往的师傅带徒弟的模式。如果想成为木匠，就得跟着老师傅学习，出师后可以自己独立干活。这种模式靠的是师傅的教授能力以及自己的领悟能力，所以这种农耕文明的核心靠的是积累，靠的是个人的力量，靠的是一对一的方式。

艾佳生活认为，目前装修行业中90%以上的都是农耕文明，即到客户家中测量房间之后，设计师出一个装修方案并列出清单；和客户签订合同后，装修公司安排包工头到客户家中施工，在装修过程中可能会增加额外的预算。这种装修模式以设计师为核心，设计师充当销售人员促进签单量，艾佳生活称之为专业选手订单模式。农耕文明是一对一的服务，设计师签单，后续包工头装修，层层分包，因此效率很低。这就是为什么有的装修企业用一二十年的时间才能做到20多亿元的交付量，但是艾佳生活在成立的第二年合同额就已经达到17亿元。

（2）工业文明：以标准化为抓手的1对n服务

工业文明，强调的是标准化、流程化。在农耕文明阶段依靠师傅带徒弟的形式能生产一辆汽车吗？仅从生产汽车复杂的流程来说，就是不可能的。但是在工业文明阶段，把汽车生产拆成几千个步骤，每个人只完成其中的一个步骤，大家协同配合，形成流水线作业，最终就能完成汽车的组装工作。工业文明的表现形成是1对n。1是公司或者组织，n就是其中所有的个体，它们被流程或者机制串联起来，从而形成1对n这样的工业文明的标签。

以爱空间为代表的家装企业曾提出“统一价格699元，统一工期20天”的标准化装修模式。爱空间拥有大量的工人、项目经理和设计师，把工厂的作业模式运用到客户的家装现场，将产品、供应链、施工方案标准化，因此爱空间是工业文明的实践者。爱空间将整个家装行业从农耕文明推到了工业文明的阶段。

（3）互联网文明：以多维交互为宗旨的n对n服务

互联网文明强调的是差异化、极致产品或极致服务，更强调以发生链接为核心的宗旨。按照这种逻辑，互联网文明强调的是n对n的服务。原来的“1”是企业，是一个主体，现在n是主体了。这个n，既可以是消费者，又可以是企业家。n对n是一个混合式的组合方法，并不是有组织概念之后进行的匹配，所以n对n是互联网文明的一个标签。

农耕文明做的是加法的活，一个师傅带着徒弟动手做，有多少精力就能做多大的生意。而工业文明采用流水线作业模式，24小时三班轮倒作业，所以它做的是乘法。而互联网文明是什么运算模式呢？是乘方，因为它把所有的潜能都激发出来了。

艾佳生活更期望在农耕文明和工业文明的基础上，进行互联网文明的实践。潘定国说：“我们要涉足一个新的行业，要进行互联网文明，关键要看这个行业是否实现了工业文明，是否已经实现标准化，如果是，那么互联网文明能够很容易实现，反之亦然。”

艾佳生活要做的互联网文明是以发生关系为宗旨的n对n服务，它是建立用户评价的评分体系，能够整合产业链资源和促进多维交互。由于家装行业被互联网改造的时间并不长，没有可借鉴的模式，因此艾佳生活在滴滴公司和苹果公司这两家互联网标杆企业寻求借鉴，以求建立自己的模式。

2.提取滴滴公司和苹果公司的五个内核作为支柱

艾佳生活有两个学习标杆，一个是滴滴公司，另一个是苹果公司。艾佳生活从滴滴公司和苹果公司这两家企业提取出五个内核，用来作为艾佳模式的支柱。

（1）做管家，打包解决问题

滴滴公司不是一个出租车公司，它本质上是一个提供出行解决方案的公司，是一个出行的管家。只要用户下单，就会有司机把他送到想要到达的地方，这简直就是私家贴心出行管家。“用户不用关心谁在开车，也不用关心开的是哪个出租车公司的车，只要输入出发地和目的地，就可以通过滴滴派单，为他们解决出行的问题，时间、路线等都很透明。”潘定国解释道。

（2）搞共享，利用市场资源

现在很火的ofo共享单车，公司需要从自行车厂商购车，再投放到市场，这并不是共享的逻辑。潘定国认为：“滴滴和共享单车一样，都可以解决出行问题，但是滴滴公司无须购车，它是将剩余产能最大化地加以利用，它是真正的共享机制。”滴滴实际上是基于巨大的客户出行需要的存量市场。它通过建立一个平台，订立相关规则，把社会上大量闲置的汽车、司机、乘客等资源盘活了，在改变人们出行方式的同时，提升了交通闲置资源的利用率。滴滴公司运用共享经济时代的互联网思维，提供了一种出行的解决方案。滴滴公司用共享经济实现了交通出行的存量市场效率最大化。

艾佳生活的核心规划就是“用心给你一个完美的家”。它要通过战略布局，让普通百姓通过艾佳生活的大家居生态系统，获得满意的家居设计解决方案。艾佳生活与所有家居家装公司都不是竞争关系，而是合作的关系，以提供更好的用户体验。通过与大家居产业各个优秀企业的合作，更好地为用户提供服务，这是艾佳生活未来的方向。

（3）换机制，谁出钱谁来决策

从管理层面来说，传统公司强调以岗位和流程为核心进行层层决策。在互联网文明时代，滴滴公司强调用数据驱动来做管理，以及由最终付款人来做决策。也就是说，打车者下车之后对提供服务的司机进行评价，付钱给司机后，此次服务即结束。这给了艾佳生活很大的启发，对艾佳生活做家装创新有着重要的支撑作用。

（4）硬件标准化，软件个性化

从最初的“大哥大”单一产品时代，到以款式多样化来解决用户个性化需求的、以诺基亚为代表的工业文明时代，再到互联网时代，苹果公司成为手机行业的霸主。艾佳生活发现，苹果公司的成功取决于三个因素。

第一，产品的极致。从最初的一键操作，到让用户体验所有功能的细节方面，苹果公司一直在强调极致的产品。

第二，硬件标准化和软件个性化，非常好地解决了B端的标准化需求和C端的个性化需求。通常B端希望所有产品标准化，标准化意味着供应链可控，成本下降。而为了实现个性化、多样化，这类企业通常会做多种款型来满足不同用户的需求。大家可以想象，100种款型意味着企业要找100家供应商！但是苹果公司实现了硬件标准化，只靠一款手机，解决了1亿人的需求，因为有App Store（移动网上商店）可以实现个性化需求。也就是说，1亿人买了iPhone7，但是iPhone7里面装的软件完全不一样。这是指导艾佳生活研发产品的重要逻辑。

第三，共享经济。传统企业的一贯思路是，招聘各类所需人员开发各类应用，然后让用户使用。而互联网文明强调的是共享，苹果公司让全世界的人来为其开发软件，并进行利益分成。

（5）搭系统，自己制定规则

苹果公司的iOS操作系统是决定其成为知名公司的关键。无论是与IBM公司竞争，还是与Windows系统竞争，抑或与安卓系统竞争，苹果公司一直坚持开发自己的iOS操作系统。构建操作系统的核心有两点。

第一，制定规则。苹果公司曾因为文章的点赞打赏功能与腾讯竞争，但是由于这个功能没有经过苹果公司的支付系统，iOS操作系统不支持此项功能，以致此项功能的研发者没有拿到分成。这就是苹果公司制定规则的体现：我不让你有这个功能，你就没有该功能。

第二，构建利益，实现商业模式的闭环——靠硬件和软件来赚钱，构建自己的商业模式。不同于Windows依靠操作系统赚钱的思路，苹果公司从软件、硬件到内容形成了一个收益闭环。

以上两点就是苹果公司将IBM、诺基亚、Windows操作系统拉下神坛的重要原因。从潘定国的视角看，这些都为建立艾佳模式提供了指导。

三、造平台：构建C2C生态圈，最终实现C2M

艾佳生活到底是一家什么类型的公司？潘定国用一句话总结：“用共享经济打造家的生态圈，也就是构建与家的服务相关的各种生态。”现在，很多人说艾佳生活是未来的行业独角兽。潘定国却说：“并不是想让自己成为一个独角兽企业，而是希望通过大家居生态培育一批独角兽公司，让所有在这个产业链上的公司都愿意和自己合作。通过大家居生态，反向地把家居公司、装修公司进行整合，聚焦楼盘的批量订单，让它们进行抢单。”艾佳生活在做的是用共享经济打造大家居生态圈，而生态圈最核心的是利益链的重构。互联网家居生态圈不生产产品，也不是简单地服务用户，而要对整个产业链条做出价值承诺。

“艾佳生活更多地强调共享，我们不用培养设计师，不用招聘施工项目经理，我们要建立一套机制让市场中的人去做这个事。未来我们的目标是自己什么都不用做，全部都由市场上的专业选手来执行。”潘定国说。艾佳生活希望用共享经济打造互联网家居生态平台，聚焦新楼盘提供“全品家”的住宅3.0服务，同时构建一个C2C生态平台，最终实现C2M（顾客对工厂）的战略布局。

1.做用户的管家，提供全托、半托服务

像滴滴公司一样，艾佳生活给自己的定位是做客户的管家，客户把毛坯房交付给艾佳生活，艾佳生活就帮客户实现收房当天能开伙做饭。家具、电器、床上用品，甚至是锅碗瓢盆，艾佳生活都帮客户搞定。作为客户的管家，艾佳生活会帮助客户加强维权，在施工进度、施工质量、家具运输等环节为客户把关，并且全部过程实现透明化管理，真正让客户放心。

2.风格/价格体现标准化，软饰品实现个性化

艾佳生活借鉴苹果公司硬件标准化和软件个性化的思路，逐步形成了艾佳生活的产品模型——“全品家”。“全品家”提供的不仅仅是硬装和软装服务，它还给客户提供一个完整的家，包括智能家居、家庭娱乐系统、安保系统、艺术品等。苹果公司、“全品家”硬件标准化和软件个性化如图13-3所示。

	硬件标准化	软件个性化
	苹果 （玫瑰红/太空银/深空灰/土豪金）	全品家 （现代/欧式/美式/中式）
硬件标准化	16G 32G 64G 128G	1 314元/平方米 1 912元/平方米 2 399元/平方米 2 999元/平方米
软件个性化	App Store	软饰品生态系统 （个性化饰品）

图13–3　苹果公司、“全品家”硬件标准化和软件个性化

（1）不同风格搭配不同价格，做标准化套餐

按照工业文明时代的做法，诺基亚为了实现个性化和多样化的消费者需求，就要设计多个款型，而每一款都要建模，每一款的供应链都不一样，成本、供应链、生产速度等因素都变得不可控。而iPhone6s只有四种颜色、四种内存规格的硬件标准，消费者在购买的时候，可以在颜色和内存方面进行多种方案的搭配。即使生产1亿部iPhone6s，由于其供应链的标准化，苹果公司也只需要交给富士康生产就可以了。这就是为什么B端希望硬件可以标准化。

艾佳生活将此模式移植到家装中，提供给客户一生一世、流连忘返、比翼双飞、长长久久四种套餐，以及现代、欧式、美式和中式四种装修风格。艾佳生活提供给客户每种套餐6~9种不同的硬软装装修方案。和苹果公司一样，艾佳生活也是按套餐（艾佳生活制定的硬件标准）报价。硬件标准化，对艾佳生活来说意味着供应链的标准化，是艾佳生活在家装行业里面做的一次创新。

（2）在App上选饰品，实现个性化

随着人们消费水平的提高，很多客户并不接受标准化，那么艾佳生活是如何解决个性化需求的呢？每种套餐提供6~9种装修方案

本身具备一定的个性，除此之外，艾佳生活还通过App软件来实现装修个性化。艾佳生活的App里涵盖窗帘、地毯、艺术品等各种产品，客户可以在App里自由选择。2015年，艾佳生活花了很大的精力去打造App，当时的想法是让客户用电脑在线选择装修套餐。艾佳生活还提供样板房，客户可以参照样板房在App里挑选。但是客户积极性不高，结果交易量很低。这是因为家装属于低频、高客单价的行业，消费者基本不会直接在手机上选择，即使去看了样板房也不会在手机上进行挑选。

艾佳生活现在对App做了改进，使其功能不仅包含优秀的设计方案展示，“全品家”产品的了解与选购、全流程交付管理及实时现场监控等，还包括艾佳生活特有的艺术家板块，为用户提供独一无二的艺术作品及其衍生产品，让用户享受高品位的文化生活；还针对女性客户开设了专区，在这个专区，女性客户可以挑选床上用品、艺术品等家饰。另外，艾佳生活还增加了一些灵活的空间，比如客户出更高的价钱可以享受更多的挑选方案。艾佳生活会辅助客户做决策，但给客户的感觉是自己在选择，这就是艾佳生活在做软件个性化方面的创新。

3.借助共享机制，强调省心、省钱、审美

艾佳生活借助共享机制共享了什么呢？它共享了市场上为万科/仁恒等名企开发商做精装修的施工单位，共享了CD网上30万名知名设计师的设计方案，共享了行业内一线家居品牌的优质产品，共享了开发商、银行等合作伙伴的信用背书，共享了开发商的销售团队（如图13–4所示）。

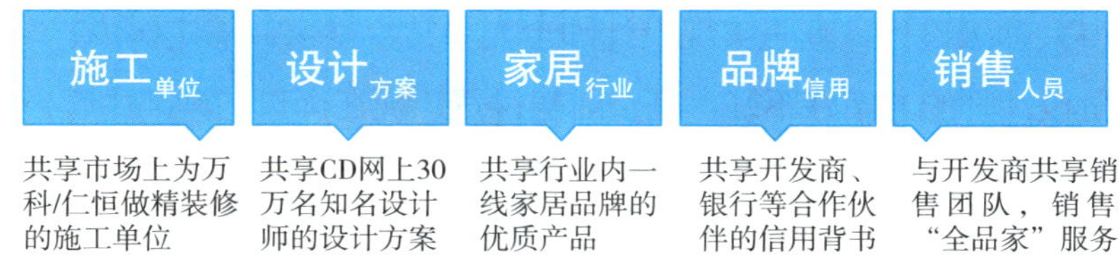

图13–4　艾佳生活借助共享机制共享到的服务

家装市场大概有4 000亿元的规模，消费者需求很旺盛，但是置家体验的痛点也很明显——“贵、烦、累”。传统家装服务周期漫长，消费者需要关注施工管理、产品品质、家具选择、电器配备等多个环节与内容，还要奔走在各种卖场与施工队伍之间，且所有做过装修的人都体会到这个行业的不透明性。在共享机制下，艾佳生活特别强调三点：省心、省钱、审美。

省心——一站式解决硬装和软装，让客户从家装的烦心琐事中解脱出来，把时间用于陪伴家人。客户把毛坯房交给艾佳生活后，剩下的事就不用操心了，艾佳生活会解决硬装、家具、窗帘、锅碗瓢盆等一系列家装事宜。在收房的当天，客户就可以直接开伙做饭。管家式服务让客户更省心。

省钱——无论是B2C模式，还是聚焦楼盘集中装修和交付，艾佳生活都可以为客户带来更低价格、更高品质的家居体验。

审美——艾佳生活认为，目前客户需要的首先是品位和审美，其次是品质和质量。因此，艾佳生活尤其注重“审美”。为了更好地突出设计与审美，艾佳生活联合中城联盟发起“喜舍杯·中国住宅设计总评榜”（这是首个聚焦住宅设计、对接万亿元规模地产联盟组织的设计榜单），开启了设计经济及设计版权化之路，将设计基因注入“全品家”产品中。通过设计的版权化方式，让优秀设计师的设计成果获得更高的市场价值，让优秀的设计师更加有创作动力，同时消费者花最少的钱能够获得大师级设计，真正实现设计师走入寻常百姓家。潘定国说：“过去衡量设计师的方案好不好，是企业端付费。现在衡量的标准由客户来决定，客户愿意付较高的费用，则代表设计师的水平高。”

4.根据用户口碑/订单量做决策，量化管理

艾佳生活在内部管理特别是施工的硬装品质方面比较有信心。潘定国曾和几家房地产公司的老板说：“艾佳生活的硬装品质会比你们房地产公司还要好，原因在于机制不同。艾佳生活根据用户口碑/订单量的大数据做自动决策，进行量化管理。”

（1）用户做监理，24小时工地直播

为了保证硬装的品质，艾佳生活在装修现场安装摄像头，请客户自己当监理，不必跑工地就可以24小时监看施工全流程，施工进度一目了然。每个工序经过客户检验合格后才能进行下一步，每个工序完工后，客户在App里确认并做出服务态度评价，之后，艾佳生活才会将款项支付给施工单位。这也就形成了谁付钱，谁来做决策的模式。艾佳生活在这个流程中相当于扮演了支付宝的角色。相对于传统的家装公司和房地产公司，艾佳生活在机制上做了一个特别大的迭代或者创新。因为没有任何一个公司的项目管理人员能比客户的责任心更强，只有客户才最关心自己家里的装修情况，所以艾佳生活让客户自己来审核。

首先，客户选择艾佳生活的装修套餐之后，艾佳生活会在房子里安装摄像头，客户通过手机App可以24小时看到施工进度与装修情况。

其次，艾佳生活承诺客户完工工期，每一天的进度都在线上及时向客户汇报，客户可以直观地看到工程进度和完成情况。

再次，让客户来当监理，当遇到一些专业的装修问题时，艾佳生活会让项目经理或者监理公司承担大部分验收工作，在关键节点让客

户通过手机参与到装修过程，并进行审核。潘定国说：“其实这个方式很简单，就相当于我们在淘宝买东西，东西送到家的时候必须得审核一下，评价完了才把钱付给商家。”传统的房地产公司更多的是通过自己的岗位和流程来进行审批，自己审核自己，这样就一定会出问题。互联网公司没有一家是由自己公司来审核。艾佳生活让客户进行审核和验收，有助于施工单位把更多的精力放在服务好客户方面。

（2）对项目团队评级，用利益驱动和数据驱动做管理

艾佳生活在装修过程中会对项目经理、项目团队进行评价，评价结果直接决定艾佳生活最后支付的尾款数额：如果项目团队达到五星级评价，那么尾款只留1%；如果评级是三星级或更低的级别，那么艾佳生活可能保留10%作为尾款。这样做的目的就是用利益驱动来提高产品质量，项目经理会把注意力更多地放在品质管控方面，而不是请客吃饭和增项这些事上。

另外，项目经理只要与艾佳生活有过一次合作，他所有的数据就都沉淀下来了，艾佳生活称之为“拿数据驱动来做管理”。艾佳生活未来的目标就是按照项目经理拿的项目多少，服务质量的好坏，进行自动排名，把项目优先匹配给排名靠前的项目经理。艾佳生活是通过这样的数据驱动来做内部的管控，就像滴滴公司自动抢单这样的功能。

5.建立生态圈

以前大家所熟知的成本、差异化等企业战略已经不能满足移动互联网时代的需求了。潘定国把互联网时代的企业战略归为四类。

第一种是商品战略。企业只关心把产品卖出去，而不再关心用户是谁。比如农夫山泉，其竞争优势体现在成本管控、渠道、销售环节，从指标角度来说，它强调的是快周转、高毛利、低库存。

第二种是用户战略。用户战略强调的是用户和企业之间的关系，

用一个量化的指标来看，就是使用频率的高低。用户跟企业之间以什么样的频率发生关系，是一辈子只用一次，还是一年用一次，还是其他的频率，决定了公司的市值。比如微信的市值为什么能够达千亿美元，就是因为用户平均每16分钟就会用一次微信。这类公司的特点不是生产制造能力，而是能很好地识别和服务用户，它们非常了解用户需求，能够给用户提供解决痛点的产品或服务。

第三种是平台战略。平台战略的竞争优势在于拥有流量，商业模式是通过客单价、广告费、流量转换来实现的。目前很多互联网家装平台用的都是这个战略。

第四种是生态战略。生态战略的核心是多方受益，无人受损，简言之就是产业价值链条重构。阿里巴巴、腾讯等企业都在做生态战略。艾佳生活要做大家居行业里的第一家生态战略实践者。

（1）四大生态体系

艾佳生活更想搭建的是这样的一个生态圈：充分利用共享经济机制，以业务众包的方式，为客户选择和提供最优的“全品家”服务。这个生态体系包括以下四个内容。

第一个是类“小米”模式重构利益体系：艾佳生活为硬装公司免费提供批量订单，为开发商增加软硬装收入，为客户提供完整的家装服务。

第二个是类“大众点评”模式重构评价体系：艾佳生活对生态平台上的所有服务商实施点评机制，基于用户评价，筛选合作伙伴。

第三个是类“支付宝”模式重构支付体系：合同款由艾佳生活收取，相关服务商基于客户认可程度获得相应节点的款项。

第四个是类“苹果”模式重构生态体系：服务商聚焦产品及服务。

艾佳生活生态体系的基本模型和流程非常简单，就是利用艾佳生活现阶段的核心获客能力，与客户签订合同，通过设计版权化请设计师提供多种户型设计方案，最后由合作的施工单位来执行。未来，在艾佳生活构建的操作系统中，只要产生一个订单，就会根据客户选择的套餐自动匹配各个厂家的产品。

（2）先做BBC后做B2C，实现C2C订单集约化

艾佳生活构建生态圈的计划分成两个阶段：第一个阶段称为BBC（“企业+银行+客户”电子商务模型），聚焦新建楼盘，提供“全品家”服务；第二个阶段是在实现100亿元交付量之后，做B2C。

艾佳生活以BBC的业务模型，通过与开发商的合作共赢，实现热启动式发展，并迅速形成供应链整合的价值链重构能力。目前艾佳生活正在尝试打通C2M端——与一些家具厂合作，打通其ERP（企业资源计划）系统，也就是说艾佳生活的订单量会反向地指导家具厂的生产——在确认订单供货时间后，形成规模化交付，以此匹配生产、供应和物流等，做到订单集约化。目前，艾佳生活同时孵化着几家公司，有供应链方面的，有设计端的……未来，在艾佳生活的体系内还会孵化出更多的公司。

当然，艾佳生活的目标是做C2C，也就是用户直接选方案、选项目经理以及办理其他各项事宜，最终实现全流程的透明化管理。艾佳生活更想实现类似于滴滴公司那样的模式，就是让用户在线上预约，剩下的事就由后台来完成。

（3）重构利益链，多方受益，无人受损

家装行业是一个复杂的行业，也是一个长链条行业。艾佳生活为家装各产业链的上下游公司，包括为地产商、施工团队、家具商等提供了一个平台，从而进行利益链的重构，实现共享经济发展，并通过共享经济创造更大的价值，让家居生态中的每一个元素都实现价值归位。艾佳生活与各大房地产公司合作，在它们的楼盘进行样板房展示，直接

在那里获客，同时开发商省掉了做样板房的大笔费用。在施工环节，挑选金螳螂、东易日盛这样专业的硬装公司服务客户；硬装公司也获得了大量集中度非常高的优质客户。在软装方面，艾佳生活与品牌家具厂商合作；家具厂商也不用再经过经销商这一环节，省去了卖场租金和销售人员工资，以便获得更高利润。在设计方面，通过设计版权化，当客户选择了某个设计方案，设计师即可获得设计版权收益，一套设计能进行多次交易。

艾佳生活和众多房地产企业合作，主要是与尚在建设中的楼盘合作，在开盘前一个月或更早就进入，免费帮这些楼盘做精装样板房。这样，房地产企业省掉了做样板房的钱，同时可以将这种“真实”的样板房作为噱头宣传，它们没有任何损失，当然愿意合作。而且，艾佳生活还会分给房地产企业一部分利润。

艾佳生活的模式是让整个产业链都有收益，多方受益，无人受损。例如：厂家用3 000元成本生产，5 000元价格出货；艾佳生活用5 000元买入，以13 500~14 250元的价格售出（低于市场价5%~10%）；房地产企业提供销售场地，获得2 025元收益（占售价的10%~15%）；销售方通过销售“全品家”，获得675元收益（占售价的3%~5%）；设计方提供软装设计，获得1 350元收益（占售价的5%~10%）。

各家都得益，那么利益从哪里来呢？艾佳生活分给开发商、设计师的钱，让利给客户的钱，以及自己的利润，实际上来自以下两个部分。

第一是出售家具、软装时节省下的租金和人工费用。前面说道，一套售价12 000元的沙发，出厂价可能只有5 000元，还有5 000元成本来自门店租金、销售人员工资，利润很低。而在艾佳模式下，样板房就是门店，售楼员就是卖家具、窗帘的，艾佳生活直接和家具生产厂家合作，门店租金和销售人员工资这两部分费用都省下来了。

第二是规模带来的效益。在100个小区装修100套房子，和在同一个小区装修100套房子，付出的成本有天壤之别。所以硬装公司利用艾佳生活的规模优势，在保证利润不变的情况下，也一定可以给艾佳生活的客户报一个更低的价格。艾佳生活和硬装公司合作，不赚硬装公司一分钱，客户却可以得到一些实惠。家具、个性化装饰品之前都是一件件销售的，现在有了艾佳生活这个后台，每件单品都有了量，达到一定数量之后成本必然会下降。

最终的结果是，客户在艾佳生活能够配齐家居设备；开发商省掉了做样板房的大笔费用，免掉了不懂装修还非要做的尴尬，还能得到艾佳生活分给的一部分利润；硬装公司免费获得了集中度非常高的大量优质客户；家具厂家、软装厂商不用再过经销商这一关，省去了卖场租金和销售人员的工资，获得了比以前更高的利润；艾佳生活自己在帮助很多群体的情况下，收获了品牌价值和利润。

（4）设计版权化，一套设计多次交易

艾佳生活在内部一直强调共享经济。其实共享经济要在一个团队里执行下去非常不容易，因为下面的经营层在经营过程中，很多时候更希望自己招设计师，在安排任务、设置工作时间等方面用自己的兵更方便。但是艾佳生活要求它们一定要跟外面的设计师合作，而不允许它们自己设计，因为自己设计就很难评判做得好不好。如果完全依赖于外面的设计师，可以把他们的作品放到市场上接受检验，这样就能够对设计师进行筛选，谁好就选谁。

设计方案不是以一套房为单位，而是以房间为单位，也就是说，家中的客厅和书房可以是不同的风格。设计师以房间为最小单位做设计方案，n位设计师针对一个房间设计n套方案，可供n个用户选择（见表13-1）。这样排列组合下来，其实每套房都可以获得几十种装修方案，

不会出现与邻居家完全一样的情况。举例来说，用户选择$A_n+B_n+C_n+D_n$组合方案，设计师分别获取版权收益，业主享受大牌设计服务，而消费门槛大幅降低（假如100平方米的房子设计方案需要50 000元，通过艾佳生活的平台可供100多个用户使用，一户至多需要500元）。

表13-1　以房间为单位，*n*位设计师设计出的*n*套方案

设计师	客餐厅	卧室	厨房	卫生间
甲	A_1	B_1	C_1	D_1
乙	A_2	B_2	C_2	D_2
丙	A_3	B_3	C_3	D_3
……	……	……	……	……
	A_n	B_n	C_n	D_n

艾佳生活正在进行中国首笔设计版权交易，参赛设计师在完成设计进行系统内提报的那一刻，便可在销售端向客户进行艾佳生活“全品家”的推送。当客户选择了该设计方案后，设计师即可获得设计版权收益。一套设计可进行多次交易，真正意义上实现“设计版权IP化”。潘定国说：“艾佳生活不需要招聘一个设计师，却可以为客户提供大师级的设计服务。这也就是在互联网时代，对于任何资源，不在于拥有，而在于充分利用。此外，设计师存在的意义是让作品能够走进千家万户。设计师的水平不是评委老师说了算，也不是艾佳生活说了算，而是要放在市场上，由买家说了算。艾佳生活通过设计版权IP化真正能解决市场洗牌的问题，让好的设计师真正服务好大众。”

施工单位也一样，施工单位做得好不好，一切都是以施工过程中的数据来衡量。原来的逻辑是看别人的评价，别人为公司的各个方面背书，但是在艾佳生活的整个体系里是拿数据来说话的。所以，如果把所有的项目经理放在一起，充分进行匹配对比，就能清楚地知道谁的水平

更高。所以，未来艾佳生活可能不需要招投标，而根据项目经理的服务态度、水平及用户的评价就能决定其是否适合这个体系。潘定国说："我们所谓的家的颠覆式创新，就在于我们并没有创造什么内容，只是把原来用户找传统的家装公司的模式（设计和施工较低效），变成用户直接选套餐，施工单位进行标准化操作和用户进行透明化管理，这就是艾佳生活现阶段在做的事情。"

在新技术应用领域，艾佳生活与来自新加坡的Dimension 5 Techs团队进行技术合作，通过VR技术为客户提供超凡的线上样板间体验产品，并极大地提升了设计师的工作效率和效果展示。今后，艾佳生活将坚持走技术驱动型道路，针对"全品家"的实施应用，积极导入最先进、最前沿的科技成果，给客户极致的体验。

艾佳生活重新构建了一套机制：一套房子可以选择多套设计方案，同样也能对接多家装修公司，在公开良性的竞争环境中就产生了"良币驱逐劣币"的迭代效果。艾佳生活整个体系都是拿数据来量化，方案好不好，施工质量好不好，通过数据就可以评判出来。用这套机制，艾佳生活做到了家装存量市场的效率最大化。"如果你成立了一家公司，当它不再优秀的时候该怎么办？打造像艾佳生活这样的一个平台会是一个很好的办法，因为在这个平台上你能无顾忌地对合作的企业进行考核，优胜劣汰。"潘定国如是说。

（5）产业工人认证，持证上岗

艾佳生活积极想做的还有一件事，就是通过精细化分工，依托大批量订单，通过培训项目经理和产业工人，推动项目经理和产业工人专业化，同时为住宅施工建立标准。"未来，艾佳生活就像驾校一样，对员工进行培训和统一考核，每一个艾佳生活工地上的工人都要经过艾佳生活的认证，持证上岗。"潘定国说。

展望：五年之内争取做到1 000亿元，让合作者全体共赢

2015年艾佳生活处于探索阶段，合同额在2 000万元左右。2016年艾佳生活的合同额就突破了10亿元。潘定国说："2016年艾佳生活实际上完成了17.5亿元的合同额，第一阶段的目标超额完成。2017年艾佳生活完成了100亿元的合同额。我们已经在向2018年300亿元的目标努力奋斗了。五年之内，我们争取做到1 000亿元。"

为什么艾佳生活发展得如此迅猛呢？潘定国总结有以下几个原因。第一，艾佳生活能取得现在的成绩，离不开一德集团陈俊，以及河南建业胡葆森这些企业家的支持，艾佳生活是站在这些有二三十年经验的企业家肩膀上成长起来的。第二，艾佳生活强调在发展的过程中发现问题，在过程中解决问题，很多细节问题都是在讨论和实践中解决的。第三，目标实现的问题，艾佳生活制定的300亿元、1 000亿元的目标，对艾佳生活来说并不难实现，只要把体系构建完善，把合作单位的接口整理清楚，各个环节就能在产业链上有条不紊地运转。

艾佳生活在构建大家居生态过程中，实现了将地产商、产品商、设计师、施工团队联合的目标，整合了从毛坯房到可入住房的所有程序。它所提供的平台，让用户获得了优质的解决方案，让合作者实现了最大化利益共享。同时作为一个开放的资源平台，它在整合的过程中让开发商、产品商、家具厂商、设计师、购房者等实现全体共赢。

| 第十四章　路劲物业：用“性价比”切入存量物业市场的生力军 |

目前，物业管理行业有两种比较常见的模式：第一种模式以万科物业为代表，认为物业的本质是提高建筑物的价值，是管物；第二种模式以彩生活为代表，认为物业要从物的管理过渡到人性化服务，是管人。目前这两种模式孰优孰劣还未见分晓，各个物业管理企业也在研究、摸索适合自己的模式。路劲物业作为一个“中量级”企业，虽然从规模、名气等方面还比不过行业内的龙头企业，但其对行业和自身也有着独特的思考。

路劲物业将自己的独特性和企业标签定义为“性价比”。通过提供高性价比的服务来赢得客户和市场，这就必须要解决两个问题：一个是如何降低成本、提高效率；另一个是如何获得收入，保证企业可持续发展。物业管理和地产开发不同，物业管理不能像地产开发那样明确划分环节和时间节点，而且行业内目前尚无可借鉴的、成熟的信息化管控系统，要实现整体的高性价比，难度很大。路劲物业会怎么做呢？对此，路劲物业CEO陈耀辉先生（如图14-1所示）从为什么选择性价比，如何实现高性价比，怎么做增值服务这三个方面来解读路劲物业的独特模式。

一、用性价比赢得口碑，以增值服务获取利润

如果从独特性和领先优势方面，用一个词或一个标签来界定路劲物业，应该是什么？路劲物业在行业里会怎样维持它独有的形象呢？这些实际上是从本质上去理解和挖掘路劲物业的运营模式、核心竞争力的问题。

图 14–1　路劲物业 CEO 陈耀辉先生

与彩生活等企业的标签不同，路劲物业给自己定义的一个词是“性价比”，这个定义可以从两个层面来理解。

1. 规模、业态结构不占优势，性价比是出路

结合自身特点和未来物业行业的发展趋势，路劲物业将核心方向定为追求高性价比，这一点实际上是路劲物业在全面、客观的评估之后总结出的一条出路。

第一，路劲物业虽然在中国物业服务百强企业中是第33名，但是从管理规模和经济总量来看，它实际上处于中等规模公司的水平。

第二，从目前的市场策略来看，路劲物业制定的市场策略是以服务自己开发的项目为主，在区域资源丰富、能够形成支持的前提下，适当地拓展优质项目。这样的策略导致了路劲物业不像那些标杆型的公司每年有着巨大的开发量。这些标杆型的公司，每年多的有上千万平方米

的交付面积，少的也有几百万平方米的交付面积。路劲物业的交付面积每年仅有100万~150万平方米，这跟房地产前20名无法相比。同时，路劲物业目前还没有积极扩张的计划，只是非常稳健地获取市场的优质项目，这就决定了路劲物业未来可能还是走稳健型的发展道路。

第三，从物业类型来看，目前路劲物业管理的项目大部分是住宅，而且路劲物业住宅的主流产品还是刚需房或首改房，豪宅所占的比例不到三分之一，这样的物业类型就导致了其物业费的定价水平不会很高。

综合以上三个方面，路劲物业在体量上没有规模，达不到规模经济，在管理上又没有进行积极的市场扩张，在物业类型的构成上，主营业务的利润空间又是受限的。在这样的前提下，路劲物业要想获得较快的发展，只有突出优势，这种优势就是其追求的高性价比。比如同样是3元的服务，路劲物业提供的与市场上其他同类物业公司提供的相比，路劲物业的性价比可能是最高的。路劲物业以此来突出品牌形象和服务特点，形成赢得客户的突破点。

2.获取客户信任，为引入增值服务铺路

突出高性价比，比如以同样的物业费提供更多更好的服务，是否意味着路劲物业要牺牲利润呢？

路劲物业并没有像龙湖和华润那样把物业费定在4~5元/平方米·月，其实现在一线城市的物业费可以达到6~7元/平方米·月，有的高端项目甚至能够达到9~10元/平方米·月。路劲物业所做的物业，其定价水平在当地基本属于中等偏上，这样的物业，万科、龙湖肯定不做，它们要做的物业肯定会比路劲物业的定价高20%~30%，而一些追求利润的公司有可能从成本仅2~3元/平方米·月的物业费里获得更大的利润。路劲物业与它们不同，其只获取合理的利润，依托这个形成在主业上的良好口碑。

另外，单从主营业务来说，路劲物业回报客户的可能更多，利润比其他物业公司更薄。作为一个企业，不能靠单纯地让利给客户来获取市场，因此路劲物业还依靠给客户提供更多的服务，来赢得客户的口碑，获得客户的信任。当客户对路劲物业产生信任以后，增值业务就可以植入进去了，或者说路劲物业依靠主营业务使客户产生的认同，在多种经营领域会获取更多的价值。如果价格高了，客户可以不选择路劲物业，它们有更多的选择，所以路劲物业只是在非主营业务上让客户在同等价格上“跑量”。未来，路劲物业也会借鉴社区经济和共享经济的模式，来打造自己的增值业务，重点在增值业务上获取利润。也就是说，路劲物业是把对物的管理和对人的服务更有效地结合起来，以实现可持续发展。

二、四个方向降本增效，保证整体的性价比

既然路劲物业要在性价比这一方面形成差异化或者竞争优势，肯定是需要一些动作来兑现的，现在有什么样的动作可以使路劲物业的性价比更高呢？牺牲利润不是目的，路劲物业一定要通过一系列的措施，打造出一个高性价比的品牌形象，形成良好的口碑效应。

1.把所有项目分为三类，经济营运型的利润最高

从物业管理专业管控的角度来讲，路劲物业对内部的项目进行了全面的评估。路劲物业现在在管的项目超过60个，分布在14个城市，有的项目体量非常大，接近百万平方米，有的项目体量非常小，只有两三万平方米。路劲物业对所有项目进行客观的评估和区分，把它们分为三类，并分别确定它们的内容和操作模式。

第一类是内部定义的高端品质型，这里面涉及两种产品：一种是高端产品，另一种是普通住宅里偏高端的产品。高端品质型项目的前置

条件是还在持续开发，路劲物业需要在开发、销售的过程当中不断地提供高性价比的服务，来赢得客户的满意度。

第二类是经济营运型，这是路劲物业的主流项目，包括路劲物业的刚需盘、首改盘，这一类又被称作精品物业。

第三类是基本运行型，这是维持公司基本运行的项目。

与行业通常的理解不同，路劲物业高端品质型的项目对内部利润率有所控制，经济营运型可能会比高端品质型的利润率要高一点。经济营运型是路劲物业的主流产品，假如说产品总共有1 000万平方米，可能只有200万平方米是高端品质型项目，大概700万平方米是保证净利率的经济营运型项目。

为什么高端的项目利润反而更薄呢？主要有两个原因：首先，同样的别墅，路劲物业在物业费方面会比龙湖、万科低，比如它们定6元/平方米·天，而路劲物业只定4元/平方米·天，本身和别人就有一点差距；路劲物业又要在物业管理方面体现出不次于万科、龙湖的服务品质，那么肯定就要加大投入，利润空间就薄了。其次，经济营运型项目是路劲物业的主流产品，物业费的定价也不比别人高，这并不是单纯地依靠节省成本来实现的，而是要通过精细化的管控来实现的，比如高端品质型的利润率控制在5%，而经济营运型的项目有7%的利润。

2.重新修订管理标准，设立红、黄、绿、蓝四重标准

过去，路劲物业是按照法律法规规定的物业管理一、二、三、四级标准，加上行业内通行的一些做法来管理的。2016年，路劲物业对所有项目的管理标准进行了细化、分类，把项目的四个专业的管理标准（客服、工程、环境和安保）按照红、黄、绿、蓝重新修订了标准。

红线标准针对的是绝对不能出现的问题，这类问题是存在重大的瑕疵和有重大隐患的问题，比如消防隐患，电梯的重大隐患（如钢丝绳

出现了断股，随时可能会坠梯，造成人身伤害）。因为触到红线的问题会带来巨大的风险，所以路劲物业在检查或者评估过程中一旦发现了红线问题，无论付出什么样的代价都要解决它，除非决定不要这个项目。

黄线标准针对的是存在一定隐患的问题，举例来说，比如草坪有斑秃点，原来10平方米内有两个斑秃点可能不会影响美观，可是斑秃点多了就会影响美观了。路劲物业把这种影响因素细化、量化以后，确定了黄线标准。黄线标准允许存在一些问题，但这些问题不是致命的，路劲物业要求高端品质型的项目不能存在黄线问题，经济营运型的项目可以有几个黄线问题。

绿线标准是经济营运型的项目都要达到的标准，项目允许出现少量非致命的黄线问题。

蓝线标准是路劲物业对高端项目的要求，路劲物业不仅把高端项目进行了分类，还从利润点、管理模式等方面设置蓝线标准，以便实现对应的控制。

3.分解经济指标，三级节点管控保证服务水准

地产公司能借助ERP对每一个模块进行管控，而且从拿地开始到首次开盘销售都有标准节点，只不过各个公司的标准节点不一样。只要把这些节点输入到ERP的模块里，地产公司就能有效地控制什么时间亮黄灯，什么时间亮红灯。有的公司规定的节点是196个，有的公司规定的是180个节点，有的公司从拿地到首次开盘需要9个月的时间，有的公司把标准节点输完需要12个月，无论有多少个节点，无论从拿地到首次开盘花多长时间，它们总能进行有效的管控。物业公司从项目交付到项目运行很难规定具体的标准节点，不可控因素很多。那么应该怎么对物业进行有效的控制呢？万科和龙湖现在正在研发物业管控专业系统。物业现在就缺这样的一套工具，但是在没有形成这套工具之前，只能靠手工管控。

先从经济指标上分解出每一项指标，列出所有年度的重点计划、重点工作，然后把它们定义成一级节点、二级节点、三级节点。一级节点是目标，二级节点是提出措施，三级节点是怎么做。比如一级节点要12月20号交付，交付率要实现90%，那么在二级节点上就要确定交付应该做哪些工作，在三级节点上要明确开展这些工作的具体流程。按照这种模式来管控，到了规定的时间节点对照手中的表格（Excel表格），看每个节点的完成情况。虽然它的效率非常低，但至少能够对整个过程进行管控。过去市场上的一些软件基本上针对的是某项具体事情，比如设备维修保养系统，对维修保养的各个节点进行管控，到时候有没有完成会有提示；像仓管系统、设备设施大修系统等，也都是针对某项具体的事。它们无法像地产公司那样按流程和节点进行管控。路劲物业迫切希望有一个软件或者一个系统，能够实现对年度项目的全流程、全节点的管控。如果能够开发出这样一个运管系统，那么路劲物业的管理效率就会大大提升。

其实无论是地产公司的运管系统还是物业的运管系统，前期都需要手动输入，只不过地产公司的系统是标准化的，在菜单上选择就可以，比如基坑降水需要3天，挖槽需要10天，在菜单里面输入时间就行了。但是物业的运管系统前期可能需要一个过程，然后才能手工输入，输入以后就可以管控了。现在路劲物业无论对于哪类项目，都在推进现在的运管系统，试图实现精细化的管控。路劲物业通过三级节点的管控来保证对客户的服务水准，这样在与同类物业相比时才能体现最高的性价比。

4.通过精细化运营降低成本

路劲物业通过建立自己的服务标准，同时针对一些重要的节点进行管控，为客户提供高性价比的服务。站在路劲物业自身的角度来看，在给客户提供高质量服务的同时，路劲物业还在内部管理上采取了一系列精细化运营手段来降低成本、提升效率，保证获取足够生存和发展的收益。

（1）通过四个关键指标进行绩效考核

以前的物业行业是以利润为导向，结果大家拼命地降成本，甚至以牺牲服务标准为代价来降成本。但是从2016年开始，路劲物业把四类关键指标作为绩效的考核依据，而不是单纯地以利润或者以满意度来考核。

第一个关键指标是利润。路劲物业对经济营运型的项目规定了一个利润点，这个利润点实际上是通过预算管理把各个专业的成本加起来而得到的。这个利润点允许有浮动，但是偏差不能太大。别墅、高端的住宅，包括基本运行型的项目，它们的利润点都有差异。

第二个关键指标是客户满意度。尽管现在所有的公司都是凭借第三方调研出来的数据，进行简单的集团横向排名，但是路劲物业不这样做，它在这个排名的基础上加入一个修正系数。无论是零点城市大数据研究院、盖洛普中国公司，还是中国指数研究院，它们有非常多的城市数据，它们也在做城市普遍的客户满意度、行业客户满意度的调查。路劲物业会把这些机构得出的当地客户满意度跟当地的行业平均水平进行对比，将这个比值作为集团横向排名的指标，这样虽然不能保证绝对公平，但是做到了相对公平。这是路劲物业在客户满意度上做的一个调整。

第三个关键指标是内部检查和评估。路劲物业对公司的专业评估标准是“35%+65%”。35%是日常的检查、神秘客拜访，65%是集团每年一次对各个城市分公司全面的评估，这两个数加起来是一个指标。

第四个关键指标是“三个零”。①重大的责任事故是零；②重大的客户群诉是零（因为客户管理的问题出现了客户群诉，在某种程度上，这也算是重大责任事故）；③重大的突发事件是零。

这四类指标有不同的权重，基本上利润指标占35%，后面三类指标加起来占65%。如果利润指标完成率小于90%，奖励也会被取消，如果客户满意度低于上一年的水平，也没有奖金。

（2）关键业务指标都有设定，不是越高越好

路劲物业对内部的关键业务指标都有考量、设定，比如不同项目的人均管理面积、不同项目的人员成本等，这些关键的经济指标都有设定，达不到指标肯定不行。有的指标如劳动生产率、人均管理面积，如果从经济学和经济效益的角度来说是越高越好，但是有些项目并不是这样。高端项目对现场服务人员的要求较高，其客户需要的是在现场能看见服务人员，而且是能看见足够多的服务人员，此时就不能把人员减少。

在物业行业内，路劲物业在关键业务指标上的标准是最严的。路劲物业曾在中国物业管理协会的评价榜单中进入了50强，在中国指数研究院的评价榜单中也进入了50强。2016年中国指数研究院和中国物业管理协会两家单位联合起来对物业的相关企业进行了评价，路劲物业是中国物业服务百强企业的第33名。在关键业务指标上，路劲物业在行业内的排名是比较靠前的，应该说已经接近主流企业。

（3）集团评估所有的外放资源，更关注收入而非利润

路劲物业对所有的外放资源，从2017年开始进行集团评估。路劲物业建立了集团的供应商资源库，有集团级的，也有城市级的，所有的外放资源必须要从集团级或城市级供应商资源库中选取。路劲物业通过一个个城市的调研评估才形成了这个资源库，比如在上海选取了六家集团级的资源库，既有万科这样的标杆企业，也有在上海当地运行经济效益比较好的供方资源。当然它们的报价也不一样，那就要根据路劲物业的项目需要来选取。项目选取主要有两个指标：一个是项目本身的品质管理的要求，另一个是项目的利润率的要求。

路劲物业提倡的方向是收入，而不是纯粹的规模，它重点关注的

是收入的增长，而不是利润的增长。其实做物业这一行要想出利润很简单，一个亏损50万元的项目马上能赢利50万元，无非就是减人，原来用10个人，现在只用5个人，成本马上就下来了。但实际上路劲物业在人员配备方面控制得很严，讲究的是合理的成本，路劲物业对外放资源集中管控就是为了规避随意减员的现象。物业保洁并不像马路上开扫地车一样简单，开扫地车只需一个人，而楼里面都是楼梯，要做到物业保洁的标准服务，可能要用30个人。两个人管一栋楼和一个人管八栋楼，结果肯定是不一样的。

路劲物业每一个外放的项目，超过100万元合同额的都要通过集团的物管委员会讨论。项目负责人要报提案，把整个项目的基本情况、岗位分工以及合同的具体条款报给物管委员会。物管委员会由七个委员组成，这七个委员是路劲物业体系里的行家里手，最终需要至少五人投赞成票，提案才能获得通过。路劲物业在实践中确实也存在没有通过的提案，委员们认为它满足不了现场的要求，或者认为它的利润达不到指标，最后就把它否决掉了。

（4）技术革新，在防控风险的前提下减少人工

路劲物业在节能降耗和技术革新方面也有一些管控措施，每年都会制订年度计划，再把这些计划分解到各个城市，依次执行。路劲物业的管控模式有其自身的特点，目前还是以当地城市公司的管理模式为主，还没有真正地过渡到集团中央管控的方式，所以管控措施的落实有快有慢。

在利用技术来降低成本方面，万科和彩生活都利用科技手段来减少人工，比如万科会采用一些机器人代替人工服务，彩生活在门卫岗亭处采用微信扫码代替人工服务，甚至把两个保安岗亭变成一个保安岗亭。路劲物业也有几个方向，技术革新是一个方向，设备和物防的建设是另一个方向。这几个方向的核心都是在防控风险的前提下尽可能地减少人工。

路劲物业主要就是从上述的四个方面来降低成本、提升效率，保证整体的高性价比。这种管控模式更多的是从具体的事情入手，像运营体系、质量管控体系都需要大量的人力物力才能建立起来。而路劲物业掌握了一些好的办法，比如在项目集中的地方，可以对架构进行调整，把过去的项目管理制变成中心管理制。路劲物业在苏州工业园区有11个项目，这些项目紧紧地挨在一起，单独管理的话，需要耗费大量的人力和财力，如果采用中心管理制，那么可以统一调配保洁人员，甚至可以把工程人员、安保人员都进行调配；每个小区都有巡逻队，如果把它们集中起来，组成这个片区的巡逻队，那么至少可以省掉三分之一的人。这些措施都会逐步落实。

三、增值服务都与客户生活密切相关，未来会做共享经济

前面提到，路劲物业通过高性价比获得了客户的满意度和客户的黏度以后，还会在增值服务方面有所动作，来获取长期的、更大的收益。路劲物业在增值服务的方向上跟彩生活有所不同，它有自己的特点：其规模相对较小，而且项目分散，所以成本相对高。那么路劲物业对于社区增值业务的定位是什么呢？那就是跟客户生活密切相关的衍生品。

1.提供老人看护、租摆绿植等与居住相关的服务

如果是卖一般的食品、日用品，路劲物业肯定比不过京东、淘宝，因为它们都可以直接配送到家，运费也不贵甚至免运费。但是路劲物业有着这些电商所不具备的特点，就是所提供的服务都与客户密切相关。比如家政服务，现在人们理解的家政就是做保洁，其实不是。路劲物业的家政服务涵盖了很多内容，除了保洁之外还有钟点厨师、洗衣服等。另外，路劲物业已经开始提供老人看护服务了，广州客户对这种服务的

反响比较好。

家里的绿植一般养得都不好，养不了太长时间就枯萎了。这个问题让许多喜欢绿植的家庭大为苦恼。为此，路劲物业也提供租摆绿植服务，过年过节还可以更换绿植，平常还可以上门打理。大的绿植要花两三百元一盆，客户一年花1 000元也就只能买几盆绿植，针对这个问题，路劲物业推出1 500元的绿植卡，一年四季提供绿植和花卉租摆服务，客户家里的绿植长得不好，路劲物业就给换成新的。这项业务如果做大了，路劲物业还会建立自己的绿化基地。

2.不卖资源，抓住共享本质衍生园区服务

路劲物业提供的服务有的是使用自己的服务团队，有的是整合外部资源，跟传统业务的区别在于它不卖资源。如果把资源全卖了，只是收一点场地费，对路劲物业来说没有任何意义。

未来，路劲物业肯定会做共享经济（开发自己的App），肯定会抓住共享经济的本质来衍生园区服务。比如可以让业主自己打理园区，因为业主可以提供很多家庭服务和园区的保洁服务。路劲物业可以把每个楼的保洁承包给业主，让业主通过App抢单，打扫完了拍张照片上传，然后路劲物业派人去检查，通过验收就付款。这个思路跟滴滴打车的思路很相似。

展望：继续落实管控模式，塑造真正的核心竞争力

路劲物业基于高性价比、精细化运营打造出的运营体系、质量管控体系，已经初露锋芒，但与彩生活或万科那样的明星企业相比，其品牌影响力因受到当前的管控规模、公司战略等诸多因素的影响，还略显不足。因此，路劲物业提出了三年分拆上市的目标，在未来一两年肯定会继续落实管控模式，塑造自己真正的核心竞争力，最终非常清晰地展示出不同于这些主流企业的特色。